区域土地系统变化生态环境效应研究

许尔琪 等 著

科学出版社

北 京

内 容 简 介

全书开展土地系统信息挖掘、效应评估及其优化调控的技术研究，以中国西南喀斯特区和西北干旱区为研究区，运用地面调查、实验分析、遥感反演、统计检验和空间分析等多种手段，提出了土地利用强度、变化过程及功能等多组分信息挖掘方法，据此开展土地系统生态环境效应评估及其模拟优化建模的研究，为区域土地系统优化管理提供科学依据。

本书可供自然地理学、土地系统科学、遥感和地理信息系统等专业的科研和教学人员参考，亦可作为科研院所和高等院校相关专业师生的参考书籍。

审图号：GS 京（2022）0174 号

图书在版编目(CIP)数据

区域土地系统变化生态环境效应研究 / 许尔琪等著．—北京：科学出版社，2022. 8

ISBN 978-7-03-070073-5

Ⅰ. ①区…　Ⅱ. ①许…　Ⅲ. ①土地资源-生态管理-研究-中国　Ⅳ. ①F323. 211

中国版本图书馆 CIP 数据核字（2021）第 211248 号

责任编辑：杨逢渤 / 责任校对：樊雅琼

责任印制：吴兆东 / 封面设计：无极书装

科学出版社 出版

北京东黄城根北街 16 号

邮政编码：100717

http://www.sciencep.com

北京中科印刷有限公司 印刷

科学出版社发行　各地新华书店经销

*

2022 年 8 月第　一　版　开本：720×1000　1/16

2022 年 8 月第一次印刷　印张：13 3/4

字数：280 000

定价：168. 00 元

（如有印装质量问题，我社负责调换）

前　言

人类利用土地的活动是深刻改变自然环境的过程，既是全球变化的重要组成部分，又是驱动全球变化的重要因素。因此，认知、量测和模拟土地系统变化过程及其效应，是“全球土地计划”（Global Land Programme）提出的关键科学议题，优化土地利用与管理将是应对全球变化、实现可持续发展的重要举措。土地系统既包括地质、地貌、气候、水文、土壤、植被等多种因素在内的自然综合体，也包括过去和现在人类活动对自然环境的影响。可见，作为典型的复杂系统，土地反映了人类社会经济活动与生物地球化学过程的相互作用，其研究涉及自然科学与人文社会科学等多层次内容，是学界研究的热点。

国内外学者围绕土地利用变化效应及优化调控研究已经开展了大量工作，已有较多成果，但是仍存在以下问题：①以往研究多关注土地利用/覆盖的数量特征等显性状态，但同一土地利用/覆盖类型的隐性状态常被忽略，对土地系统多组分隐性信息考虑不足且缺乏有效定量方法，增加了研究的不确定性。②仅以利用数量结构来解释土地系统对生态环境的影响，使得以往不同案例的研究结果差异显著。因此，需要将研究视角从经典的土地利用/覆盖数量研究向土地系统多要素信息挖掘的研究方向扩展，并通过土地系统情景模拟与优化，发挥土地资源潜力，协调多需求冲突，支撑土地系统管理。

针对上述存在的问题和难点，在中国工程院、中国科学院和科技部等有关项目的资助下，本书以西南喀斯特区和西北干旱区为研究区，将土地系统变化效应作为主线，旨在通过定量化手段应用和模型研建，在土地利用强度、变化过程及功能等多组分信息量化，土地系统变化的生态环境效应评估，以及土地利用变化模拟与优化管理等方面展开研究。本书应用地面调查、实验分析、遥感反演、统计检验和空间分析等多种手段，深入研究土地系统信息量化、效应量测和模拟优化技术，为区域土地系统优化管理提供科学依据。

在内容编排方面，本书共 8 章。第 1 章绪论主要综合国内外有关文献，探讨土地利用变化效应及模拟优化研究的主要热点和难点，介绍本书的研究背景、研究意义和主要思路；第 2 章主要是建立实际粮食产量空间化模型，分析其在喀斯特地区的适用性，解析耕地变化对区域粮食生产能力的影响；第 3 章主要修正或引入径流系数、降雨侵蚀力、石漠化因子和岩石风化固碳等模型参数，提高喀斯特特山地的生态系统服务评估精度，分析土地利用变化对关键生态系统服务的影响；第 4 章主要是建立土地利用变化过程的量化方法，并以此设计目的性的土壤取样方案，探索干旱区农地开垦历史对土壤碳氮的影响；第 5 章主要是甄别土地功能性和重要性差异，建立干旱区生态用地的分类和提取方法，定量测度塔里木盆地生态用地变化对防风固沙功能的影响；第 6 章主要是提出基于海拔梯度的分层策略，开发了分层土地利用变化模拟模型——SLUCS 模型，研究未来土地利用变化模拟及其对生态系统服务的影响；第 7 章主要是建立生态退耕空间优化配置及权衡分析模型，进行干旱区生态退耕背景下的土地利用优化配置；第 8 章主要是研发一个权衡多土地利用主体权益的空间优化配置模型，在生态补偿政策下进行空间显式的土地利用优化配置和规划。本书各章撰写分工如下。

第 1 章	绪论	许尔琪
第 2 章	喀斯特山地耕地变化对粮食生产能力的影响	李婧昕，许尔琪
第 3 章	喀斯特山地土地利用变化对关键生态系统服务的影响	尚二萍，许尔琪
第 4 章	干旱区农地开垦历史对土壤碳氮的影响	许尔琪，张红旗
第 5 章	干旱区生态用地变化对防风固沙功能的影响	李达净，许尔琪，张红旗
第 6 章	喀斯特山地土地利用变化模拟及其对生态系统服务的影响	许尔琪
第 7 章	干旱区生态退耕背景下的土地利用优化配置	许尔琪，李婧昕
第 8 章	权衡多主体权益的土地利用空间优化配置	许尔琪，张红旗

中国科学院地理科学与资源研究所石玉林院士对本书的写作给予了细致而悉心的指导和建议，在此表示崇高的敬意和衷心的感谢。

希望本书的出版能够为土地利用变化效应评估及优化管理提供理论指导和研究案例，进一步丰富土地系统信息挖掘与效应量测研究的技术方法。土地利用变化的研究十分庞杂，由于作者的水平和时间有限，书中难免存在不足之处，敬请读者批评指正。

作　者

目录

前言

第 1 章　绪论 …… 1

1.1　土地利用研究背景 …… 1

1.2　土地利用效应的研究进展 …… 2

1.3　土地利用模拟优化的研究进展 …… 4

1.4　研究思路与框架 …… 7

第 2 章　喀斯特山地耕地变化对粮食生产能力的影响 …… 8

2.1　耕地变化效应及粮食生产能力评估进展 …… 9

2.2　黔桂喀斯特山地概况 …… 10

2.3　粮食产量空间化方法介绍 …… 11

2.4　GCYS 模型验证及结果 …… 19

2.5　耕地变化对区域粮食生产能力的影响 …… 27

第 3 章　喀斯特山地土地利用变化对关键生态系统服务的影响 …… 31

3.1　土地利用变化对生态系统服务影响的研究进展 …… 32

3.2　喀斯特地区生态系统服务估算方法 …… 33

3.3　生态系统服务估算结果比较 …… 40

3.4　土地利用变化对生态系统服务的影响结果 …… 40

第 4 章　干旱区农地开垦历史对土壤碳氮的影响 …… 51

4.1　土地利用变化对土壤碳、氮影响的研究进展 …… 51

4.2　塔里木盆地典型流域概况 …… 54

4.3　农地开垦历史信息判断方法 …… 55

4.4　土壤采样设计及分析方法 …… 58

4.5　塔里木盆地农地开垦历史轨迹对土壤碳氮的影响结果 …… 61

4.6　塔里木盆地农地开垦历史对土壤碳氮影响的启示 …… 75

第 5 章　干旱区生态用地变化对防风固沙功能的影响 …… 81

5.1　土地利用变化对防风固沙功能影响的研究进展 …… 81

5.2　塔里木盆地平原区概况 …… 83

5.3　干旱区生态用地分类方法 …… 84
5.4　防风固沙价值计算方法 …… 86
5.5　塔里木盆地生态用地变化对防风固沙功能的影响结果 …… 88
5.6　塔里木盆地生态用地变化对防风固沙功能影响的启示 …… 95
第 6 章　喀斯特山地土地利用变化模拟及其对生态系统服务的影响 …… 100
6.1　土地利用变化模拟研究进展 …… 100
6.2　黔桂喀斯特山地土地利用及其驱动因素 …… 102
6.3　基于海拔分层的土地利用变化模拟模型结构 …… 105
6.4　黔桂喀斯特山地土地利用变化模拟验证及结果 …… 114
6.5　SLUCS 模型的应用前景 …… 126
第 7 章　干旱区生态退耕背景下的土地利用优化配置 …… 131
7.1　干旱区生态退耕及其效应的研究进展 …… 131
7.2　干旱区典型县概况 …… 133
7.3　生态退耕空间优化配置及权衡分析方法 …… 134
7.4　生态退耕空间优化配置及权衡分析结果 …… 142
7.5　生态退耕空间优化配置及权衡分析模型的应用前景 …… 151
第 8 章　权衡多主体权益的土地利用空间优化配置 …… 154
8.1　土地利用优化配置研究进展 …… 154
8.2　伊犁新垦区概况 …… 156
8.3　权衡多主体权益的土地利用空间优化配置系统 …… 157
8.4　生态补偿下的土地利用优化模拟结果 …… 166
8.5　ALUOA-TOA 系统的应用前景 …… 176
参考文献 …… 179

第1章 绪 论

1.1 土地利用研究背景

土地利用，即把自然景观转变为供人类使用或改变为以人类为主的土地管理活动，已经显著地改变了地球表面和相关的生物地球化学过程（Vitousek et al.，1997；Foley et al.，2005）。在全球范围内，土地越发成为一种稀缺资源，导致不同利用主体对土地资源的激烈竞争和冲突（Lambin et al.，2001）。在过去的几个世纪里，全球经历了大规模的耕地扩张和集约化，以满足不断增长的人口对粮食的需求（Tilman et al.，2011）。城镇化的快速推进占用大量的耕地，影响了区域气候环境，破坏了生物栖息地，并威胁生物多样性（Seto et al.，2011）。同时，为了改善生态环境质量、缓解气候变化产生的负面效应，政府开始实施植树造林等众多生态恢复项目，以维持土地系统的可持续发展（Trabucco et al.，2008）。例如，中国政府实施了16个可持续发展项目，有效提高了土地系统的可持续性（Bryan et al.，2018）。

我国人口规模庞大，土地资源短缺，伴随工业化、城镇化的不断推进，不同土地利用类型（又称地类）相互挤占现象突出（张红旗等，2015；Long and Qu，2018）。城市用地、工业用地空间高速扩张，占用大量优质耕地，导致社会经济发展和耕地资源保护之间矛盾严重（傅泽强等，2001；谈明洪和吕昌河，2005；Ju et al.，2018）；耕地开垦占用林、草等生态用地，以及退耕还林还草政策的实施，又导致生产、生态用地之间同样存在竞争（雷玉桃等，2003；刘诚和刘俊昌，2007；陈瑜琦等，2018）。面对城市发展、粮食安全和生态保护等激烈冲突，如何利用有限的土地资源协调各类用地的冲突、优化空间格局，成为行政管理和学术研究共同关注的热点。统筹优化不同用地空间，是当下推动“美丽中国”、生态文明建设及优化国土空间开发的重要内容。

当前，我国新一轮的国土空间开发规划和研究已经从理念到实践强调土地功能差异和“三生”统筹的重要性①。所谓“三生”用地，是以土地的利用功能为

① 《中共中央 国务院关于建立国土空间规划体系并监督实施的若干意见》. 2019.

视角，包括生态用地、生产用地和生活用地的不同用地空间（刘继来等，2017）。2012 年，党的十八大报告将优化国土空间作为生态文明建设的重要抓手，并提出“促进生产空间集约高效、生活空间宜居适度、生态空间山清水秀”；2018 年发布的《乡村振兴战略规划（2018—2022 年）》也指出要“统筹利用生产空间”“合理布局生活空间”“严格保护生态空间”。从实践上，《全国主体功能区规划》正是强调对国土空间的分类，突出“三生”空间的差异性。正在编制的《全国国土空间规划纲要（2021—2035 年）》要求将城市开发边界、永久基本农田红线和生态保护红线“三线”作为合理布局和协调管控国土空间的重要手段①。在此背景下，进行土地利用变化效应评估和模拟优化，对支撑土地资源可持续利用和国土空间开发具有重要意义。

1.2 土地利用效应的研究进展

全球气候变化和人类活动的加剧使得土地利用变化及其效应成为研究热点和难点（Lafortezza and Chen，2016；Hao et al.，2017；Runting et al.，2017；Song and Deng，2017）。人类通过与土地有关的各种利用活动，改变地球陆地表面的覆盖状况（李秀彬，1996），以满足需求、获得不同的物质产品和服务（Vitousek et al.，1997）。同时，土地利用变化对地球的大气圈、土壤圈、水圈和生物圈均产生了重大影响（Kalnay and Cai，2003），其变化导致了气候、生物和社会政治等众多因素的变化（Lambin et al.，2001；Verburg et al.，2004a）。关于土地利用变化的生态环境效应一直是过去 20 年学界研究的重点，已有较多学者对此研究的进展进行综述（刘纪远等，2011；韩骥等，2016；匡文慧，2018；龙花楼等，2018；许尔琪，2019）。考虑到土地利用变化造成的生态环境效应涉及方方面面的要素，本节通过重点回顾土地利用与生态系统服务关系来探讨土地利用效应的研究进展。

土地利用与生态系统服务密切相关，其变化改变着生态系统产品与服务的提供能力。生态系统服务是人类从生态系统中获得的各种惠益，包括有形的物质产品供给与无形的服务提供两方面，主要分为供给服务、调节服务、文化服务和支持服务共 4 种类型（Costanza et al.，1997；Daily et al.，2000）。Costanza 等（1997，2014）、欧阳志云等（1999）、谢高地等（2015）众多国内外学者从不同角度对生态系统服务的评估等进行了系统研究，有力促进了土地利用生态环境效应评估的研究。土地利用变化导致不同类型的生态系统服务之间呈现复杂的相互

---

① 《资源环境承载能力和国土空间开发适宜性评价指南（试行）》. 2020.

关系，生态系统服务之间相互影响，其关系主要表现为权衡（Trade-off）和协同（Synergy）。权衡是指一种生态系统服务的增加造成另一种生态系统服务的减少；协同是指两种生态系统服务同时增加或同时减少（Rodríguez et al.，2006）。

国际上对生态系统服务权衡与协同关系的类型、表现形式、驱动机制及尺度效应等展开了积极的理论探索和实证研究（Rodríguez et al.，2006；Bennett et al.，2009；de Groot et al.，2010；Lester et al.，2013），国内学者也对上述系列研究成果进行了评述和展望（葛菁等，2012；李鹏等，2012；林泉和吴秀芹，2012；李双成等，2013；戴尔阜等，2015b；傅伯杰和于丹丹，2016）。目前，国内外学者主要采用空间制图、统计分析及模型模拟等空间分析和定量分析方法进行不同类型生态系统服务之间的权衡/协同关系研究（Pretty，2008；Nelson et al.，2009；白杨等，2013；Lu et al.，2015；饶胜等，2015；杨晓楠等，2015；李晶等，2016）。空间制图是通过空间叠置，比较其空间重合度，以直观的制图方法表达生态系统服务之间的关系（Crossman and Bryan，2009；Raudsepp-Hearne et al.，2010；李晶等，2016）；统计分析是对不同生态系统服务的关系进行统计检验，包括相关分析、阈值分析、极值分析和均方根偏差等方法（Viglizzo and Frank，2006；Bradford and D'Amato，2012；Lu et al.，2014；Law et al.，2015；杨晓楠等，2015）；模型模拟则是通过集成的方式，甄别生态系统服务类型间的相互关系，目前开发了较多模型，如InVEST、ARIES和ESValue等，其中InVEST模型应用最为广泛（Nelson et al.，2009；Bai et al.，2013；Lu et al.，2015；傅伯杰和于丹丹，2016）。上述方法各有优缺点，在不同案例研究中常被联合使用。

以耕地变化为例，尽管我国实行着最严格的耕地保护政策，然而，城市用地和工业用地高速扩张，占用大量优质耕地（傅泽强等，2001；谈明洪和吕昌河，2005；Ju et al.，2018），同时，为了生态保护建设，退耕还林还草工程也导致耕地数量的减少（雷玉桃等，2003；刘诚和刘俊昌，2007；陈瑜琦等，2018），另外，作为耕地保护制度的重要组成部分，占补平衡政策使得林地、草地和湿地等生态用地被开垦为耕地（汤怀志等，2020）。上述耕地与其他土地利用类型复杂的转入和转出变化，使耕地相应的数量、质量及空间格局也随之变化，这些均对粮食生产能力产生了重要的影响。近20年来，我国耕地和种粮面积逐渐下降，但粮食总量实现了“十七”连增，可见满足粮食需求不是通过扩大面积来达到的，而是通过技术、管理和布局等更多的土地系统要素实现的。在此复杂变化下，尽管粮食总产量持续增加，但粮食格局发生重大转折，由“南粮北运”转变为“北粮南运”。与此同时，耕地在变化过程中，不仅改变了农业生产的主体功能，也对生态环境等诸多要素产生了复杂的影响。例如，农业生产活动为了追求较高的农业产量和经济效益，在生产中大量使用肥料尤其是化学肥料，从而增加了汛期的肥料流失风险，加剧了流域水体富营养化（许尔琪，2019）。大量农药的使用已经严重破坏了无脊椎动物的多样性，如造成蜉蝣和蜻蜓生物多样性锐减。Beketov 等（2013）对欧洲和澳大利亚区域的调查研究表明，其生物多样性遭到严重破坏。尤其在干旱区，耕地数量大幅增加，使得引水量不断增加，致使河道下游及绿洲外围地下水位急剧下降，荒漠天然植被可利用水量迅速减少，造成胡杨、红柳（多枝柽柳）、野生牧草等大面积衰退死亡（唐庄生，2018）。可见，土地利用变化对生态环境产生了显著的影响，亟须对此做出科学的评估，以指导土地资源的优化管理。

1.3 土地利用模拟优化的研究进展

为了合理规划和利用土地，不同土地利用方式的选择需要以土地适宜性评价作为重要的参考依据（Collins et al.，2001）。土地适宜性评价可阐明土地利用状况、合理程度、利用方向以及用地调整和转变的可能性及条件，阐明土地利用发展的潜力及提高土地生产力和改造、保护的必要措施（石玉林，1982）。联合国粮食及农业组织（Food and Agriculture Organization of the United Nations，FAO）出版的《土地评价纲要》，从土地适宜性的角度出发，以纲、类、亚类和单元划分，反映用地的适宜性程度、用地的限制性因素和改良管理措施（FAO，1976）。20 世纪 80 年代，由石玉林主持编绘的《中国 1∶100 万土地资源图》构建了适用于中国的五级分类系统，包括土地潜力区、土地适宜类、土地质量等、土地限制型和土地资源单位。随着土地适宜性理论、GIS 技术及多指标评价方法的发展，多要素制图和叠加方法在土地适宜性评价研究中得到广泛应用。通过选取土壤条件、地形地貌、气候条件、地质条件、社会经济、交通区位和环境承载力等指标构建评价体系，诊断农林牧用地、城市用地和生态用地等的适宜性（Pereira and Duckstein，1993；Kalogirou，2002；刘孝富等，2010；El Baroudy，2016）。

根据土地适宜性的差异，人类利用土地形成不同的类型和结构，获取所需经济、社会和生态环境等效益与价值。土地多功能性体现着土地满足人类多种需求的程度和能力，某一土地利用类型经常表现出多功能性，体现为土地利用提供的私人和公共的不同产品和服务（Pérez-Soba et al.，2008；Verburg et al.，2009），目前多是基于环境、经济和社会三个可持续发展维度的功能构建研究框架（Verburg et al.，2009），进行分类和评估研究（Aubry et al.，2012；Zhou et al.，2017；Fan et al.，2018）。对于其综合评估，比较有代表性的是 Helming 等（2008）和 Pérez-Soba 等（2008）在总结欧盟 SANSOR 计划研究成果的基础上，根据不同的产业部门，将土地利用的社会功能、经济功能和环境功能细分为九个子功能。国内外学者基于构建的多指标评价体系，应用生物物理过程模型、景观生态学指标和生态系统服务评估模型，进行土地子功能计算，再应用数学方法集成不同土地功能的评估结果（Wiggering et al., 2006；Lovell, 2010；甄霖等，2010；刘彦随等，2011；杜国明等，2016b；Stürck and Verburg, 2017）。

土地利用主体对土地功能偏好的差异也影响土地利用方式的选择，其更是导致土地利用冲突频发的重要原因（Brown and Raymond, 2014）。所谓土地利用冲突是指土地利用利益相关者对土地利用方式及其数量等表现出的不一致、不和谐的状态，本质上是土地资源的数量和结构与区域经济、社会、生态环境和空间发展的矛盾和失衡（Campbell et al., 2000；Godschalk, 2004）。国内外众多学者对土地利用冲突的概念、原因和解决途径展开了研究。冲突源于资源稀缺性和功能外溢性，土地利用冲突的产生在于土地多功能差异以及多主体对土地利用功能的偏好（Brown and Raymond, 2014）。因此，土地利用冲突实际上喻示了土地利用多功能性的冲突，不同土地利用之间的竞争则是不同土地功能与目标的博弈和冲突（Nelson et al., 2009, 2010）。土地利用冲突产生的根本原因在于土地资源多宜性及供给有限性，各种社会需求在土地资源利用目标间的矛盾是土地利用冲突发生与发展的主要驱动力（Campbell et al., 2000；于伯华和吕昌河，2006；Karimi and Hockings, 2018）。为缓解协调土地利用的冲突，实现土地资源的可持续利用，需综合考虑土地资源的适宜性、利用公平性、使用效率和生态效应（Sze and Sovacool, 2013；Tudor et al., 2014）。

对土地利用冲突的定量分析和识别，有助于协调和解决土地利用之间的冲突，目前冲突的测度方法主要包括参与式调查与制图、土地适宜性排列、多指标土地利用综合评价模型和生态风险冲突综合测度模型等。参与式调查与制图可对土地景观价值感知差异和土地利用偏好数据进行搜集，构建土地利用冲突倾向指标模型，结合GIS技术进行土地利用冲突空间制图（Brown and Raymond, 2014；褚玉杰等，2016；Karimi and Brown, 2017）。土地适宜性排列是通过不同用地适宜性等级的排列组合，识别土地利用冲突的类型和强度及未来可能存在冲突的区域（Carr and Zwick, 2005；Rodriguez-Gallego et al., 2012；刘巧芹等，2014；冉娜等，2018）。多指标土地利用综合评价模型是选取与冲突相关的土地资源利用状况、功能价值及其景观格局特征，构建土地利用冲突评价体系，进行综合评估（de Groot, 2006；Iojă et al., 2014；周德等，2015；廖李红等，2017）。生态风险冲突综合测度模型借鉴了生态风险评价的概念模型，从风险源、风险受体和风险效应三方面构建土地利用冲突测度指数（Peterseil et al., 2004；Helbron et al., 2011；彭佳捷等，2012；冯宇等，2016）。上述方法从土地利用利益相关者意愿、土地利用潜力、土地利用功能及土地利用的生态环境效应等不同角度对土地资源利用冲突进行诊断。

以往的研究已经详细综述了目前已经研发的多种土地利用变化模拟模型（Verburg et al., 2004b；Santé et al., 2010；van Schrojenstein Lantman et al., 2011；de Rosa et al., 2016）。所谓土地利用变化模拟模型，主要通过计算机编码来模拟土地变化过程的机制，进而预测未来的土地利用空间格局变化。已有的模型有众多的模拟策略和类型（Matthews et al., 2007；Brown et al., 2013）。这些模型量化了自然因素、人类活动和土地利用动态变化之间的复杂关系，并模拟了不同情景设置下的土地系统变化过程（Matthews et al., 2007；Brown et al., 2013）。在这些具有不同空间格局的驱动因素的共同影响下，土地利用变化将构成明显的空间分布差异。

土地利用优化配置可作为解决土地利用冲突问题的重要手段，也是土地规划和学界研究的热点（Seppelt and Voinov, 2002；Sadeghi et al., 2009）。所谓土地利用优化配置是在认识区域土地资源现状及存在问题的前提下，为达到一定的土地利用需求和目标的最优化，根据土地的自然属性及社会经济状况，进行土地资源利用方式、数量组成、空间布局和综合效益等的优化（Wang X et al., 2004；Ligmann-Zielinska et al., 2008）。自20世纪80年代开始，线性规划模型、模糊数学模型和多目标规划模型等数学优化模型开始大量用于土地利用优化配置研究（Ligmann-Zielinska et al., 2008；罗鼎等，2009）。通过设置经济收益、社会和谐、资源节约和生态保护等不同土地利用目标，结合土地资源利用现状和潜力的信息，进行土地数量配比和空间配置的优化（Makowski et al., 2000；Sarker and Quaddus, 2002；Opricovic and Tzeng, 2003；张红旗等，2003；龚建周等，2010）。

土地利用目标的多样性使土地利用空间优化配置成为一种多目标决策问题，如何找到能够解决多目标决策问题的空间优化配置方法成为研究的重点（Bamufleh et al., 2013）。人工智能算法具有全局优化和快速搜索的能力，可有效处理数据量庞大的土地利用多目标空间优化配置问题，随着土地利用优化配置理论与计算机技术的不断发展和完善，智能算法结合GIS技术开始应用于土地利用优化配置的研究中（Memmah et al., 2015）。遗传算法（Stewart et al., 2004；Haque and Asami, 2014；袁满和刘耀林，2014）、蚁群算法（Yu et al., 2011；Mousa and El_Desoky, 2013；马世发和艾彬，2015）、粒子群算法（马世发等，2010；Ma et al., 2011；张鸿辉等，2011；Masoomi et al., 2013）和模拟退火算法（王新生和姜友华，2004；Santé-Riveira et al., 2008）等智能算法皆被用于寻找多目标需求的土地利用优化方案群，实现土地利用数量结构、空间布局、效益的协调与优化。研究表明，规划的土地优化方案往往难以实现所有的土地利用需求

(Seppelt and Voinov, 2002; Moilanen et al., 2011)。土地利用多目标冲突使得决策者不得不做出权衡，选择“折中”的土地利用规划方案（Hu et al., 2015; Gao and Bryan, 2017)。但同时，有案例指出，通过不同土地利用效益比较、多目标优先级设置和用地空间组合来指导土地利用格局调整，可促进部分土地功能的提升，协调部分土地利用目标的冲突（Moilanen et al., 2011; Wu et al., 2018)。因此，如何有效提升土地功能并协调用地冲突，指导土地利用空间优化，亟须深入研究。

1.4 研究思路与框架

综合目前国内外研究进展，有以下两方面可深入展开研究：一是科学认知土地利用变化的生态环境效应，在土地利用数量结果基础上，深入刻画变化过程、利用强度、空间格局、功能差异等土地系统各要素差异及变化所产生的生态环境效应；二是高效、可靠的土地系统情景模拟与优化，通过未来土地系统变化的预测与优化配置，兼顾各土地利用主体的利益，可发挥土地资源潜力、协调多需求冲突，这是支撑人类规划和管理土地系统的有效手段。

因此，本书着眼于土地利用的效应量测和优化管理，重点进行模型构建和技术突破，以西南喀斯特区和西北干旱区为典型区进行应用示范，一方面，剖析土地利用变化产生的生态环境效应，另一方面，通过土地利用模拟及优化，实现土地资源的可持续利用。其中，部分章节内容来自作者发表的学术论文。全书组织结构如下：第1章为绪论，第2章为喀斯特山地耕地变化对粮食生产能力的影响，第3章为喀斯特山地土地利用变化对关键生态系统服务的影响，第4章为干旱区农地开垦历史对土壤碳氮的影响，第5章为干旱区生态用地变化对防风固沙功能的影响，第6章为喀斯特山地土地利用变化模拟及其对生态系统服务的影响，第7章为干旱区生态退耕背景下的土地利用优化配置，第8章为权衡多主体权益的土地利用空间优化配置。

第2章 喀斯特山地耕地变化对粮食生产能力的影响

快速的城镇化进程使得大量的土地向城市用途转换，导致耕地迅速流失，而占补平衡政策又使得自然植被被开垦为耕地，因此，认识耕地变化对食物供给能力的影响，对区域粮食安全具有重要意义。在山区，粮食产量具有显著的空间异质性，亟须量化上述空间差异以综合评估耕地变化造成的影响。然而，目前关于人为因素对粮食产量影响的量化研究不足，进一步增加了粮食产量空间差异测度的不确定性。鉴于此，本研究建立了实际粮食产量空间化（Grain Crop Yield Spatialization，GCYS）模型，以实现粮食产量从县域统计尺度到栅格尺度的空间化表达。GCYS 模型由以下 4 个模块构成：耕地净初级生产力（Net Primary Productivity，NPP）模块、NPP-潜在产量转换系数模块、关键因子空间化模块及精度评估及校正模块。该模型通过对综合耕作系统和田间管理因素的量化，实现了实际粮食产量更为有效的空间化测算。以黔桂喀斯特山地为典型区，本研究进行粮食产量测算的模型应用以及耕地变化对粮食生产能力影响的评估。对比县域统计数据和模型模拟结果发现，2000 年和 2015 年模型拟合的决定系数分别为 0.72 和 0.76（$P<0.01$），模型模拟精度较高、结果可靠。研究区实际粮食产量从东南到西北呈逐渐降低的空间分布格局，在东南部粮食高产区，机械化耕作代替化肥施用成为粮食增产的主导因子。2000～2015 年，研究区耕地减少面积为 $1.91\times10^4 hm^2$，而新增面积仅为 $5.69\times10^3 hm^2$，远小于减少的面积，并且新增耕地单产低于损失耕地的单产。因此，尽管整个区域单位面积的实际粮食产量的增加抵消了耕地数量减少和部分高产农田丧失对区域粮食生产能力的负面效应，但研究区粮食生产总量下降，换算的食物总热量从 2000 年的 2.04×10^{14} kcal① 下降到了 2015 年 1.82×10^{14} kcal。本研究通过综合量化耕地数量和生产能力的变化，可为农业资源合理开发利用和政策制定提供科学参考。

---

① 1 cal = 1 $cal_{I.T.}$（国际蒸汽表卡）= 4.1868J。

2.1 耕地变化效应及粮食生产能力评估进展

西南喀斯特地区，山多地少，在脆弱岩溶环境、人口压力和不合理经济活动的作用下，该地区用地竞争更为突出（许尔琪和张红旗，2016）。该地区面临着生态保护、经济发展和粮食生产等多重需求，城镇化和工业化占用了大量平坝耕地，损害了区域粮食生产能力，导致粮食自给率逐年下降，如贵州粮食自给率从2005 年的 90% 下降到 2017 年的不足 70%[①]，因此评估耕地变化对粮食生产能力的影响，对区域粮食安全和土地资源可持续管理具有重要的意义。

粮食生产能力受到众多的自然和社会因素的影响，如复杂的地形（van Ittersum et al.，2013；Woittiez et al.，2017）、土壤养分（Woittiez et al.，2017；Hausherr Lüder et al.，2018）、灌溉（Liu et al.，2007a；Iqbal et al.，2014）及杀虫剂和化肥的使用（Liu et al.，2010；Meisner et al.，2017）等。上述因素在样地尺度的不同会导致粮食生产能力产生明显的区域差异（Lobell et al.，2003；Chivasa et al.，2017；Leng and Huang，2017）。因此，理解并量化不同区域实际粮食产量的空间格局，进而剖析耕地变化对区域粮食生产能力影响的贡献，对农业管理和政策制定具有重要意义（Peng et al.，2014；Deng et al.，2017）。然而，以往研究中常用的县域尺度农业产量数据掩盖了其更精细尺度上的空间异质性。识别栅格尺度上影响粮食生产的主要障碍因素有助于最大限度地提高耕地的生产能力，优化各类资源的空间配置，减少不当耕作方式或土地利用模式造成的产量损失（Peng et al.，2014；You et al.，2014）。

由于栅格尺度结果在研究分析和决策支持上的优势，单一粮食作物的产量空间化已经取得了一定进展，如水稻（Stehfest et al.，2007；Peng et al.，2014）、玉米（Stehfest et al.，2007；Chivasa et al.，2017）和小麦（Liu et al.，2007a；Marti et al.，2007；Wang X et al.，2015）等粮食作物在不同尺度的空间化研究。粮食产量的计算可分为五个生产阶段，包括光合生产力、光温生产力、气候生产力、土壤生产力和土地生产力（Deng et al.，2017）。已有研究主要针对粮食作物生长特征或当地环境条件的关键限制因素开展量化（Qin et al.，2013；Li H et al.，2016；Deng et al.，2017）。例如，农业生态区划（Agro-ecologica Zone，AEZ）模型是一种对产量进行逐级修正的代表模型，广泛应用于各种粮食作物生产情景和不同研究尺度。以 NPP（Ju et al.，2010；Peng et al.，2014）、总初级生产力（Gross Primary Productivity，GPP）（Reeves et al.，2007；Marshall et al.，2018）、

① 根据贵州省粮食局 2005 ~ 2017 年全省粮食工作统计数据计算。

归一化植被指数（Normalized Differential Vegetation Index，NDVI）（Marti et al.，2007；Zhou et al.，2017）为代表的指数也被用于粮食作物生长状态或产量的评估中，并逐渐成为当前的主流方法。另外，WOFOST 等粮食作物生长模型（Diepen et al.，1989；Cheng et al.，2016）也用于小尺度区域粮食作物单产的精准评估中（Wu L et al.，2017）。

然而，当前研究的粮食产量空间化方法仍然存在局限性。首先，多数研究集中在潜在产量的量化（Deng et al.，2006；Qin et al.，2013；Sakuma and Schnurbusch，2020），而反映真实情况的实际产量的研究甚少。有限的关于实际产量空间化的研究的焦点在于自然因素造成的产量差异（Qin et al.，2013；Deng et al.，2017；Fu et al.，2017；Myers et al.，2017），而人为因素对粮食产量的影响仍不明晰（Mueller et al.，2012；Meisner et al.，2017；Woittiez et al.，2017）。其次，行政区域内的粮食产量通常是由一定种植结构形成的，需要对范围内每一种作物实际产量的空间特征进行刻画，才能有效实现粮食综合生产能力的空间化（Ouyang et al.，2017）。因此，需构建综合耕作系统，实现具有现实指导意义的实际粮食产量空间化（You et al.，2014）。

尤其是在山区，自然和人为因素的高度空间异质性对实际粮食产量空间化提出了更高的挑战。本研究选择黔桂喀斯特山地为典型区，其农业发展常受限于复杂的地形（Li et al.，2020）、地表水的缺失（Wang et al.，2010）和石漠化（Xu et al.，2018）。近年来，城镇化推进、人口增加和耕地与其他地类的转换直接影响区域食物的需求和供给。因此，对实际粮食产量空间格局的精确辨识显得尤为重要（Godfray et al.，2010），并有助于农业可持续生产和当地粮食安全。本研究的目标是构建一个创新的实际粮食产量空间化模型，主要包括：①与当地农业生产情况相匹配的综合耕作系统；②与实际粮食生产密切相关的关键自然和人为因素空间化；③从县域和栅格两个尺度对所构建的模型进行精确评估和校正。通过耦合综合耕作系统和田间管理因素，模型空间化结果将更好地反映实际粮食产量，以支撑耕地变化对区域粮食生产能力影响的科学评估，为政策制定和区域资源可持续利用提供可靠参考。

2.2 黔桂喀斯特山地概况

黔桂喀斯特山地范围（图 2-1）主要参考《中华人民共和国国家自然地图集》中的华南喀斯特地形图与亚洲喀斯特地形分布图。研究区处于 22°8′54″N ~ 28°12′27″N，104°18′27″E ~ 110°20′40″E，土地面积约 21.41 万 km^2。多年平均年降水量在 1178 ~ 1532mm。海拔范围为-25 ~ 2848m，自西北向东南逐渐降低；地貌类型以中小山地为主，从中山丘陵逐步过渡到低山盆地；土壤类型主要有石灰土、黄壤和红壤；自然植被以阔叶林、亚热带落叶林和混交林为主，还有少量热带雨林和高山植被类型（许尔琪和张红旗，2016）。研究区在行政区划上包括贵州中南部的 9 市和广西中西部的 7 市。研究区以峰丛为代表的正地形为主，地形起伏度较大，建设用地主要向地形相对平坦的负地形扩张，占用了大量平坝耕地（Li et al.，2020）。农业统计数据显示，2015 年，该地区人均粮食占有量约为 300kg，约为全国平均水平的 66%，仅维持着最基本的粮食需求。

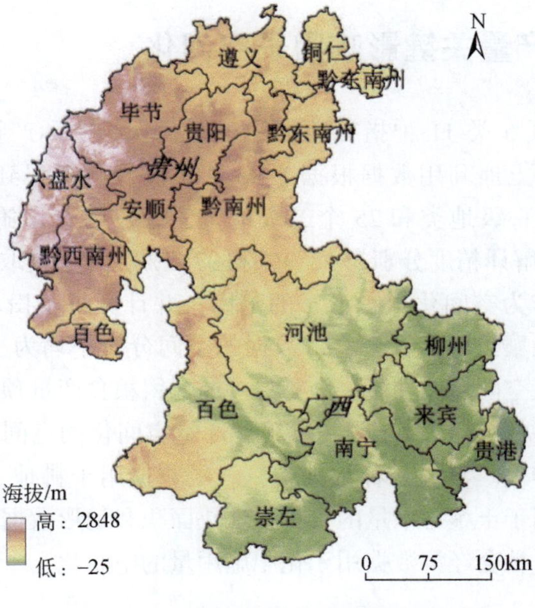

图 2-1　黔桂喀斯特山地分布范围

黔东南苗族侗族自治州，简称黔东南州；黔南布依族苗族自治州，简称黔南州；黔西南布依族苗族自治州，简称黔西南州

2.3　粮食产量空间化方法介绍

2.3.1　农业生产相关数据收集与处理

本研究从农业农村部获取了耕地面积、灌溉面积、化肥折纯量、主要粮食作物播种面积和产量的相关统计数据，其中主要粮食作物包括水稻、小麦、玉米、大豆和薯类五类。2000 ~ 2015 年研究区县级行政区划有所调整，故需对部分统

计数据进行合并处理以保证两个年份行政区划的一致性。最终，本研究共选择90个县（市、区）纳入计算，而县域尺度也是能够从公开发布数据中获取的统计数据的最小行政单元尺度。除粮食作物产量外，其他数据用于构建农业综合耕作系统，这也是本研究实现实际粮食产量空间化的重要模块。县域尺度的光温生产潜力和气候生产潜力从《农用地质量分等规程》（GB/T 28407—2012）中获取，并根据气象观测站的海拔和坡度数据，对各县域两个生产潜力指标进行地形修正（Wang and Tian，1996）。

2.3.2 粮食产量关键影响因子空间化

本研究选择了5类11种指标数据用于粮食作物实际产量的空间格局分析（表2-1）。其中，土地利用数据根据Landsat-7影像解译得到，分辨率为30m×30m，共分为6个一级地类和25个二级地类，野外调查和随机取样结果表明，2000年和2015年解译精度分别为92.9%和97.6%，从中提取出水田和旱地两种耕地类型的分布作为空间化粮食产量的范围，并计算每个田块面积用于后续分析。气候数据、土壤数据和社会经济数据的空间分辨率均为1km×1km。考虑到研究区地形和环境空间异质性高，为了尽可能保留粮食产量预测结果的空间细节信息，本研究最终将250m设定为实际粮食产量空间化的空间分辨率，其余数据均重采样为该分辨率。具体各种数据中，气候数据用于耕地NPP的计算；地形数据和土壤数据用于土壤含水量的校正；地块面积和地形数据用于机械化耕作关键因子的空间化；社会经济数据用于化肥施用量的空间化。

表2-1 黔桂喀斯特山地粮食产量空间数据集及其属性描述

数据类别	因子	空间分辨率	时间	数据源
土地利用数据	耕地空间分布	30m×30m	2000年/2015年	中国科学院资源环境科学与数据中心
	地块面积（m^2）	—	2000年/2015年	
气候数据	年均气温（℃）	1km×1km	2000年/2015年	中国科学院资源环境科学与数据中心
	年降水量（mm）	1km×1km	2000年/2015年	
地形数据	高程（m）	30m×30m	2009年	国家地球系统科学数据中心
	坡度（°）	30m×30m	2009年	基于高程和地形分析计算
土壤数据	砂土比例（%）	1km×1km	1995年	中国科学院资源环境科学与数据中心
	壤土比例（%）	1km×1km	1995年	
	黏土比例（%）	1km×1km	1995年	
	有机质含量（%）	1km×1km	1995年	

续表

数据类别	因子	空间分辨率	时间	数据源
社会经济数据	GDP（万元/km^2）	1km×1km	2000 年/2015 年	中国科学院资源环境科学与数据中心

2.3.3 粮食产量空间化流程

NPP 被定义为植物的净固碳量（Field et al.，1998），可以根据作物生长特征参数将其转化为潜在生产能力，进而计算得到光温生产潜力。在雨养情景中，实际粮食产量还需根据土壤含水量进一步修正 NPP 计算的结果。由于机械化和化肥施用等田间管理措施对粮食增产的影响逐渐增强，还应结合上述人为因素对潜在单产进行修正，以实现潜在单产向实际单产的转变。最后，从县域和栅格两个尺度对空间化的实际粮食产量进行校准。基于上述框架，本研究建立了新颖的实际粮食产量空间化模型（GCYS 模型），该模型由以下 4 个模块组成：①耕地 NPP 模块；②NPP-潜在产量转换系数模块；③关键因子空间化模块；④精度评估及校正模块。该模型结构框架见图 2-2。

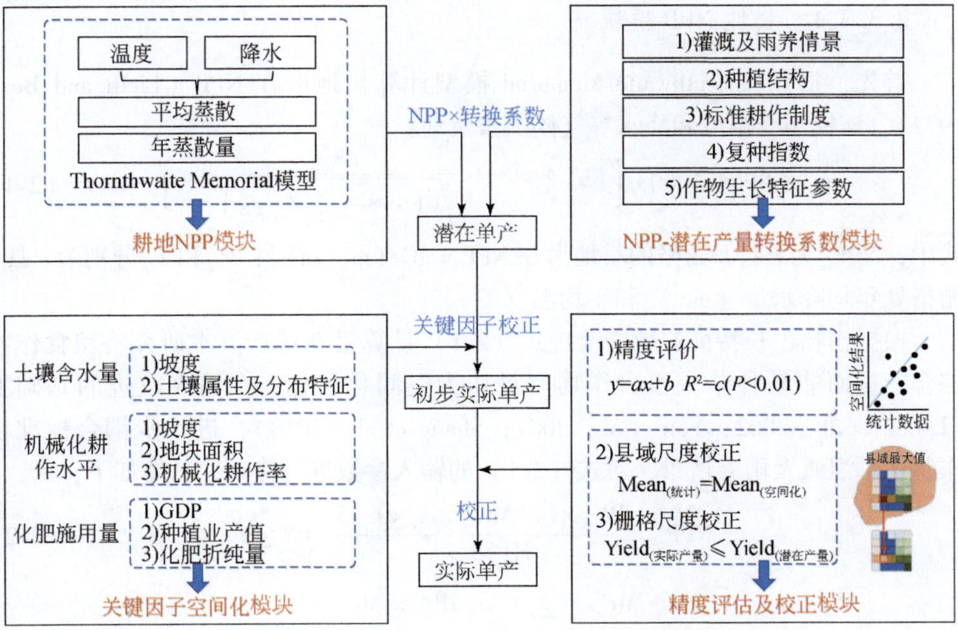

图 2-2 GCYS 模型的结构框架

在耕地 NPP 模块中，潜在 NPP 基于 Thornthwaite Memorial 模型（Lieth and Box，1972）进行修正和计算。该模型是 Miami 模型的改进版本，获取 NPP 后可利用作物生长特征参数将其转换为潜在单产。由于本研究的目标是粮食作物综合生产能力，而不只是某一粮食作物产量，因此本研究改进了 Thornthwaite Memorial 模型的输入参数计算方式，以适合本模块中基于县域构建的综合耕作系统。GCYS 模型第二个模块构建了相比于单一粮食作物生产更接近实际情况的综合耕作系统，集成了灌溉及雨养情景、种植结构、标准耕作制度、复种指数等因子，计算了综合粮食作物生产参数并输入到第一个模块中。关键因子空间化模块综合考虑了影响粮食作物产量的自然和人为因素，一方面对区域生态系统服务空间评估与优化决策工具（Spatial Assessment and Optimization Tool for Regional Ecosystem Services，SAORES）模型（Zheng et al.，2014；Hu et al.，2015）进行改进，并考虑了喀斯特山区复杂地形和特殊地质特征的影响，根据坡度对旱地土壤含水量进行了修正；另一方面，实现了机械化耕作和化肥施用等田间管理因素带来的增产效应的空间化，使校正后的粮食产量能够更好地反映真实情况。在精度评估及校正模块中，将前三个模块进行耦合，根据粮食产量统计数据对县域尺度的粮食总产量进行校正，利用经地形校正后的潜在市场数据对栅格产量最大值进行限制，并在县域尺度上对本研究所构建的 GCYS 模型精度进行验证。

2.3.3.1 耕地 NPP 模块

首先，根据 Thornthwaite Memorial 模型计算耕地潜在 NPP（Lieth and Box，1972），该模型受温度和降水等气候因素驱动：

$$\mathrm{NPP}_{ck}=3000\times\left[1-\mathrm{e}^{-0.0009695\times\frac{1.05P_{ck}}{\sqrt{1+\left(1+1.05\times\frac{P_{ck}}{3000+25T_{ck}+0.05T_{ck}^{3}}\right)^{2}}}-20}\right]\tag{2-1}$$

式中，NPP_{ck}为 c 县 k 栅格的耕地潜在 NPP［gC/(m^2 · a)］；P_{ck}和 T_{ck}分别为 c 县 k 栅格处年均降水量（mm）和年均温（℃）。

根据作物生长特征参数，改进式（2-1）计算潜在单产。本研究将粮食作物综合产量而非某种单一粮食作物产量作为空间化目标，在前人改进的基础上（Lobell et al.，2002；Yan et al.，2007；Shang et al.，2018），进一步耦合标准耕作制度、灌溉及雨养情景，对式（2-1）的输入参数进行修正，具体如下：

$$\mathrm{NPP}_{ck}=\frac{\mathrm{PY}_{ck}\times(1-\mathrm{Mc}_c)\times m_c\times 0.45}{\mathrm{HI}_c\times f_{\mathrm{AG\_}c}}=\mathrm{PY}_{ck}\times t\tag{2-2}$$

$$\mathrm{Mc}_c=\sum_n(\mathrm{AreaP}_{nc}\times\mathrm{Mc}_n)$$

$$\mathrm{HI}_c=\sum_n(\mathrm{AreaP}_{nc}\times\mathrm{HI}_n)$$

$$f_{AG\_c}=\sum_{n}(\mathrm{AreaP}_{nc}\times f_{AG\_n})$$

式中，PY_{ck}为 c 县 k 栅格处混合粮食作物潜在单产（kg/hm^2），包括了水田或旱地的光温生产潜力；Mc_c、HI_c和 f_{AG_c}分别为粮食作物混合含水量（%）、收获指数（经济产量与收获产量之比）和地上生物量占比；对于种植在水田中的粮食作物，$k=i$，对于种植在旱地的粮食作物，$k=j$；m_c为复种指数的校正系数，若 c 县复种指数为 1，$m_c=0.5$，若复种指数≥2，$m_c=1$；0.45gC/g 为碳转换系数；t 为潜在 NPP 与潜在单产间的转换系数。在 Mc_c、HI_c 和 f_{AG_c} 的具体计算中，AreaP_{nc}为 c 县粮食作物 n 在水田或旱地中的种植面积占比（%）；Mc_n、HI_n和 f_{AG_n}分别为粮食作物 n 含水量（%）、收获指数和地上生物量占比（表 2-2）。此外，AreaP_{nc}是耕地 NPP 模块的关键参数，该参数将通过 GCYS 模型的 NPP-潜在产量转换系数模块计算获取。

表 2-2　黔桂喀斯特山地粮食作物生长特征参数

粮食作物	Mc_n	HI_n	f_{AG_n}
水稻	0.1375	0.45	0.80
小麦	0.1250	0.37	0.83
玉米	0.1350	0.49	0.85
大豆	0.1250	0.25	0.87
薯类	0.1330	0.50	0.20

2.3.3.2　NPP-潜在产量转换系数模块

该模块建立综合耕作系统的目的是获取每种粮食作物在灌溉（水田）或雨养（旱地）情景下的种植结构，从而根据式（2-2）计算粮食综合光温生产潜力。根据《农用地质量分等规程》（GB/T 28407—2012）中关于复种情况的统计，研究区内 9 个县域为一年一作，3 个县域为一年三作，其余县域均为一年两作。根据标准耕作制度，如果某县域内不存在水稻和其他粮食作物轮作，则该县域水稻产量即为水田总产量；反之，若存在水稻和其他粮食作物轮作，考虑到研究区的气候条件和复种情况基本为一年两作，则假定水田内种植的粮食作物最多为两种。假设一年两作或三作的标准耕作模式分别为“a–b”或“a–a–b”（“–”代表年内轮作，a 和 b 分别代表两种轮作粮食作物），水田粮食作物播种面积和未耕作面积的估算如下：

$$\mathrm{SurplusArea}_{ac}=\mathrm{IrrigationArea}_c\times \mathrm{MCI}_c-\mathrm{SownArea}_{ac} \tag{2-3}$$

式中，$\mathrm{IrrigationArea}_c$为 c 县灌溉面积（hm^2）；MCI_c为 c 县复种指数；$\mathrm{SownArea}_{ac}$

为 c 县粮食作物 a 的播种面积（hm^2）；$SurplusArea_{ac}$ 为 c 县播种粮食作物 a 后的剩余可播种面积（hm^2）。随后，粮食作物 b 播种面积的分配方式如下：

$$SownArea_{Pc}=\begin{cases}SownArea_{ac}+SownArea_{bc} & SurplusArea_{ac}\geqslant SownArea_{bc}\\ IrrigationArea_{c}\times MCI_{c} & SurplusArea_{ac}<SownArea_{bc}\end{cases}\tag{2-4}$$

式中，$SownArea_{bc}$ 为由统计数据获取的 c 县粮食作物 b 的播种面积（hm^2）；$SownArea_{Pc}$ 为 c 县水田中实际粮食作物播种面积（hm^2）。若 $SurplusArea_{ac}\geqslant SownArea_{bc}$，那么 a 和 b 两种粮食作物均为水田范围内的耕作作物；若 $SurplusArea_{ac}\geqslant SownArea_{bc}$，那么 $SurplusArea_{c}$ 则为粮食作物 b 在水田中的播种面积，粮食作物 b 剩余播种面积分配到旱地中。因此，可计算粮食作物 b 分别在水田和旱地的播种面积，即 $SownArea_{Pbc}$ 和 $SownArea_{Dbc}$，其计算方程分别为 $SownArea_{Pbc}=SownArea_{Pc}-SownArea_{ac}$ 和 $SownArea_{Dbc}=SownArea_{bc}-SownArea_{Pbc}$。

确定各粮食作物在水田和旱地中的种植种类和播种面积后，灌溉及雨养两种情景下各粮食作物种植面积比例计算如下：

$$AreaP_{nc}=\begin{cases}AreaPP_{ic}=\dfrac{SownArea_{Pic}}{\sum\limits_{i}SownArea_{Pic}} & \text{水田中粮食作物 } n,n=i\\[2ex] AreaPD_{jc}=\dfrac{SownArea_{Djc}}{\sum\limits_{j}SownArea_{Djc}} & \text{旱地中粮食作物 } n,n=j\end{cases}\tag{2-5}$$

式中，$SownArea_{Pic}$ 和 $SownArea_{Djc}$ 分别为 c 县水田中粮食作物 i 和旱地中粮食作物 j 的种植面积（hm^2）；$AreaPP_{ic}$ 和 $AreaDP_{jc}$ 分别为 c 县粮食作物 i 在水田中的播种面积占比和 c 县粮食作物 j 在旱地中的播种面积占比（%）。将 $AreaP_{nc}$ 的结果代入式（2-2）中，可分别计算出 Mc_c、HI_c 和 f_{AG_c}，最后计算得到 c 县 k 栅格处的潜在单产。

2.3.3.3 关键因子空间化模块

该模块建立了量化3个影响粮食作物实际产量的关键因子的空间化模型，用于提高在栅格尺度上刻画粮食产量空间异质性的可靠性。3个关键因子包括1个自然因子和2个人为田间管理因子，即经地形校正后的土壤含水量、机械化耕作水平和化肥施用量。

1）土壤含水量

土壤含水量为粮食作物可能获得的土壤水体积（$10^{-2}cm^3/cm^3$）（Zhou et al., 2005）。根据喀斯特地区的已有研究成果，土壤含水量与土壤砂土、黏土、壤土比例以及土壤有机物含量有关（Zhou et al., 2005）。由于水田中粮食作物生长不受水分限制，故本研究仅对旱地范围进行土壤含水量的校正。考虑到土壤砂土、黏土、壤土比例之和为1，故土壤含水量计算方式如下：

$$\mathrm{AWC}_k = 53.778 + 0.592\times(\mathrm{SAN})_k + 0.004\times(\mathrm{SAN})_k^2 + 0.669\times(\mathrm{SIL})_k + 0.001\times(\mathrm{SIL})_k^2 + 0.014\times(\mathrm{SAN}\times\mathrm{SIL})_k - 2.688\times(C)_k + 0.501\times(C)_k^2 \tag{2-6}$$

式中，SAN、SIL、C 分别 c 县为 k 栅格处砂土、黏土、壤土比例（%）；AWC_k 为 k 栅格处土壤含水量。

土壤含水量受地形影响，尤其是在地形条件复杂的喀斯特地区。研究区内生态试验站——普定站的监测表明，在坡度增加到40°前，土壤含水量与坡度基本呈线性关系（Wang et al.，2010）。结合《第三次全国国土调查实施方案》中的耕地坡度等级划分方法，坡度大于6°的耕地的土壤含水量校正方式为

$$\mathrm{NCAWC}_k = \frac{\mathrm{CAWC}_k}{\max(\mathrm{CAWC}_k)} \tag{2-7}$$

$$\mathrm{CAWC}_k = \mathrm{AWC}_k \times \frac{\max(\mathrm{slope}_k) - \mathrm{slope}_k}{\max(\mathrm{slope}_k)}$$

式中，slope_k 为坡度大于6°的 k 栅格处的实际坡度；max（slope_k）为 k 栅格处内最大坡度；CAWC_k 为 k 栅格处坡度校正后的实际土壤含水量；max（CAWC_k）为 k 栅格处坡度校正后的最大土壤含水量；NCAWC_k 为归一化后的校正土壤含水量，对于水田，该数值取为1。

2）机械化耕作水平

机械化耕作水平主要受耕地地形条件和粮食作物种类的影响。机械化作业对田块长度要求一般大于200m（吕振宇，2015），且耕地较为平坦（坡度≤6°）。受本研究空间分辨率影响，取单个栅格范围（250m×250m）作为机械化耕作的最小田块面积。机械化耕作的过程主要包括耕犁、种植、收割三个部分，其对粮食增产贡献率计算如下：

$$\mathrm{YIR}_c = \sum_n (M_{nc} \times Y_{nc} \times P_{nc})$$

$$M_{nc} = m_{nc1} \times m_{nc2} \times m_{nc3} \tag{2-8}$$

$$P_{nc} = \frac{\mathrm{SownArea}_{nc}}{\sum_n \mathrm{SownArea}_{nc}}$$

式中，YIR_c 为 c 县机械化耕作产生的粮食增产量（$\mathrm{kg/hm^2}$）；M_{nc} 为 c 县粮食作物 n 的综合机械化率（%）；m_{nc1}、m_{nc2}、m_{nc3} 分别为 c 县粮食作物 n 在耕犁、种植、收割三个阶段的机械化率；P_{nc} 为 c 县粮食作物 n 的播种面积占比；$\mathrm{SownArea}_{nc}$ 为 c 县粮食作物 n 的播种面积（$\mathrm{hm^2}$）；以上数据均从统计年鉴和中国农业机械化年鉴收集并计算获得。根据已有研究（Zhou and Mu，2015），Y_{nc} 在2000年和2015年分别取值为9.21%和8.73%。薯类和大豆在种植和收割两个阶段的机械化率

低，且这两种粮食作物在研究区各县域的种植比例均较低，故将两种粮食作物的M_{nc}值设置为0。

3）化肥施用量

问卷调查表明，农户化肥施用量与家庭经济收入呈显著的正相关关系（李志朋，2015），但由于目前农业统计数据中无该指标的空间分布资料，本研究基于地区GDP数据实现化肥施用量空间化：

$$\Delta Y_{ck}=2.2875\times \mathrm{Cf}_{ck}\times(6.58\times e^{-0.047991\times \mathrm{Cf}_{ck}}+1.08)$$

$$\mathrm{Cf}_{ck}=\frac{\mathrm{PV}_{ck}}{\sum_{k}\mathrm{PV}_{ck}}\times \mathrm{Cf}_{c} \tag{2-9}$$

$$\mathrm{PV}_{ck}=\mathrm{GDP}_{ck}\times\frac{\mathrm{PV}_{c}}{\mathrm{GDP}_{c}}$$

式中，ΔY_{ck}为c县k栅格处粮食增产产量（kg/hm^2）；Cf_{ck}为c县k栅格处化肥折纯量（kg），结合研究区调查情况，为避免空间化过程中产生最大值偏差，将单位面积化肥折纯量上限设置为1000kg/hm^2；Cf_c为c县化肥折纯量（kg），数据来源于各县统计年鉴；PV_c和GDP_c分别为c县种植业GDP和c县GDP（万元）；PV_{ck}和GDP_{ck}分别为c县k栅格处种植业GDP和c县GDP。

2.3.3.4 精度评估及校正模块

将前三个模块中耕地NPP模块计算结果、关键因子对产量的影响集成到GCYS模型中，再从县域和栅格尺度对模型不同参数进行校正，即得到实际粮食产量空间化的最终结果，计算方法如下：

$$Y_{ck}=\mathrm{PY}_{ck}\times \mathrm{NCAWC}_{k}\times(1+\mathrm{YIR}_{c})+\Delta Y_{ck} \tag{2-10}$$

式中，Y_{ck}为c县k栅格处经三个关键因子校正后的粮食产量（kg/hm^2）。

在栅格尺度上，实际粮食产量应不高于前文中经地形校正后的各作物的气候生产潜力的最大值，因此校正公式如下：

$$Y_{ck}\leqslant\begin{cases}\max(\mathrm{RY}_{ci}) & \text{水田}\\ \max(\mathrm{RY}_{cj}) & \text{旱地}\end{cases} \tag{2-11}$$

式中，RY_{ci}和RY_{cj}分别为c县种植在水田和种植在旱地的各粮食作物的单产（kg/hm^2）；max（RY_{ci}）和max（RY_{cj}）分别为种植在水田和种植在旱地的各粮食作物单产的最大值，由于本研究构建的模型表示空间上经播种面积比例加权合成后的综合粮食作物单产，故该数值理论上小于或等于某种单产最高的粮食作物类型。

虽然实际粮食作物综合生产水平难以精确验证，但可以通过目前已知的粮食作物分布范围及其产量来验证模型的可靠性。本研究选取在水田中仅种植水稻的栅格单元，并计算每个县域水稻单位面积产量；同时，根据综合耕作系统模块结果选择水田中仅有水稻一种粮食作物的县域，对两组数据进行相关分析并线性拟合，以此分析模型可靠性。

2.3.4 GCYS 模型应用

粮食作物是人类获取营养和热量的重要来源（Ouyang et al., 2016），基于 GCYS 模型的输出结果，可以进一步换算为粮食作物热量，作为区域居民膳食情况的初步表征。基于 GCYS 模型，构建粮食作物热量分布计算模型：

$$
\begin{aligned}
Q_{ck} &= 100 \times Y_{ck} \times \mathrm{EP}_c \times C_c \\
\mathrm{EP}_c &= \sum_n (\mathrm{EP}_n \times \mathrm{AreaP}_{nc}) \\
C_c &= \sum_n (C_n \times \mathrm{AreaP}_{nc})
\end{aligned}
\tag{2-12}
$$

式中，Q_{ck}为 c 县 k 栅格处粮食作物单产的热量（kcal/hm^2）；EP_c和 C_c分别为 c 县粮食作物可食用部分的综合比例（%）和综合热量（kcal/100g）；EP_n和 C_n分别为粮食作物 n 可食用部分比例（%）和热量（kcal/100g）（表 2-3）。

表 2-3 粮食作物可食用部分比例和热量参数

粮食作物	EP_n/%	C_n/(kcal/100g)
水稻	100	1405
小麦	78	1532
玉米	100	1527
大豆	100	1412
薯类	100	77

2.4 GCYS 模型验证及结果

2.4.1 GCYS 模型的主要参数

2.4.1.1 耕地潜在 NPP 的空间分布

耕地潜在 NPP 计算是粮食产量空间化的第一步，黔桂喀斯特山地 2000 年和

2015 年耕地潜在 NPP 均值分别为 1629.92gC/(m^2 · a) 和 1765.00gC/(m^2 · a)，且具有明显的空间差异（图 2-3）。2000 年，研究区中部 NPP 数值较高，北部和南部较低；北部地区海拔较高且地形复杂，年均温度为 9.16℃，远低于南部地区的 23.13℃，温度成为限制潜在 NPP 的主要因素。降水是西南部地区潜在 NPP 的主要限制因素，该区域年均降水为 1029mm，远低于中部地区的 1849mm。2015 年，降水是导致潜在 NPP 空间格局变化的主要因素，研究区降水分布表现为高值区域由中东部地区南移，使得潜在 NPP 也产生了相似的空间变化。

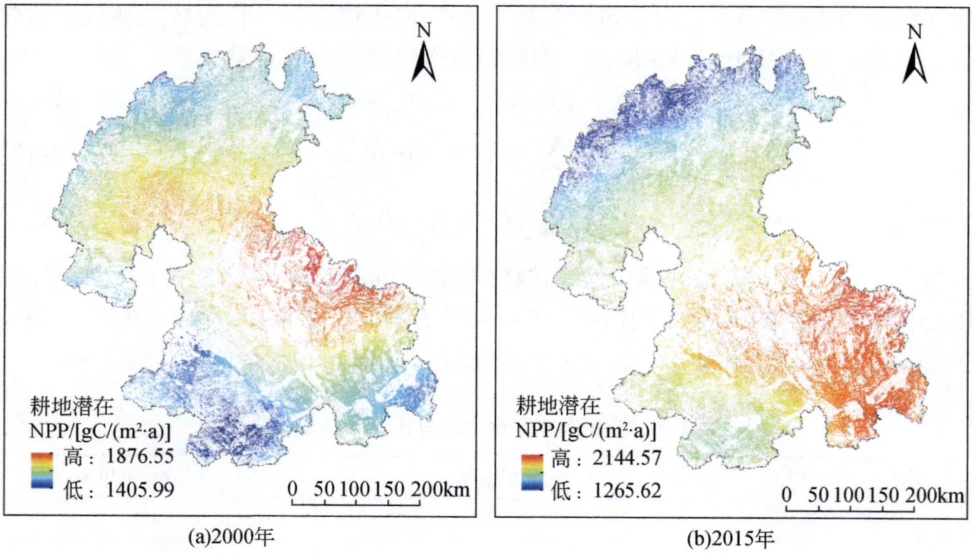

图 2-3　黔桂喀斯特山地的耕地潜在 NPP

2.4.1.2　粮食作物潜在单产空间化

2000～2015 年，由于种植结构的变化，研究区从潜在 NPP 到潜在单产的转换系数平均值降低了 0.02（图 2-4）。其中，旱地转换系数降低了 0.0311，水田转换系数降低了 0.0052。转换系数在两个年份的空间分布总体较为相似，只有局部区域表现出较为明显的变化。其中，最显著的变化出现在研究区北部的大方县，其转换系数降低了 0.31。该县 2000 年薯类的播种面积占比仅为 1.05%，到 2015 年则增加至 40.35%，其他四种粮食作物播种面积显著下降。根据表 2-3，薯类的转换系数（热量参数）在五种粮食作物中最低，导致大方县转换系数大幅下降。类似的种植结构变化情况同样出现在研究区东北部和西北部的部分区域。

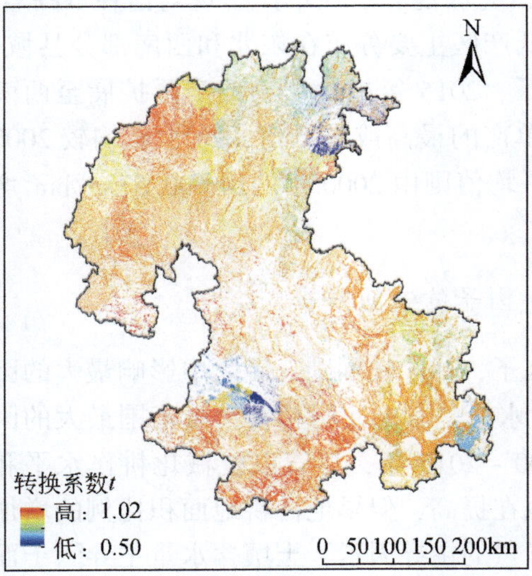

(a)2000年 (b)2015年

图 2-4 黔桂喀斯特山地从潜在 NPP 到潜在单产的转换系数

基于潜在 NPP 和转换系数计算的混合潜在单产结果如图 2-5 所示。由于总体上研究区转换系数的变化幅度相对较小，而潜在 NPP 从数值和空间分布上均有

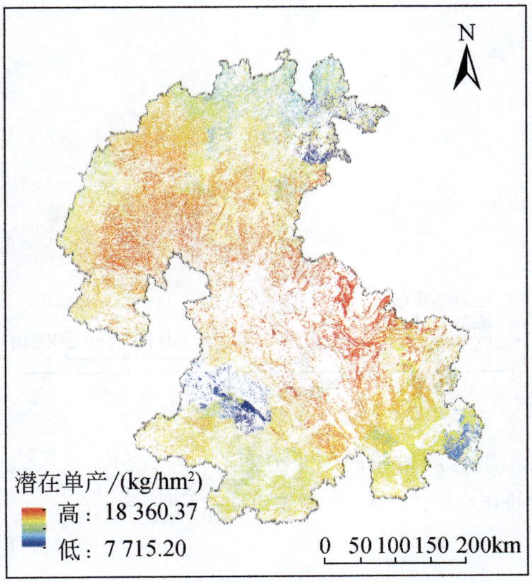

(a)2000年 (b)2015年

图 2-5 黔桂喀斯特山地的混合潜在单产空间分布

较为明显的变化，因此2000～2015年，研究区混合潜在单产呈现与潜在NPP类似的空间变化格局。2000年，粮食作物低产区主要分布在东北和西南部分县域，高产区主要分布在研究区中部。相比之下，2015年粮食作物低产区扩展至西南和更大范围的北部地区，但无论是潜在单产的最高或最低值，2015年均较2000年有所上升，整个研究区混合潜在单产平均值则由2000年的14 600.57kg/hm^{2}增加到2015年的15 521.49kg/hm^2。

2.4.1.3 影响实际粮食产量的关键因子的空间分布

计算三个影响实际粮食产量的关键因子，并比较判别三者之中影响最大的因子（图2-6和表2-4）可以看出，土壤含水量是影响实际粮食产量范围最大的因子，尤其是在研究区的北部和南部。2000～2015年，尽管以机械化耕作水平和化肥施用量为代表的田间管理技术水平也在提高，但旱地占耕地面积比例的增加仍然使得土壤含水量成为影响实际粮食产量的主导因素，土壤含水量主导因子面积占比在2000年和2015年分别为59.08%和59.29%（表2-4）。

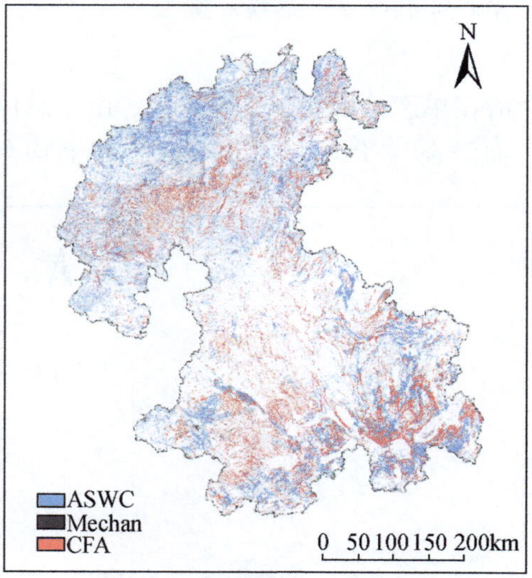

(a)2000年

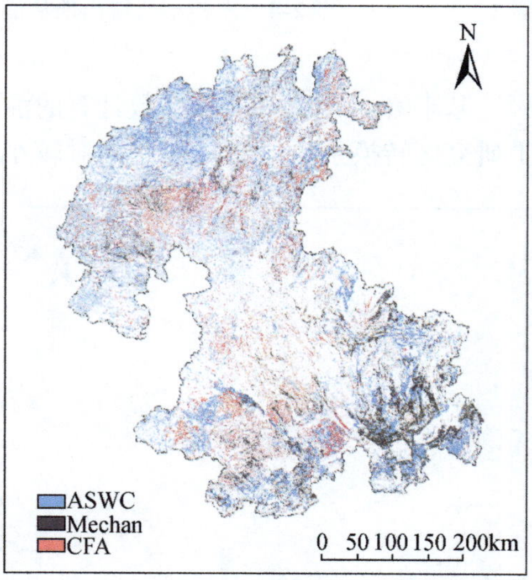

(b)2015年

图2-6 黔桂喀斯特山地实际粮食产量关键因子分布

ASWC：土壤含水量；Mechan：机械化耕作水平；CFA：化肥施用量；下同

三个关键因子中，机械化耕作水平对粮食实际产量的影响最小，主要是受地形的限制，很多区域难以推广机械化耕作。需要指出的是，该因子作为主导因子的影响面积比例显著提升，2000～2015年其主导因子面积占比由0.23%增加至

17.47%，尤其在研究区南部地形相对平坦并多季种植的区域，机械生产技术能够有效应用和推广，机械化耕作水平对粮食作物的增产作用迅速增加，成为区域重要的主导因子。

表 2-4　黔桂喀斯特山地 2000 年和 2015 年实际粮食产量关键因子作用效果及面积占比

关键因子	2000 年		2015 年	
	产量变化范围/(kg/hm²)	主导因子面积占比/%	产量变化范围/(kg/hm²)	主导因子面积占比/%
土壤含水量	0 ~ 15 334.63（-）	59.08	0 ~ 17 947.08（-）	59.29
机械化耕作水平	0 ~ 194.90（+）	0.23	0 ~ 990.36（+）	17.47
化肥施用量	0 ~ 2 470.50（+）	40.69	48.86 ~ 2 470.50（+）	23.24

注："+"表示对农业增产为正效应；"-"表示对农业增产为负效应

尽管机械化耕作水平的增产作用显著，但化肥施用量仍然是提高粮食产量效率的重要技术手段。因此，2000 ~ 2015 年，虽然化肥增产占主导因素的面积占比减少了 17.45%，但单位面积实际粮食产量的平均增加效益从 332.27kg/hm^2 增加至 347.52kg/hm^2。

2.4.2　GCYS 模型的精度评价

计算县域尺度下完全种植水稻的栅格单元的单产均值，并与水田仅种植水稻的县域统计数据进行比较，2000 年和 2015 年两者拟合的决定系数分别为 0.72 和 0.76（图 2-7），呈显著线性相关关系（$P<0.01$），拟合函数斜率分别为 0.95 和 1.23，表明实际粮食产量的空间化结果与统计的实际情况较为接近，但两个年份的单产估算分别出现了一定程度的低估和高估。

模型模拟的粮食产量结构与统计数据间的显著相关性验证了模型的可靠性。虽然本研究已尽可能考虑了对实际粮食产量影响较大的因素并进行了校正，但粮食产量受众多因素的联合作用，使得其空间差异很难被充分刻画。这也导致空间化拟合结果仍然存在一定的不确定性，尤其是在偏离拟合曲线较远的低值点所代表的区域。为了保证县域尺度下模型模拟结果的统计综合与统计数据相一致，本研究利用统计数据中县域粮食作物总产量对空间化结果进行修正，并对高于经地形校正后的粮食作物生产潜力的栅格进行校正。

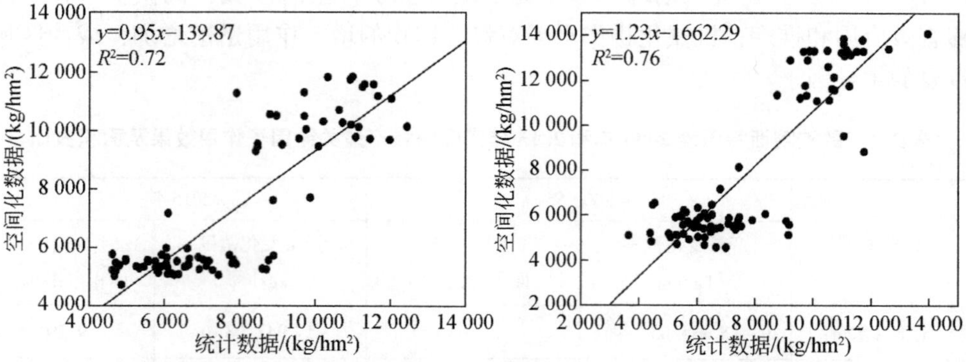

(a)2000年农业统计数据和模拟空间化数据拟合　(b)2015年农业统计数据和模拟空间化数据拟合

图 2-7　农业统计数据和模拟空间化数据在县域尺度上的回归分析

2.4.3　实际粮食产量的时空分布

2000 年和 2015 年，黔桂喀斯特山地的实际粮食作物单产平均值分别为 4745.10kg/hm² 和 5592.89kg/hm²。其中，2000 年，水田和旱地实际粮食作物单产平均值分别为 7495.48kg/hm² 和 2894.82kg/hm²，2015 年分别增加至 8473.25kg/hm² 和 3676.96kg/hm²。虽然实际粮食产量在研究区的局部差异存在一定程度的变化，但总体上呈现由西北向东南逐步增加的梯度变化（图 2-8）。2000 ~ 2015 年，研究区南部粮食产量低值区有所提升，高值区则更为集中并向南移动，这一方面与潜在粮食产量高值区南移有关，另一方面则是由于南部地区机械化耕作迅速发展对粮食增产的积极影响。温度和降水对局部区域的潜在 NPP 影响较大，而种植结构的变化总体上降低了潜在 NPP 向潜在单产的转换系数，略微降低了潜在单产。在影响实际粮食产量的关键因素中，土壤含水量作为主导因素的空间分布范围基本稳定，并未使得实际粮食产量出现明显的空间格局变化。

环江毛南族自治县（简称环江县）是研究区实际粮食产量时空变化的缩影，因此，本研究以该县为例，进一步分析本研究提出的空间化模型的应用效果。环江县位于研究区中部，是典型的峰丛-洼地地貌过渡区，高程由东北向西南逐渐降低。2000 年环江县实际粮食产量平均值为 2395.84kg/hm²，粮食作物产量较低的地区除分散在北部陡峭山区外，主要集中在东部山区（图 2-9），而相对高生产力的稻田主要分布在南部洼地分布较广的地区。2015 年，南部地区粮食产量快速增加，以机械化耕作水平为主导因子的增产面积比例由 2000 年的接近 0 提

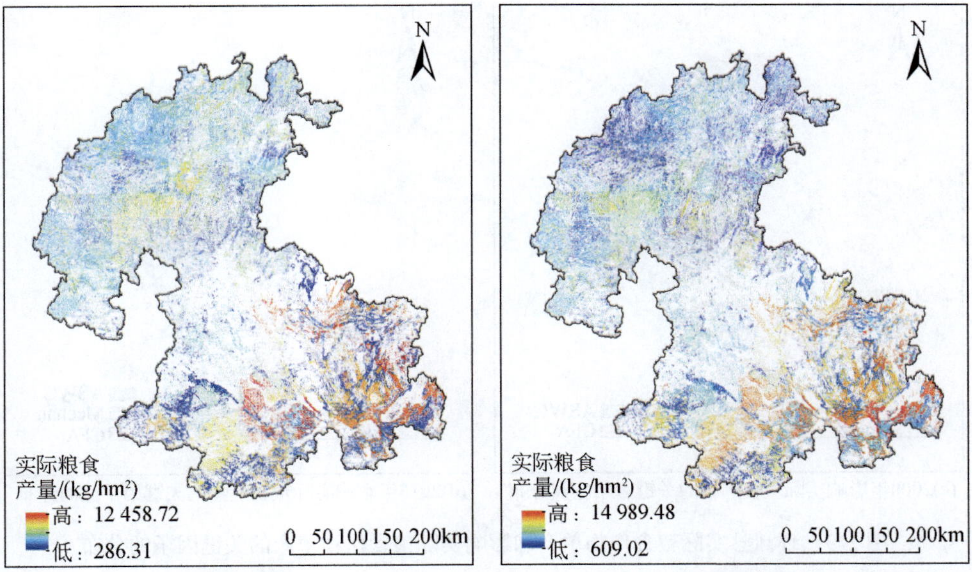

(a)2000年 (b)2015年

图 2-8 黔桂喀斯特山地实际粮食产量分布

高到 2015 年的 13.07%。但这一局部地区的显著变化并未改变整个县域实际粮食产量的空间分布格局，尤其是对于东北部山区来说，虽然田间管理等技术手段能够提高局部粮食产量，但由地形和土壤属性等因素形成的自然环境在一定时期内都将是限制实际粮食产量增长的决定性因素。

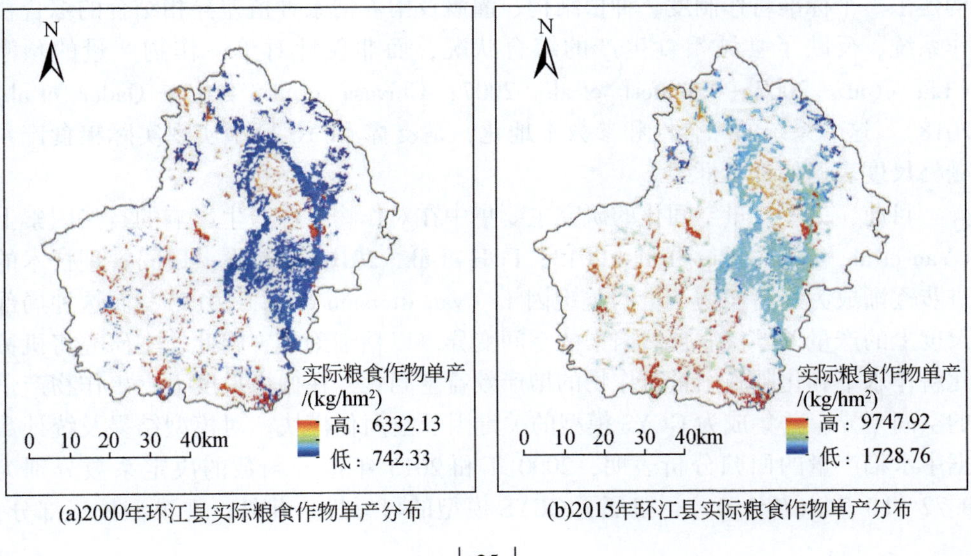

(a)2000年环江县实际粮食作物单产分布 (b)2015年环江县实际粮食作物单产分布

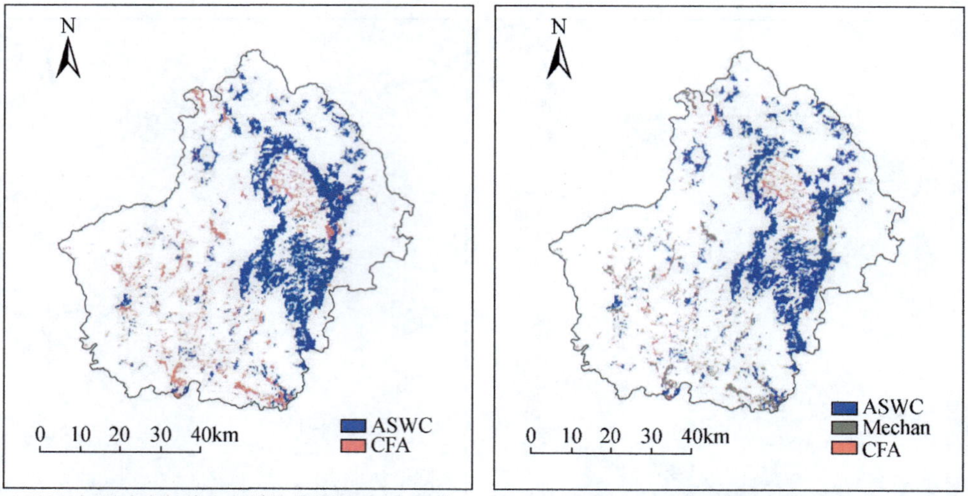

(c)2000年影响实际粮食产量的关键因子空间分布　(d)2015年影响实际粮食产量的关键因子空间分布

图 2-9　环江县实际粮食作物单产和影响实际粮食作物单产的关键因子的分布

2.4.4　GCYS 模型的优势和应用前景

本研究以中国西南黔桂喀斯特山地为典型区，通过建立空间化实际粮食产量的 GCYS 模型，实现了粮食产量在栅格尺度的精细表达，有效支撑了耕地变化效应的科学评估。综合耕作系统的构建和量化是计算粮食作物实际产量的前提（Yan and Gong，2010；Li H et al.，2016；Woittiez et al.，2017）。因此，本研究构建了一个标准耕作制度、种植结构、灌溉及雨养情景种植差异相结合的综合耕作系统，反映了县域粮食生产的综合状况，而非仅针对单一作物产量的预测（Liu et al.，2007a；Stehfest et al.，2007；Chivasa et al.，2017；Qader et al.，2018）。这一系统的综合性和参数本地化，是支撑 GCYS 模型实现实际粮食产量栅格尺度表达的基本框架。

目前，关于产量空间化的研究主要集中在对作物生产产生影响的自然因素上（Yan et al.，2007；Qin et al.，2013；Li H et al.，2016）。然而，田间管理技术的进步逐渐成为提高作物产量的关键因子（van Ittersum et al.，2013），而这种局部尺度上的产量差异仅靠自然因素的空间变异难以精细刻画。因此，本研究将机械化耕作水平和化肥施用量对作物的增产效益空间化，在栅格尺度上突出作物产量的空间差异，并集成为 GCYS 模型的关键因子空间化模块。对模型结果及统计数据中水稻产量的回归分析表明，2000 年和 2015 年拟合函数的决定系数分别为 0.72 和 0.76（$P<0.01$），验证了 GCYS 模型的可靠性。此外，在模型校正部分，

从县域和栅格尺度分别对 GCYS 模型进行校正，进一步提升 GCYS 模型的精度。

粮食作物在水田和旱地的种植面积差异较大。根据综合耕作系统的估算，2000 年水田和旱地用于粮食作物种植的面积比例分别为 74.22% 和 49.97%，2015 年为 71.84% 和 43.13%。旱地粮食作物种植比例较低可能带来粮食作物产量预测更大的不确定性，尤其是高产或低产耕地的确定性可能会明显增加（Cheng et al.，2016）。这一问题目前难以解决，除非能够得到精确的粮食作物分布数据（Peng et al.，2014；Cheng et al.，2016；Ouyang et al.，2017）。然而，粮食作物分布的精确制图在大尺度、多时段研究中也很难获取（Lobell et al.，2003；Liu et al.，2007b）。本研究建立的 GCYS 模型对主要粮食作物类型进行混合产量空间化，提高了模型的适应性和稳健性。

在保障区域粮食安全、实现经济发展和生态保护的多重需求下（Wang J et al.，2012；Xu et al.，2014），GCYS 模型能够将统计数据与自然环境和人为因素耦合，实现更精细、可靠的实际粮食产量空间化，有助于改善田间管理措施（You et al.，2014），制定更合理的耕地利用规划，提高土地利用效率（Wang J et al.，2012；Xu et al.，2018）。未来研究中，结合耕地关键营养元素的施用、吸收和流失的监测资料，并应用到化肥施用量和作物生长模拟中，能够进一步提高田间管理措施对粮食产量的预测精度（Liu et al.，2010；Hayashi et al.，2012；Sadras et al.，2016；Zhou et al.，2017）；应用遥感反演技术获取高精度的作物空间分布，可为本研究建立的模型提供更丰富的空间信息，有效进行粮食产量的空间精细表达（You et al.，2009，2014）。此外，随着遥感技术的进步，如蒸发胁迫指数等新遥感指标已被证明与大田尺度的作物产量显著相关（Zhou et al.，2018），将相关结果整合到本研究建立的模型中，也有助于提高实际粮食产量的空间化模拟精度。

2.5 耕地变化对区域粮食生产能力的影响

2000 ~ 2015 年，黔桂喀斯特山地耕地面积减少了 $1.91\times10^4 hm^2$，其中水田面积占总减少面积的 50.70%，旱地面积的占比为 49.30%，耕地减少的区域主要分布在研究区的北部山区及城市的周边。虽然 2015 年较 2000 年新增耕地面积 $5.69\times10^3 hm^2$，但新增耕地的平均粮食产量为 $4255.75 kg/hm^2$，低于损失耕地的平均粮食产量 $4485.20 kg/hm^2$（图 2-10）。其中，损失耕地主要包括建设用地占用和生态退耕，新增耕地主要是占补平衡政策新补充的耕地。城镇化占用了大量城市周边的具有较高粮食产量的优质耕地，相比之下，占补平衡新开垦的耕地，多是农业生产适宜性较低的土地资源，其粮食产量相对较低，因此新增耕地的平均粮食产量低于损失耕地。

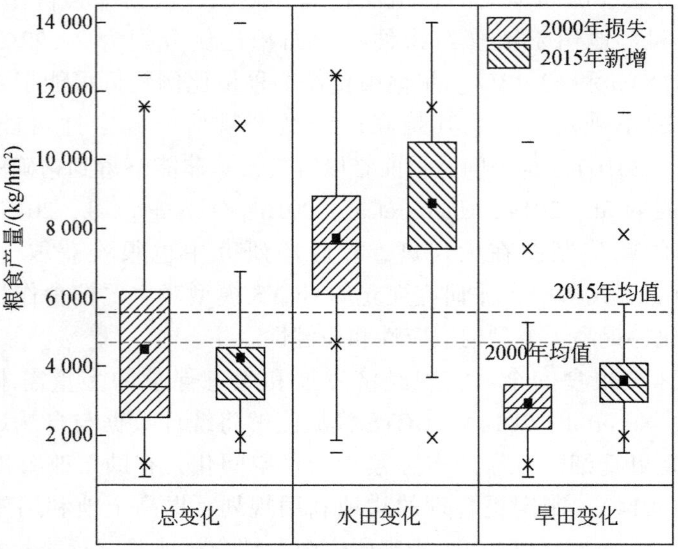

图 2-10　黔桂喀斯特山地 2000～2015 年变化耕地的粮食产量统计

与此同时，2000～2015 年，研究区的实际粮食产量平均增加了 847.79kg/hm^2，设置［0，4000］、(4000，8000］、(8000，15 000］三个等级（单位为 kg/hm^2）作为粮食产量的低、中、高值区间，并细分为 7 个等级区间（图 2-11）。可以发现，研究时段内粮食产量之所以明显提高，主要是因为低产量区间的面积占比显著下降，而中、高产量的面积占比明显提高。其中，粮食产量在［0，2000］区间的面积比例由 2000 年的 11.84% 下降到 2015 年的 0.71%；粮食产量在 (4000，6000］区间的面积比例由 14.81% 增加至 25.20%；而高产量的面积占比也有一定程度的提高。

比较发现研究区总体的粮食作物生产能力呈减少的趋势，粮食作物总热量从 2000 年的 2.04×10^{14}kcal 下降到了 2015 年 1.82×10^{14}kcal。耕地面积的减少导致用于粮食生产的种植规模明显降低，极大地降低了区域粮食生产能力，且新增耕地的生产能力比损失耕地低，部分高产农田的丧失也降低了区域粮食生产能力。同时，潜在单产的提高和田间管理技术的进步，使得整个研究区实际粮食作物产量均值均有所提升，这在这一定程度上弥补了上述耕地数量减少和高产农田丧失对区域粮食生产能力的负面效应。

研究区粮食作物热量的空间分布表现为南高北低（图 2-12），2000 年和 2015 年平均热量分别为 6.37×10^6kcal/hm^2 和 6.63×10^6kcal/hm^2，进而计算得知每天从

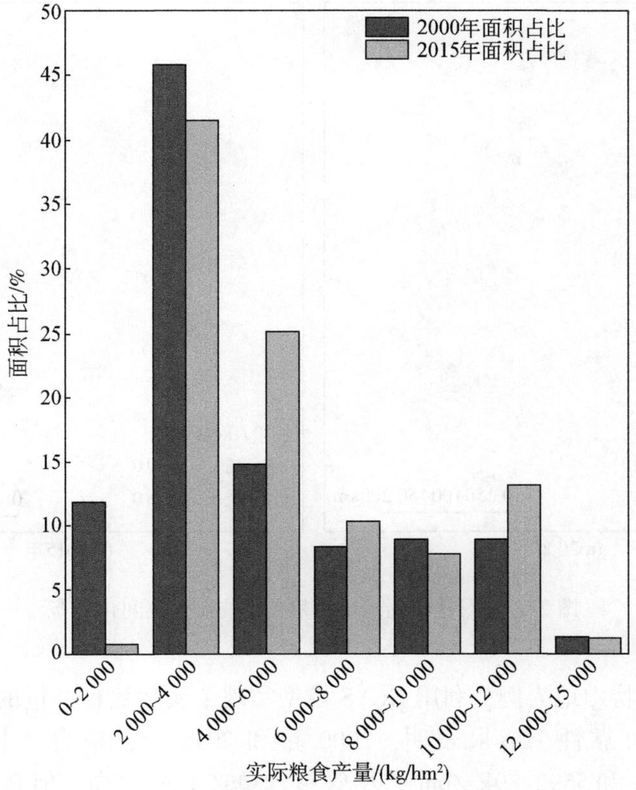

图 2-11　2000 年和 2015 年实际粮食产量统计

粮食作物中获取的人均热量分别为 654. 76kcal 和 1025. 77kcal。值得注意的是，粮食热量空间分布格局与实际粮食产量空间化格局并不完全一致，这与作物本身热量特征、种植结构、复种指数等多种因素有关。例如，东南部一年两季水稻产区的粮食作物热量将远高于北部一年一季的薯类集中种植区。薯类的单位热量仅为其他四种作物的五分之一左右，且其他四种作物的单位热量较为接近，故在薯类种植比例较低的县域，热量空间化结果与产量空间化结果更为相似。而在整个研究区，热量空间化结果的方差显著高于产量空间化结果，离散程度更高。

耕地数量和质量的变化导致区域粮食生产能力发生了显著变化，准确量化实际粮食产量空间化有助于理解农业资源分布的空间异质性，评估粮食实际产量的时空变化，并为未来农业发展和土地利用规划提供参考。本研究所构建的 GCYS 模型的创新之处在于构建了量化和本地化的综合耕作系统，耦合了关键的自然因素和人为田间管理因素，实现了农业生产统计数据精细可靠的空间化。本研究以

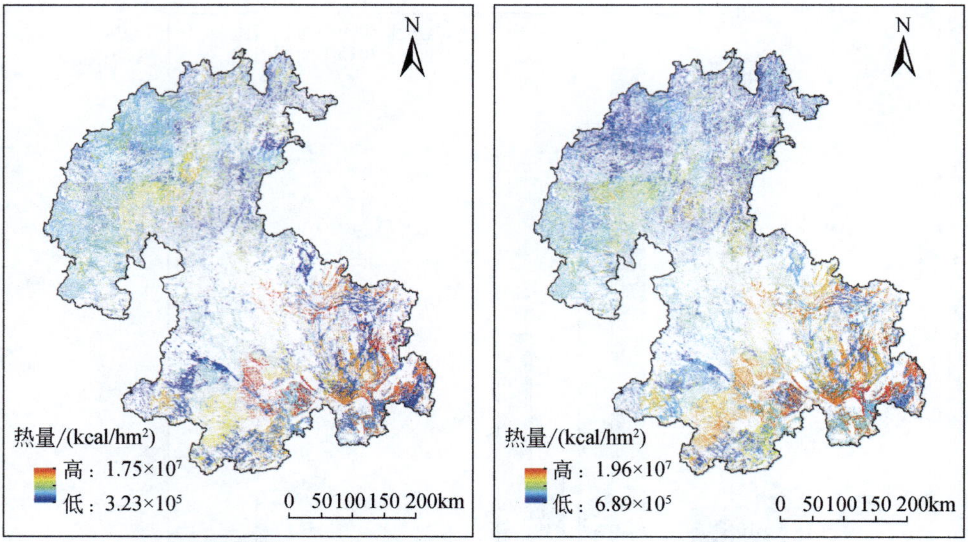

(a)2000年 (b)2015年

图 2-12 黔桂喀斯特山地粮食作物热量空间化分布

西南黔桂喀斯特山地为例，利用 GCYS 模型实现了实际粮食产量的空间化，并验证了模型的可靠性。结果表明，2000 年和 2015 年，粮食产量均值分别为 4745.10kg/hm^2 和 5592.89kg/hm^2。尽管粮食单产有所提高，但新增补充耕地的总体产量低于损失耕地。机械化耕作水平为粮食增产主导因素的耕地面积占比由 2000 年的 0.23% 迅速提高至 2015 年的 17.47%，但粮食生产的关键制约和增产因素仍为土壤水含量和化肥施用量。通过回归分析发现，水稻农业统计数据与空间化结果显著相关，两个年份拟合函数决定系数分别为 0.72 和 0.76（$P<0.01$），验证了 GCYS 模型的可靠性。耕地数量减少和部分高产农田丧失导致研究区粮食生产能力下降，粮食作物总热量从 2000 年的 2.04×10^{14} kcal 下降到了 2015 年 1.82×10^{14} kcal。上述研究结果进一步凸显了保障区域粮食安全的重要性和紧迫性，尤其要重视对城市周边优质高产耕地的保护，以为未来农业发展和土地利用规划提供参考。

第3章　喀斯特山地土地利用变化对关键生态系统服务的影响

在脆弱岩溶环境、人口压力和不合理经济活动的作用下，喀斯特山地土地利用变化复杂、用地竞争突出，对支撑区域发展的生态功能产生了深刻的影响，准确评估上述影响是生态系统恢复、生态功能区划和建立生态补偿机制、保障国家生态安全的重大战略需求。本研究以黔桂喀斯特山地为典型区，基于实际径流小区实验数据，修正或引入径流系数、降雨侵蚀力、石漠化因子和岩石风化固碳量等参数模型，定量评估1990～2015年水源涵养、土壤保持和固碳释氧3项主要的调节和支持生态系统服务的时空变化，揭示气候变化和土地利用变化对关键生态系统服务的影响。结果表明，黔桂喀斯特山地2015年的水源涵养量、土壤保持量、固碳量和释氧量的总量分别为630.15亿m^3/a、189.02亿t/a、6187.62万t/a和16 002.18万t/a；单位量分别为2943.43m^3/(hm^2·a)、885.18t/(hm^2·a)、2.89t/(hm^2·a)和7.47t/(hm^2·a)。区域水源涵养价值以低和较低等级为主，分别占总面积的33.72%和20.55%；土壤保持能力也以低、较低和高等级为主，分别占总面积的24.90%、20.90%和21.44%；固碳释氧功能等级以较低、中等和较高等级为主，分别占总面积的35.47%、29.83%和21.49%。林地、草地和耕地对研究区生态系统服务的贡献率依次降低，以林地为基准，林地的水源涵养量、土壤保持量、固碳释氧量的单位量分别是耕地和草地的1.85倍和2.55倍、1.70倍和1.03倍、1.16倍和1.09倍。1990～2015年，喀斯特山地水源涵养量、土壤保持量和固碳释氧量均呈现增加趋势。对比1990～2000年和2000～2015年两个时段，前一时段林地和草地面积大幅度下降，导致水源涵养量和土壤保持量均呈下降趋势，下降幅度分别为6.25%和3.45%；后一时段降水量与林地面积增加，使得水源涵养量、土壤保持量、固碳释氧量均呈增加趋势，增加幅度在2.61%～7.49%。在区域降水增加以及林地等生态用地规模扩大的耦合作用下，区域水源涵养、土壤保持和固碳释氧等关键生态系统服务的价值提升明显。

3.1 土地利用变化对生态系统服务影响的研究进展

为了追求食物和木材，毁林开垦、超载放牧和陡坡耕种等不合理的土地利用方式频现，损害了土地的生态和生产功能（王荣和蔡运龙，2010），加剧了区域生态环境的退化。同时，石漠化作为区域最严重的生态问题①，不断吞噬生产和生活空间，制约区域可持续发展（Wang S J et al., 2004；Bai et al., 2011）。可见，喀斯特地区土地利用变化对生态系统服务产生了复杂的影响，定量评估上述变化对生态系统服务的影响，是生态系统恢复、生态功能区划和建立生态补偿机制、保障国家生态安全的重大战略需求（傅伯杰等，2012）。

目前关于喀斯特地区生态系统服务的研究多以小尺度、单一时相、单一生态系统服务为主（张明阳等，2010；赵海兵等，2011；吴光梅等，2012；赵国梁和胡业翠，2014；宋贤威等，2016）。例如，张斯屿等（2014）以县域和胡晓（2014）以镇域评估了土壤保持、水源涵养和碳存储功能等生态系统服务；王小琳（2016）、吴松等（2016）、许月卿和邵晓梅（2006）、韩明臣和梁玉莲（2015）以省域或流域为研究区评估了单一生态系统服务。以往关于喀斯特生态系统服务的研究多采用降水储存量法（吴松等，2016）、水量平衡法（张彪等，2008）、蓄水能量法（刘璐璐等，2016）、影子工程法（刘晓等，2014）和InVEST模型（王小琳，2016）评估水源涵养（张彪等，2009），土壤保持则使用修正的土壤流失方程（Revised Universal Soil Loss Equation，RUSLE）（许月卿和邵晓梅，2006）和InVEST模型（张斯屿等，2014）等，固碳释氧多基于光合作用原理（韩明臣和梁玉莲，2015）或实测生物量含碳率（李默然和丁贵杰，2013）进行估算。

然而，上述方法多采用全国或者南方地区等的普遍性参数，未考虑喀斯特地区特殊背景的影响。例如，降水储存量法中的产流比参数的经验系数赋值忽略了空间差异性（吴松等，2016）；降雨侵蚀力 R 值多采用全国统一公式（苏永，2013）；固碳释氧忽视了岩石风化的因素等（宋贤威等，2016）。喀斯特地区地形破碎、景观异质性高，制约了区域生态系统服务评估的精度，现有研究对生态系统服务估算的参数本地化还不足（李文华等，2009；傅伯杰等，2012；戴尔阜等，2015b；杨旭等，2015；Zao et al., 2017）。黔桂喀斯特山地既是中国生态脆弱地区，也是长江与珠江上游的生态安全屏障（石玉林等，2015），数十年来土

---

① 国家林业和草原局.《中国·岩溶地区石漠化状况公报》. 2018.

地利用相互转化剧烈（许尔琪和张红旗，2016）。鉴于此，本研究以黔桂喀斯特山地为典型区，基于实际径流小区实验数据，引入石漠化因子、岩石风化固碳量等参数模型，定量评估 1990 ~ 2015 年水源涵养、土壤保持和固碳释氧 3 项关键生态系统服务的时空变化，揭示气候变化和土地利用变化对关键生态系统服务的影响，以指导土地利用和生态系统管理，保障区域生态安全及可持续发展。

3.2 喀斯特地区生态系统服务估算方法

3.2.1 生态系统服务估算数据来源

本研究选取黔桂喀斯特山地为研究区（图 2-1），以 1990 年、2000 年和 2015 年三期土地利用数据为基础，结合气候数据、地形数据、土壤数据、植被数据等，采用刘纪远等（2003）构建的分类体系［包括耕地、林地、草地、水域、城镇工矿居民用地（简称建设用地）及未利用地（裸岩）6 个一级类］定量评估 1990 ~ 2015 年水源涵养、土壤保持和固碳释氧 3 项主要生态系统服务的时空变化。数据及来源详见表 3-1，所有数据均重采样为 1km。

表 3-1 数据来源及概况

数据类型	数据名称	格式	分辨率	来源
基础数据	土地利用图（1990 年、2000 年、2015 年）	矢量	30m	中国科学院资源环境科学与数据中心
水源涵养	1989 ~ 2016 年日降雨量	矢量		中国气象数据网
	径流深度数据	栅格	10km	中国科学院、水利部成都山地灾害与环境研究所数字山地与遥感应用中心
	多年平均径流系数	栅格	10km	《中华人民共和国国家自然地图集》
土壤保持	海拔	栅格	30m	地理空间数据云
	土壤质地 1∶100 万	栅格	1km	寒区旱区科学数据中心，中国土壤特征数据集
	土壤有机质 1∶100 万	栅格	1km	国家地球系统科学数据中心
	NDVI	栅格	1km	美国地质调查局
固碳释氧	净初级生产力（NPP）	栅格	1km	MOD17A3 数据
	岩性	矢量		喀斯特数据中心

3.2.2 生态系统服务估算方法

3.2.2.1 水源涵养服务估算方法

本研究考虑到喀斯特地区特殊的地上地下双层岩溶结构，采用经验性方法，以生态系统的水分调节效应来衡量其涵养水源的能力，测算水源涵养量。基于实测数据修正降水储存量法 K 因子，计算公式为

$$Q=10 \cdot A \cdot J \cdot R \tag{3-1}$$

$$J=J_0 \cdot K \tag{3-2}$$

式中，Q 为与裸地比较，林地、草地或耕地等生态系统涵养水分的增加量（m^3）；A 为生态系统面积（hm^2）；J 为计算区产流降水量（mm）；J_0 为年降水量（mm）；K 为产流降水量占年降水量的比例；R 为与裸地比较，生态系统减少径流的效益系数。R 值来源于已发表文献经验数据（吴松等，2016），即通过森林清查等实测经验数据，在不同森林植被类型的树冠、土壤级枯落物截留的基础上，确定各生态系统类型 R 值。

本研究应用实测降雨产流临界值（表 3-2）和径流系数数据修正计算 K 因子。径流系数是一定地区任意时段内径流量与同时段内相应的降水量之比值。径流系数参数的本地化，首先是以临近气象台站日降水数据修正 TRMM 逐日 3 小时降水量数据，统计累积一年中单次降水量大于产流临界值的数值；然后将单点产流降水量占年降水量的比例与多年平均河川径流系数（表 3-2）建立线性回归拟合曲线（图 3-1）；最后应用覆盖研究区的径流深度数据（图 3-2），计算径流系数空间分布（图 3-3），获得 K 因子数值的空间分布（图 3-4）。

表 3-2 不同气象台站降雨产流临界值

地点	经度（°E）	纬度（°N）	降雨产流临界值/mm	径流系数	K
云南会泽	103.4	26.5	22.30	0.36	0.64
云南澄江	102.8	24.6	10.00	0.26	0.65
广西里骆林区	110.1	25.9	8.00	0.62	0.79
广西漓江上游	110.5	25.9	4.30	0.65	0.91
福建南靖	117.0	24.7	10.00	0.59	0.77
广东佛山	113.0	23.1	11.00	0.48	0.80
广东鹤山丘陵综合开放试验站	112.9	22.7	15.90	0.50	0.78

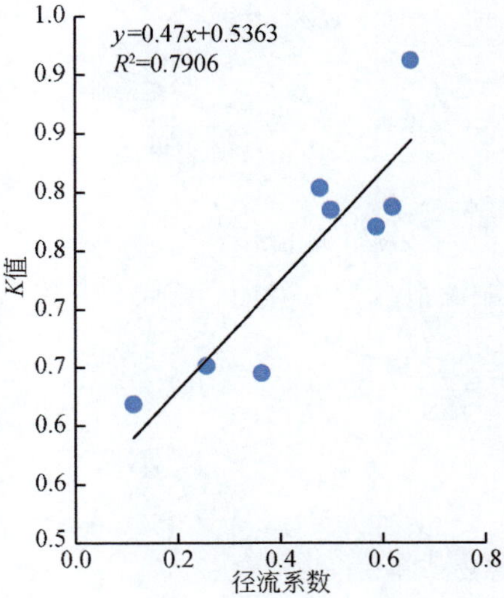

图 3-1 径流系数和 K 值线性关系

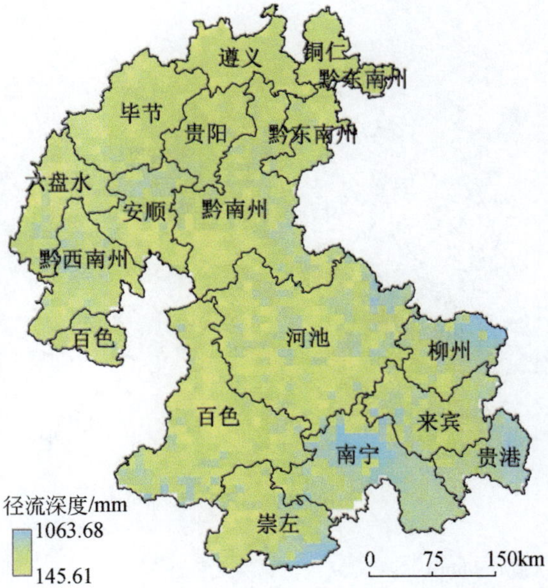

图 3-2 黔桂喀斯特山地多年平均径流深度

图 3-3 黔桂喀斯特山地多年平均径流系数

图 3-4 黔桂喀斯特山地 K 因子空间分布

3.2.2.2 土壤保持服务估算方法

黔桂喀斯特山地破碎的地形特征以及土地石漠化的发生，加剧了土壤侵蚀过程的复杂性。若直接采用 RUSLE（Renard et al., 1997）进行土壤侵蚀量和土壤保持量的估算容易造成偏差，因此本研究引入石漠化因子，并结合实际径流小区实验数据进行公式修正和数值计算，公式如下：

$$A = R \cdot K \cdot LS \cdot C \cdot P \cdot (1-a) \tag{3-3}$$

式中，A 为年均土壤侵蚀量 [t/(hm² · a)]；R 为降雨侵蚀力 [(MJ · mm)/(hm² · h · a)]；K 为土壤可蚀性因子 [(t · hm² · h)/(hm² · MJ · mm)]；LS 为坡长坡度因子；C 为植被覆盖与管理因子；P 为水土保持措施因子；a 为石漠化因子。

$$RKLS = R \cdot K \cdot LS \cdot (1-a) \tag{3-4}$$

$$土壤保持量 = RKLS - A \tag{3-5}$$

$$土壤保持能力 = RKLS/A \tag{3-6}$$

式中，RKLS 为潜在土壤侵蚀量。

降雨侵蚀力 R 是引起土壤侵蚀的主要因素，反映降雨对土壤侵蚀作用的影响程度。本研究采用基于喀斯特地区的径流小区实验降雨过程资料及土壤流失资料得出的降雨侵蚀力简易算法（戴海伦等，2013），可以避免以往研究中 RUSLE 模型在喀斯特地区的不适用性，计算公式如下：

$$R = \sum_{i=1}^{12} (2.0354\, P_i^{1.2159} + 45.5649) \tag{3-7}$$

式中，R 为降雨侵蚀力因子 [MJ · mm/(hm² · h · a)]；P_i 为月降水量（mm）。月降水量（P_i）数据的获取，主要是利用喀斯特地区 102 个气象站的年逐日降水量资料，同时为了排除单一时相的随机性，本研究选用 1989 ~ 1991 年、1999 ~ 2001 年、2014 ~ 2016 年 3 个时段的平均值作为三期降水量的平均值，对月降水量插值得到研究区月降水量栅格空间分布。

土壤可蚀性因子 K 表征了降雨对土壤造成的搬离、冲击、侵蚀的作用程度，本研究采用广泛应用的 Williams 和 Arnold（1997）提出的 EPIC 模型，基于土壤颗粒组成数据和土壤有机碳（SOC）数据进行计算，公式如下：

$$K = 0.1317\{0.2 + 0.3 \times \exp[-0.0256SAN(1 - SIL/100)]\}\left(\frac{SIL}{CLA+SIL}\right)^{0.3} \times \left[1 - 0.25 \times \frac{C}{C + \exp(3.72 - 2.95C)}\right] \times \left[1 - 0.7 \times \frac{SN_1}{SN_1 + \exp(22.9\,SN_1 - 5.51)}\right] \tag{3-8}$$

式中，K 为土壤可蚀性因子 [(t · hm² · h)/(hm² · MJ · mm)]；SAN、SIL 和 CLA 分别为沙粒、粉粒和黏粒的含量（%）；$SN_1 = 1 - SAN/100$；C 为有机碳含量

(%)；0.1317 为美制向公制的转换系数。

目前研究基于数字高程模型（Digital Elevation Model，DEM）数据提取坡长坡度因子（LS）存在较大不确定性（秦伟等，2010），本研究借鉴 McCool 等（1989）对坡长因子和 Liu 等（1994）对坡度因子的研究，修正 van Remortel 等（2001）根据 RUSLE 模型编写的 AML 代码，核心算法为

$$L=\left(\frac{\gamma}{22.13}\right)^{m}\begin{cases}m=0.5 & \theta\geqslant 9\% \\ m=0.4 & 3\%\leqslant\theta<9\% \\ m=0.3 & 1\%\leqslant\theta<3\% \\ m=0.2 & \theta<1\%\end{cases} \tag{3-9}$$

$$S=\begin{cases}10.8\sin\theta+0.03 & \theta<9\% \\ 16.8\sin\theta-0.50 & 9\%\leqslant\theta\leqslant 18\% \\ 21.91\sin\theta-0.96 & \theta>18\%\end{cases} \tag{3-10}$$

式中，L 为坡长因子；m 为无量纲常数，取决于坡度比值（θ）；S 为坡度因子。

植被覆盖与管理因子 C 是指在一定条件下有植被覆盖或实施田间管理的土地的土壤流失总量与同等条件下实施清耕的连续休闲地的土壤流失总量的比值，为无量纲数，介于 0～1，是影响土壤侵蚀最敏感的因子（孙文义等，2014），本研究基于 NDVI，采用蔡崇法等（2000）提出的方法进行计算，公式如下：

$$C=\begin{cases}1 & f=0 \\ 0.6508-0.3436\lg f & 0<f\leqslant 78.3\% \\ 0 & f>78.3\%\end{cases} \tag{3-11}$$

式中，C 为植被覆盖与管理因子；f 为植被盖度，计算公式为

$$f=\frac{\text{NDVI}-\text{NDVI}_{\text{soil}}}{\text{NDVI}_{\max}-\text{NDVI}_{\text{soil}}} \tag{3-12}$$

水土保持措施因子 P 为采取水土保持措施与顺坡种植无相关措施的侵蚀量比值（蔡崇法等，2000）。根据前人对该参数的设置（许月卿和邵晓梅，2006；傅世锋和査轩，2008；陈龙等，2012；陈思旭等，2014；孙文义等，2014），本研究结合研究区的土地利用类型分别进行赋值，此外，黔桂喀斯特山地的裸岩基本无土壤可侵蚀，其 P 值被赋予 0（表 3-3）。

表 3-3　黔桂喀斯特山地不同土地利用类型 *P* 值

土地利用类型	水田	旱地	林地	草地	建设用地	水域	裸岩
P	0.01	0.40	1.00	1.00	0	0	0

石漠化因子 a 是指裸露岩石与地块面积的比值，为介于 0（无裸露岩石）～1

（裸岩）的无量纲数。本研究根据喀斯特地区的相关经验数据（袁克勤，2009；高峰，2014），结合不同土地利用类型的石漠化情况分别赋值（表 3-4）。

表 3-4　黔桂喀斯特山地不同土地利用类型 *a* 值

土地利用类型	水田	旱地	有林地	灌木林	疏林地	其他林地	草地	水域	建设用地	裸岩
a	0.00	0.17	0.11	0.18	0.28	0.13	0.20	0.00	0.00	1.00

3.2.2.3　固碳释氧服务价值估算方法

固碳量包含植被固碳量和岩石风化固碳量两部分。植被固碳释氧物质量和价值量测算以 NPP 为基础，由光合作用方程式可知，植被每生产 1.00kg 有机物能固定 1.63kgCO_2，同时释放 1.2kgO_2。基于此原理，根据 NPP 计算结果可以计算出喀斯特地区生态系统固定 CO_2 和释放 O_2 的物质量。应用国家标准《森林生态系统服务功能评估规范》（LY/T 1721-2008），植被固碳量和释氧量计算公式如下：

$$G_{固碳} = 1.63\ R_{碳} \times A \times B_{年} \tag{3-13}$$

$$G_{释氧} = 1.19\ A \times B_{年} \tag{3-14}$$

式中，$G_{固碳}$ 为植被年固碳量（t/a）；1.63 为计算系数；$R_{碳}$ 为 CO_2 中碳的含量，为 27.27%；A 为面积（hm^2）；$B_{年}$ 为净初级生产力 [$t/(hm^2 \cdot a)$]。净初级生产力（$B_{年}$）数据采用广泛应用的 MOD17A3 NPP 数据（王新闯等，2013；程春晓等，2014）（表 3-1）。

区别于常规方法，黔桂喀斯特山地固碳服务价值中还包括岩石风化固碳部分，采用基于地表径流和溶解元素的经验关系的简单模型（Amiotte and Probst，1993；邱冬生等，2004），即 GEM-CO_2 模型，估算岩溶作用消耗大气 CO_2 的量。计算公式如下：

$$F_{CO_2} = \alpha \times Q \tag{3-15}$$

式中，F_{CO_2} 为 CO_2 消耗量 [$mmol/(km^2 \cdot s)$]；Q 为岩石表面的水流量 [$L/(km^2 \cdot s)$]，为降水量与蒸发量的差值；α 为经验系数，因岩石类型的不同而不同，黔桂喀斯特山地的岩石类型主要是碳酸盐类，经验系数为 1.586（Amiotte and Probst，1993）。

3.3 生态系统服务估算结果比较

考虑到目前少有覆盖本研究区 2015 年生态系统服务的研究，故本研究估算的生态系统服务价值结果主要与 2010 年前后的相关研究结果进行对比验证。本研究估算的水源涵养量和土壤保持量略高于全国生态系统服务十年环评估算的结果（中国生态系统评估与生态安全格局数据库），但均属一个数量级范围。其中，本研究区水源涵养量相对较高的原因是 2015 年的年降水量远高于十年环评期间的降水量。

此外，估算的研究区中，广西范围的土壤侵蚀模数为 736.57t/(hm^2·a)，略高于十年环评的 700.77t/(hm^2·a)，这一方面是因为 2015 年降水量高于十年环评的年降水量数据，另一方面是因为降雨侵蚀力模型计算参数不同。相比之下，估算的研究区中贵州范围的土壤侵蚀模数为 4.55t/(hm^2·a)，低于孙德亮等（2016）利用 RUSLE 模型估算的贵州 2010 年土壤侵蚀模数 8.80t/(hm^2·a)，这一方面是因为孙德亮等（2016）采用的是适用于中国南方地区而非喀斯特地区的降雨侵蚀力模型，对计算结果有扩大作用，另一方面是因为孙德亮等（2016）对水土保持措施因子的估算结果也大于本研究，尤其是以往研究未考虑石漠化因素的影响，而石漠化的发生会导致区域土壤可蚀量减少，进而导致土壤保持量降低。

黔桂喀斯特山地固碳量主要考虑植被固碳量和岩石风化固碳量，不包含相对稳定的土壤碳库，这也是估算的研究区中广西范围单位面积固碳量 3.03t/(hm^2·a) 和研究区中贵州范围单位面积固碳量 2.73t/(hm^2·a) 分别略低于王兵等（2013）估算的广西森林单位面积固碳量 3.52t/(hm^2·a) 和刘晓等（2014）估算的贵州森林单位面积固碳量 2.77t/(hm^2·a) 的主要原因。此外，岩石风化固碳的影响及数据来源的不同，使其结果高于同样未估算土壤碳库的杨帆等（2015）基于森林清查数据估算的贵州南部森林单位面积固碳量 1.95t/(hm^2·a)。

3.4 土地利用变化对生态系统服务的影响结果

3.4.1 土地利用变化对水源涵养服务时空特征的影响

黔桂喀斯特山地水源涵养量空间分布差异明显［图 3-5（a）］，自北向南增加，林地是水源涵养量的主要贡献，其单位量为 3851.63m^3/(hm^2·a)，分别是耕地和草地的1.85倍和2.55倍。将标准化后的水源涵养量分为低（<0.30）、较低（0.30~0.40）、中（0.40~0.50）、较高（0.50~0.60）、高（0.60~1.00）5个等级（表3-5）。2015年，研究区水源涵养以低和较低等级为主［图3-5 (b)］，分别占总面积的33.72%和20.55%，主要分布在北部，中部安顺与黔南州、黔西南州交界，百色，以及崇左南部边界和来宾、贵港与柳州的中部地区。这些区域降水量较少，植被覆盖率较低，多以耕地和草地分布为主。而较高和高等级的面积相对较小，比例分别为15.92%和6.62%，主要分布在河池大部，百色、南宁、来宾交界，柳州东部，以及贵港北部和崇左南部。这些区域降水量相对较高，生态系统减少径流的效益系数较高，加之林地比例大，植被覆盖率较高，使得截留率增大，水源涵养功能较高。

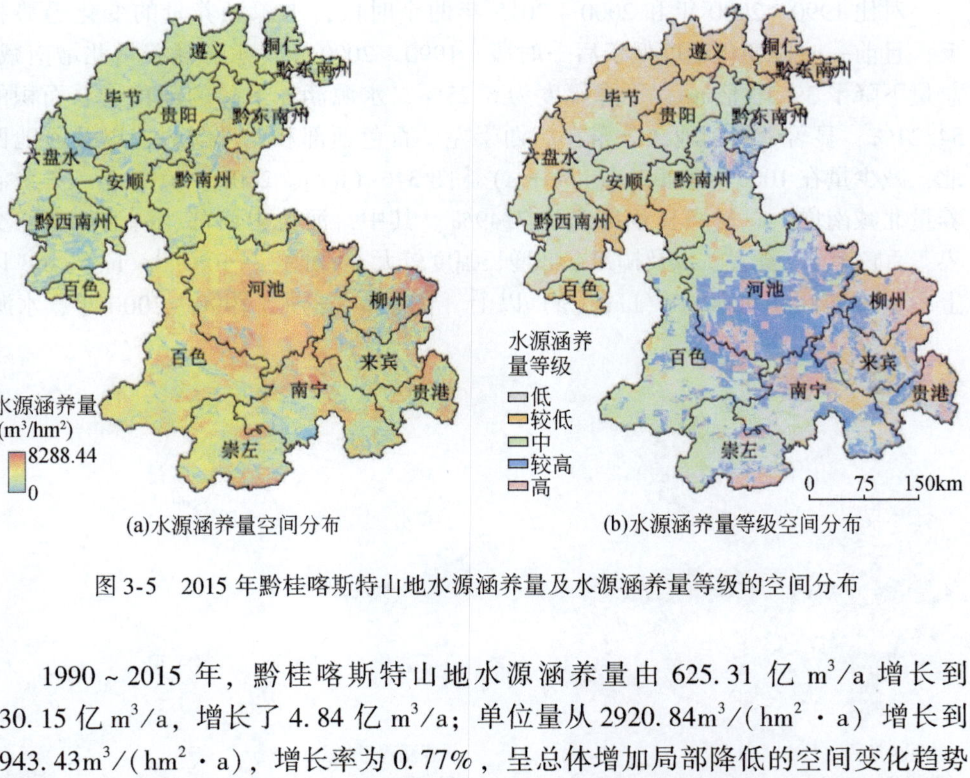

图3-5　2015年黔桂喀斯特山地水源涵养量及水源涵养量等级的空间分布

1990~2015年，黔桂喀斯特山地水源涵养量由625.31亿m^3/a增长到630.15亿m^3/a，增长了4.84亿m^3/a；单位量从2920.84$m^3/(hm^2 \cdot a)$增长到2943.43$m^3/(hm^2 \cdot a)$，增长率为0.77%，呈总体增加局部降低的空间变化趋势［图3-6（a）］。贵阳与黔东南州交界，六盘水北部，河池中部及其与百色、南宁、来宾、柳州交界，柳州东北部，崇左东南部，以及贵港东部的零星分布地区增加趋势显著［图3-6（a）］。中等和较高等级水源涵养量增长趋势较为显著，分别增加了19.74%和91.02%，但高等级水源涵养面积下降了3122km^2（表3-5）。

表 3-5　1990 年、2000 年和 2015 年黔桂喀斯特山地水源涵养功能分级统计

水源涵养等级	水源涵养量标准	1990 年		2000 年		2015 年	
		面积/km²	比例/%	面积/km²	比例/%	面积/km²	比例/%
低	<0.30	90 067	42.07	97 588	45.58	72 204	33.72
较低	0.30～0.40	47 524	22.20	54 489	25.45	43 988	20.55
中等	0.40～0.50	41 467	19.37	41 780	19.51	49 651	23.19
较高	0.50～0.60	17 753	8.29	16 772	7.83	34 090	15.92
高	0.60～1.00	17 293	8.07	3 475	1.63	14 171	6.62

对比 1990～2000 年和 2000～2015 年两个时段，水源涵养量的变化趋势相反，且前一时段变化幅度低于后一时段。1990～2000 年，水源涵养量北增南减，总量下降了 39.10 亿 m^3，下降幅度为 6.25%，水源涵养下降的面积占总面积的 54.24%，显著下降的地区分布在广西崇左、百色西部和北部交界，以及河池西北，减少量在 1000～2000$m^3/(hm^2 \cdot a)$ [图 3-6（b）]。2000～2015 年，水源涵养量北减南增，总量增长幅度高达 7.49%。其中，河池中西部、河池与南宁交界、百色南部、崇左，以及柳州东部增长幅度较大，增加量在 1000$m^3/(hm^2 \cdot a)$ 以上，局部地区在 2000$m^3/(hm^2 \cdot a)$ 以上 [图 3-6（c）]。1990～2000 年，水源

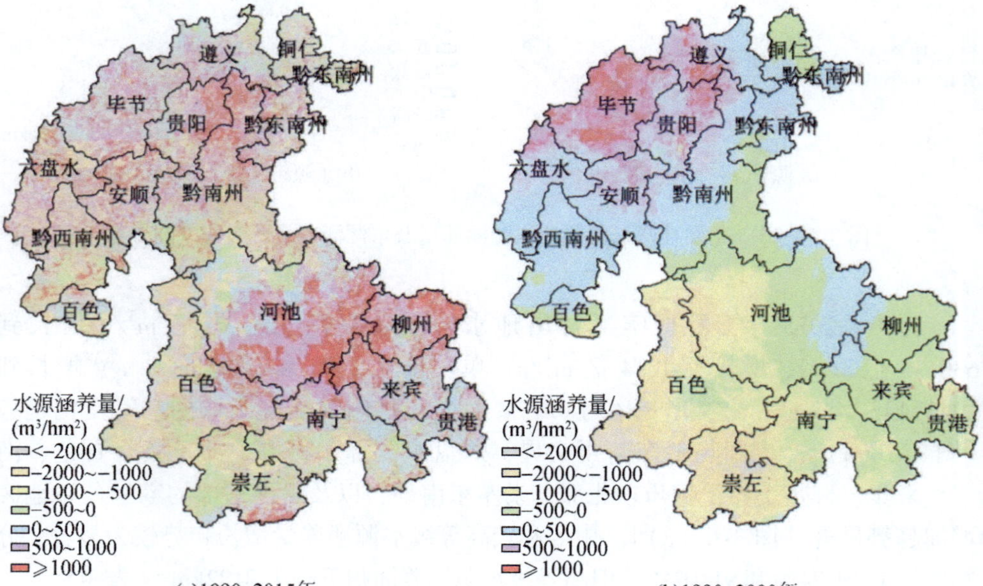

(a)1990~2015年　　(b)1990~2000年

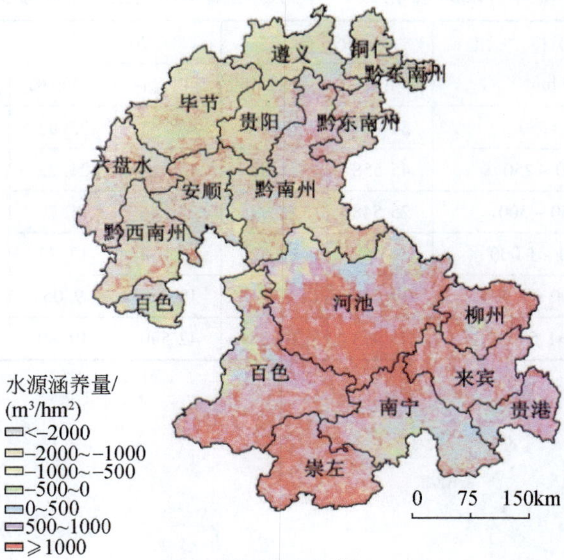

(c)2000~2015年

图 3-6 黔桂喀斯特山地不同时段水源涵养量时空变化

涵养量降低的主要原因之一是林地和草地面积大幅度下降，林地和草地分别减少了 225.82km^2 和 79.74km^2，导致植被盖度降低，对降水的截留作用降低，使得单位面积水源涵养量大幅度下降；2000 ~ 2015 年水源涵养量增加，除降水量呈显著增加这一原因以外，还归因于林地面积增加了 773.88km^2，加大了对降水的截留作用，提高了区域水源涵养能力。

3.4.2 土地利用变化对土壤保持服务时空特征的影响

黔桂喀斯特山地土壤保持能力呈现北低南高的空间分布趋势［图 3-7（a）］，林地土壤保持单位量分别是耕地和草地的 1.70 倍和 1.03 倍。按照表 3-6 的分级标准，2015 年，研究区土壤保持以低、较低和极高等级的比例较大，分别占总面积的 24.90%、20.90% 和 21.44%；中等、较高和高 3 个等级的面积相对较小，分别占总面积的 12.03%、11.52% 和 9.21%（表 3-6），土壤保持服务高值区主要分布在中部河池与百色，六盘水与黔西南州［图 3-7（b）］。这些区域多是有林地和植被盖度较高的草地，增加了对降雨的截留范围和作用，同时植被根系对土壤更好的固结作用降低了土壤侵蚀量，有利于土壤保持。

表 3-6　1990 年、2000 年和 2015 年黔桂喀斯特山地土壤保持能力分级统计

土壤保持能力等级	土壤保持量标准/[t/(hm² · a)]	1990 年		2000 年		2015 年	
		面积/km²	比例/%	面积/km²	比例/%	面积/km²	比例/%
低	≤50	54 653	25.53	55 283	25.83	53 312	24.90
较低	50 ~ 250	45 558	21.28	45 414	21.22	44 745	20.90
中等	250 ~ 500	25 548	11.93	25 246	11.79	25 755	12.03
较高	500 ~ 1 000	24 667	11.52	26 170	12.22	24 661	11.52
高	1 000 ~ 1 500	19 716	9.21	19 382	9.05	19 722	9.21
极高	>1 500	43 943	20.53	42 590	19.89	45 890	21.44

(a)土壤保持量空间分布

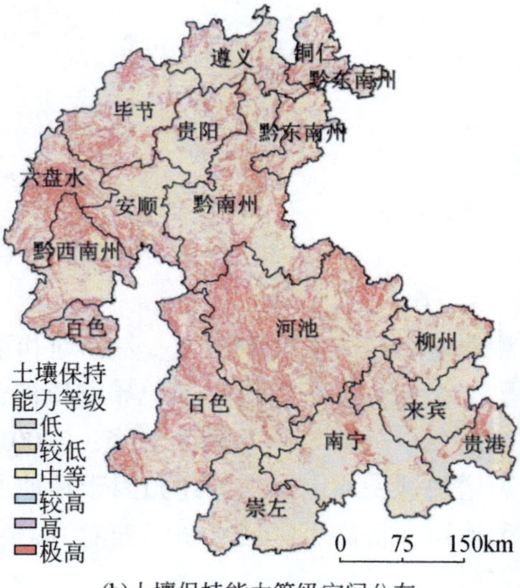

(b)土壤保持能力等级空间分布

图 3-7　黔桂喀斯特山地

1990 ~ 2015 年，黔桂喀斯特山地土壤保持量由 186.51 亿 t/a 增加到 189.02 亿 t/a，单位量从 871.20t/(hm² · a) 增长到 885.18t/(hm² · a)，呈现出总体增加但局部降低的时空分布特征 [图 3-8 (a)]。河池南部、柳州东部、贵港西北、贵阳与遵义，以及黔东南州交界增加趋势显著。土壤保持能力低和较低等级面积下降显著，而中等和极高等级面积分别增加了 207km² 和 1947km²。显著增加区域分布在河池南部，柳州东部，贵港西北，以及贵阳与遵义、黔东南州交界。

不同时段变化趋势相反，且 1990 ~ 2000 年的降低幅度（3.45%）低于 2000 ~ 2015 年的增加幅度（5.24%）。前一时段，土壤保持量降低主要表现为低等级面

积增加较大，而高与极高等级面积下降显著，其中百色西部边界及其与河池交界，河池中部，以及崇左东南部等区域降低趋势显著，降低量在 1000t/($hm^2 \cdot a$) 以上，个别降低量在 2000t/($hm^2 \cdot a$) 以上 [图 3-8 (b)]。后一时段，土壤保持能力高和极高等级面积增加了 3640km^2，低和较低等级面积下降都使保持量呈增加趋势，其中显著增加的分布在河池西南部及其与南宁交界，柳州东北部，来宾西北部，黔东南中部及百色西部，增加量在 500t/($hm^2 \cdot a$) 以上，个别在 1000t/($hm^2 \cdot a$) 以上 [图 3-8 (c)]。

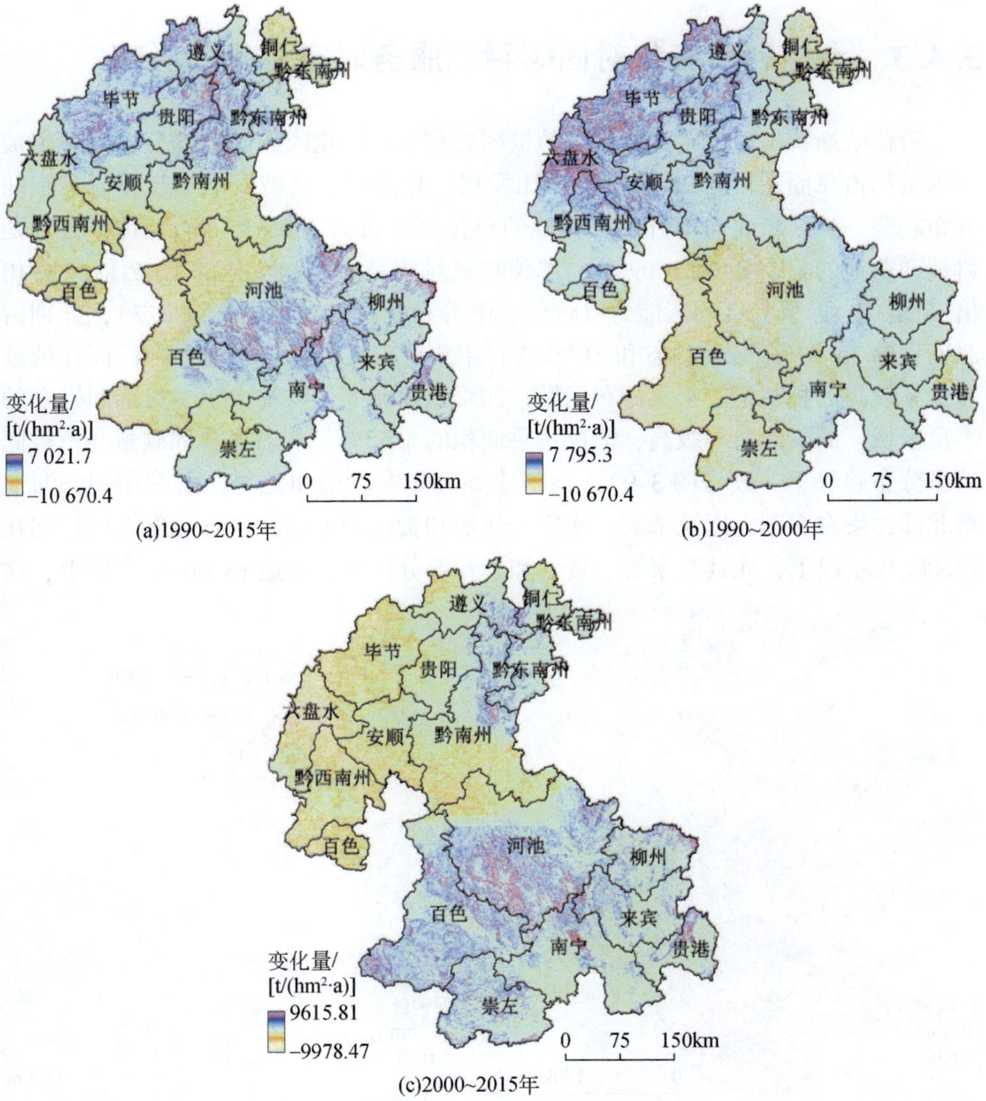

图 3-8 黔桂喀斯特山地不同时段土壤保持量时空变化

1990～2000年，植被盖度较高的林地和草地减少，增加了土壤侵蚀，但降雨侵蚀力降低，潜在土壤侵蚀量降低，使得总体上研究区土壤保持量略有降低。2000～2015年，耕地和草地转为建设用地和林地，建设用地增加了区域非渗透表面的面积，林地增加了地表的植被覆盖度，皆降低了土壤侵蚀风险；此外，研究区的降雨侵蚀力显著增加，而土地利用变化的面积不足研究区总面积的0.8%，对土壤保持的影响低于降雨侵蚀力，多个因子综合使得研究区土壤保持量略有增加。

3.4.3 土地利用变化对固碳释氧服务时空变化的影响

黔桂喀斯特山地固碳过程包含植被固碳和岩石风化固碳两个部分，其中植被固碳量约占总固碳量的95.50%。对比发现，总固碳、植被固碳量与释氧量空间分布趋势一致，自北向南升高，林地的单位固碳量为3.08t/(hm^2·a)，分别是耕地和草地的1.16倍和1.09倍；单位释氧量则是耕地和草地的1.17倍和1.10倍（图3-9）。研究区固碳能力以较低、中等和较高等级为主（表3-7），分别占总面积的35.47%、29.83%和21.49%，主要分布在百色与河池北部；而在植被覆盖率较高的林草地较密集分布区域，如百色西北部，以及南宁、贵港和崇左的零星区域，固碳能力等级高，但仅占总面积的6.55%。岩石风化固碳量与植被固碳量分布趋势不一致（图3-9），高值主要分布在黔南州北部，黔东南州，河池东北部，崇左东部，以及来宾、南宁、河池和贵港的大部，岩石风化固碳量均在12.00t/km^{2}以上，尤其是来宾、贵港和崇左部分区域，高达18.00t/km^{2}以上，这

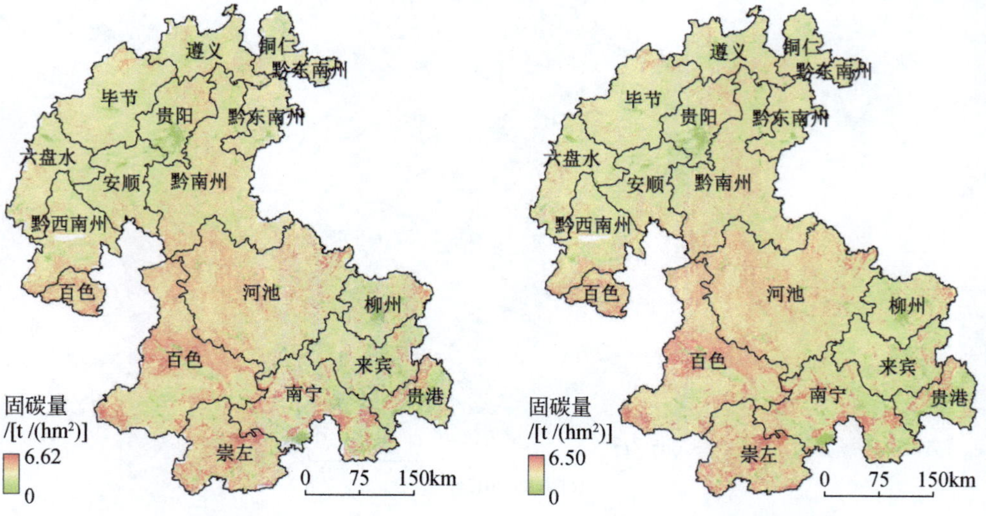

(a)总固碳量　　(b)植被固碳量

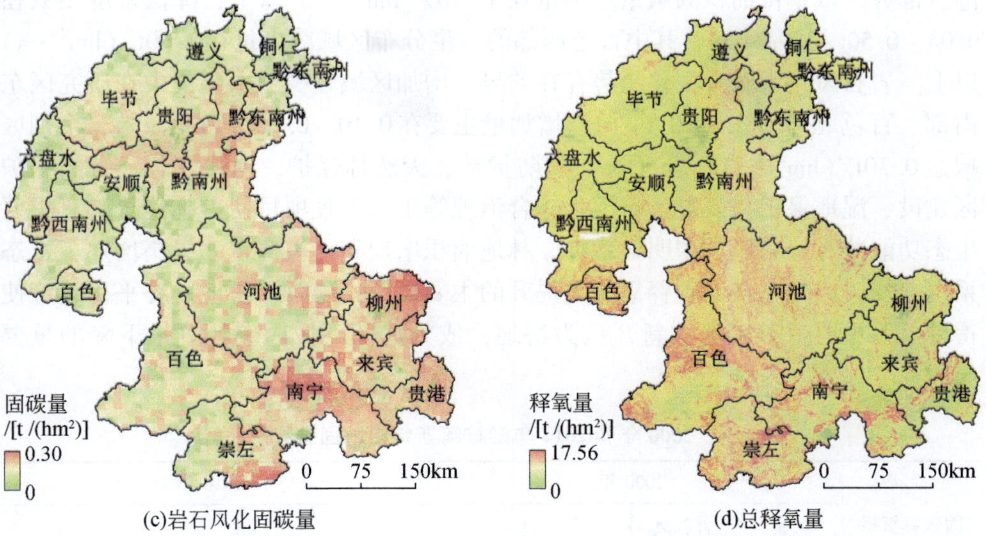

图 3-9　2014 年黔桂喀斯特山地固碳释氧量空间分布

是因为该地区有较大面积的碳酸盐岩分布，同时温暖湿润的气候条件加快了化学反应速率，有利于岩石的溶蚀风化。

表 3-7　黔桂喀斯特山地 2000 年和 2014 年固碳服务分级统计

总固碳等级	固碳能力标准	2000 年		2014 年	
		面积/km²	比例/%	面积/km²	比例/%
低	≤0.30	21 331.93	9.96	14 251.80	6.66
较低	0.30～0.40	84 678.91	39.55	75 945.17	35.47
中等	0.40～0.50	53 918.10	25.19	63 851.45	29.83
较高	0.50～0.60	41 579.82	19.42	46 006.99	21.49
高	0.60～1.00	12 576.25	5.88	14 029.58	6.55

2000～2014 年，研究区固碳量总量由 5986.68 万 t/a 增加到 6187.62 万 t/a，净增加了 200.94 万 t/a，单位量从 2.80t/(hm^2・a) 增加到 2.89t/(hm^2・a)，增加幅度为 3.21%；释氧量总量由 15 589.70 万 t/a 增加到 16 002.18 万 t/a，净增加了 412.48 万 t/a [图 3-9 (d)]，单位量从 7.28t/(hm^2・a) 增加到 7.47t/(hm^2・a)，增加幅度为 2.61% (表 3-8)。总固碳量、植被固碳量和总释氧量变化趋势较一致 [图 3-10 (a)、图 3-10 (b) 和图 3-10 (d)]，呈南北增加中部降低的空间变化趋势。显著增加的主要位于广西，特别是柳州、南宁、来宾和贵

港，部分区域单位面积固碳量增加量在 $1.00t/(hm^2 \cdot a)^2$以上；降低幅度多数在 $0.04 \sim 0.50t/(hm^2 \cdot a)$，其中百色西部的零星分布区域减少量在 $1.00t/(hm^2 \cdot a)$以上。岩石风化固碳量变化趋势存在差异，增加区域较少，主要集中在研究区东南部、百色北部［图3-10（c）］，增加量主要在 $0.10 \sim 0.20t/(hm^2 \cdot a)$，个别区域达 $0.30t/(hm^2 \cdot a)$。珠（长）江防护林、天然林保护、退耕还林、自然保护区建设、湿地保护与恢复、石漠化综合治理等生态工程项目使得林地等具有重要生态功能的土地利用类型明显增加。林地面积增加和植被覆盖率提高增加了生态系统 NPP，成为区域固碳释氧能力提升的主要原因；同时，耕地占补平衡政策使得林草等重要生态用地被新开垦为耕地，成为局部区域固碳释氧量下降的重要原因。

表 3-8　2000 年和 2014 年黔桂喀斯特山地固碳释氧统计

固碳释氧量	2000 年				2014 年			
	植被固碳	岩石风化固碳	总固碳	释氧	植被固碳	岩石风化固碳	总固碳	释氧
单位量/[$t/(hm^2 \cdot a)$]	2.72	0.08	2.80	7.28	2.76	0.13	2.89	7.47
总量/万 t	5821.41	165.27	5986.68	15 589.70	5916.75	270.87	6187.62	16 002.18

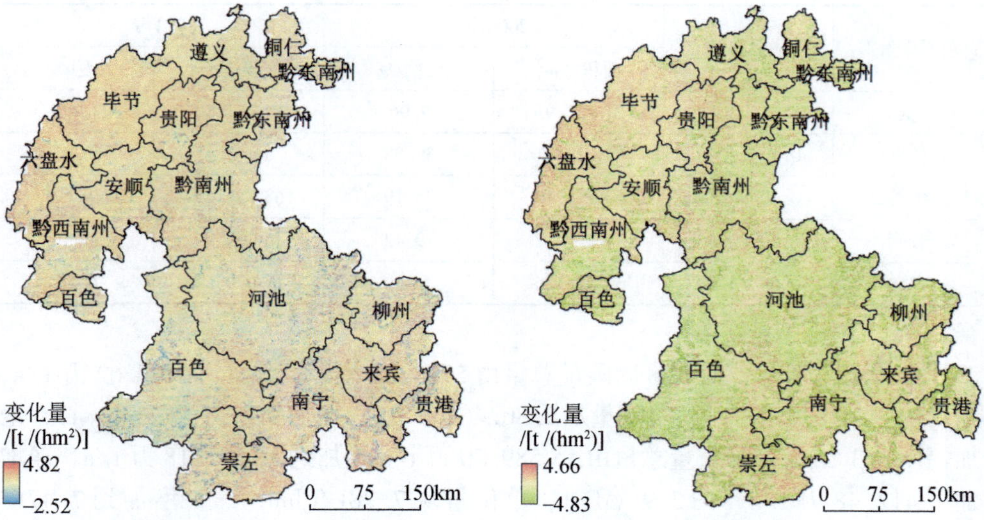

(a)总固碳量　　(b)植被固碳量

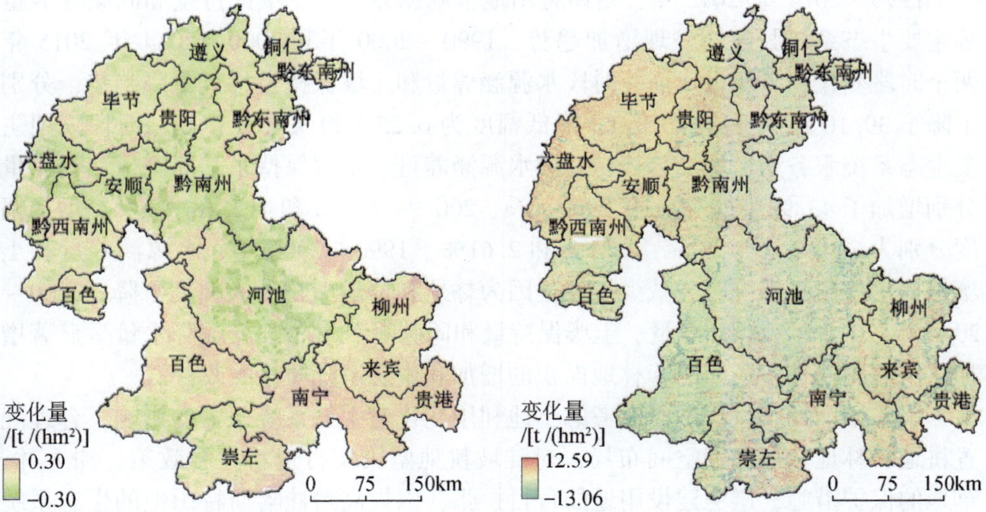

(c)岩石风化固碳量　　　　　　　　　　(d)总释氧量

图 3-10　2000 ~ 2014 年黔桂喀斯特山地固碳释氧量时空变化

3.4.4　黔桂喀斯特山地的土地利用效应

本研究在降水储存量法、RUSLE、植被固碳释氧等方法基础上，基于实际径流小区实验数据，修正或引入径流系数、降雨侵蚀力、石漠化因子、岩石风化固碳等参数模型，对 1990 ~ 2014/2015 年黔桂喀斯特山地水源涵养量、土壤保持量和固碳释氧量的时空变化进行分析，并解析土地利用类型差异以及变化对其产生的影响，结果表明：

2014 年/2015 年，黔桂喀斯特山地水源涵养量、土壤保持量、固碳量和释氧量的总量分别为 630.15 亿 m^3/a、189.02 亿 t/a、6187.62 万 t/a 和 16 002.18 万 t/a；单位量分别为 2943.43m^3/(hm^2 · a)、885.18t/(hm^2 · a)、2.89t/(hm^2 · a)^2 和 7.47t/(hm^2 · a)。林地、草地和耕地对生态系统服务的贡献依次降低。水源涵养量自北向南增加，以低和较低等级为主，分别占总面积的 33.72% 和 20.55%（2015 年）。土壤保持量分布较为零散，以低、较低和极高等级为主，分别占总面积的 24.90%、20.90% 和 21.44%。研究区固碳量和释氧量空间分布趋势一致，自北向南升高，固碳能力以较低、中等和较高等级为主，分别占总面积的 35.47%、29.83% 和 21.49%（2014 年），高分值主要分布在百色西北部，以及南宁、贵港和崇左的零星区域。

1990～2014年/2015年，喀斯特山地水源涵养量、土壤保持量和固碳释氧量等主要生态系统服务均呈现增加趋势。1990～2000年和2000～2014年/2015年两个时段变化趋势相反。前一时段水源涵养量和土壤保持量均呈下降趋势，分别下降了39.10亿m^3和6.43亿t，降低幅度为6.25%和3.45%；后一时段三项主要生态系统服务均呈增加趋势，其中水源涵养量、土壤保持量、固碳量和释氧量分别增加了43.93亿m^3/a、9.29亿t/a、200.94万t/a和412.48万t/a，增加幅度分别为7.49%、5.24%、3.21%和2.61%。1990～2000年，水源涵养量和土壤保持量等生态系统服务减少主要是因为林地和草地面积的大幅度下降；2000～2014年/2015年水源涵养量、土壤保持量和固碳释氧量增加，除降水量呈显著增加这一原因以外，还归因于林地面积的增加和生态系统质量的改善。

未来城市发展过程中，应考虑土地利用变化对生态系统服务的影响，合理配置耕地、林地和草地的空间布局，对陡坡耕地坚决实行退耕还林政策，加大林、草地的保护措施，避免建设用地的盲目扩张，以提高黔桂喀斯特山地的生态系统服务价值，更好地发挥其对长江与珠江上游的生态安全屏障作用。

第4章 干旱区农地开垦历史对土壤碳氮的影响

干旱区在过去数十年经历了大规模的绿洲农业扩张，导致自然植被消亡，并深刻改变了土壤环境，而这如何影响全球碳氮汇的变化，学术界对此有不同观点，仍存在较多的不确定性。农地开垦历史与土壤碳氮循环过程密切相关，但其时空尺度效应对土壤碳氮平衡的影响机理尚不清楚。本研究以塔里木盆地典型流域为研究区域，建立土地利用变化过程的量化方法，并以此设计目的性的土壤采样方案，探索不同开垦历史轨迹下的土壤有机碳（SOC）、全氮（TN）和碳氮比（C∶N）的变化。基于长时间序列的土地利用数据和空间分析技术，设计历史变化节点探测与时长计算等步骤来提取开垦前初始地类和开垦后耕作年限等开垦历史轨迹信息。以此作为依据，在2015年获取具有不同农地开垦历史轨迹差异的土壤样本的碳氮含量，并与1978年左右的同一点位的土壤性质进行比较。遥感解译发现，1978～2015年塔里木盆地典型流域的耕地面积几乎增加了一倍，主要来源于草地及部分林地和荒漠。SOC和TN在农业持续耕作过程中具有累积效应，同时，C∶N与SOC或TN之间为脱耦关系，使得SOC和TN的变化与C∶N的变化并不存在直接的对应关系。并且，开垦历史差异及基底效应对SOC、TN和C∶N的变化趋势具有相反的影响。在农地开垦初期，SOC和TN含量出现了明显的损失，但随着耕作年限的增加逐渐恢复；相比之下，开垦自草地的土壤C∶N在初期呈增加趋势，但随着耕作时间的延长，增加幅度逐渐减小，而开垦自林地的土壤C∶N呈下降趋势，并随耕作时间的延长而波动变化。耕作年限的增加将有助于提高SOC的固存量，经过近30年的耕作后，草地被开垦成耕地造成的SOC损失可以得到有效的恢复；然而，林地被开垦成耕地造成的SOC损失即使在耕作多达40年后也无法恢复。因此，本研究认为尽管过去数十年，干旱区大规模的农地扩张过程导致了土壤C、N元素的损失，但是通过采取可持续的农业管理措施，可促进土壤C、N元素的积累。考虑到研究区较低的土壤C∶N值，建议在耕地土壤经营管理中，尤其要注意提高C∶N，以使氮沉降与碳储存相匹配。

4.1 土地利用变化对土壤碳、氮影响的研究进展

土壤碳和氮是植物矿质营养和有机营养的主要来源，是影响土壤肥力的两个

主要因素（Xu et al.，2013；Liu M et al.，2016），它们在陆地碳氮库和全球碳氮循环中也发挥着重要作用（Murty et al.，2002；Stiglitz et al.，2018）。SOC 与 TN 的比值，即 C∶N，反映了土壤微生物活性、SOC 分解和矿化率的变化，以及土壤 C 和 N 的循环过程（Huang et al.，2007；Wiesmeier et al.，2013）。此外，土壤 C∶N 值是研究地球碳氮循环的关键参数，如溶解有机碳通量（Kindler et al.，2011）、硝态氮淋溶（Lovett et al.，2002；Cools et al.，2014）和一氧化二氮排放（Klemedtsson et al.，2005）等过程。因此，了解土壤碳氮含量及其变化规律，对于探索土壤碳氮循环机制及其耦合效应十分重要，也有助于陆地生态系统加强土壤碳存储及减少氮流失。

土壤碳氮的变化受到许多因素的影响，如地形特征、温度和湿度等气候条件，土壤土壤质地和 pH 等理化性质，以及土地利用和管理等人为驱动等（Cong et al.，2012；Xu et al.，2013；Lozano-García et al.，2017；Obu et al.，2017）。一般来说，土壤 C∶N 的动态是由 SOC 和 TN 含量的相对变化幅度决定的（Brady and Weil，2008；Gao et al.，2014），土壤 C∶N 值的变化取决于 SOC 和 TN 的输入及其损失（Cong et al.，2012）。以往研究表明，C∶N 值的差异和变化与土壤有机质密切相关，高 C∶N 值主要与较低的土壤有机质分解和矿化率相关；而在低C∶N 值的土壤中，土壤有机质则可以相对较快地分解和矿化（Liu M et al.，2016）。土地利用变化作为人类活动的综合特征，显著地改变了地球表面，导致土地覆盖类型从一种生态系统到另一种生态系统的变化（Guo and Gifford，2002），对 SOC、TN 和 C∶N 具有复杂的影响（Post and Kwon，2000；Guo and Gifford，2002；Li Y et al.，2016；Zhang X Y et al.，2018）。农用地作为主要的土地利用类型之一，现已覆盖了全球近三分之一的陆地表面，取代了地球表面原有的大部分天然植被（Godfray et al.，2010）。农田 SOC 和 TN 的储存量受人为因素影响较大，可在较短时间内因管理而发生变化，农田土壤具有增加碳储存的巨大潜力（Smith，2004）。在碳达峰和碳中和的目标下，研究农田开垦对土壤碳氮的影响具有重要的意义。

全球尺度的 SOC 和 TN 变化，在很大限度上取决于环境条件和人为驱动因素的联合影响（Stockmann et al.，2013）。已有研究表明，苔原、天然湿地和落叶林森林的土壤 C∶N 值范围相对较宽，而农田的 C∶N 值范围较窄（Xu et al.，2013）。在自然植被向农田的转变过程中，植被枯枝落叶的输入减少，土壤温度增加，且凋落物分解和微生物分解土壤碳氮的速率加快（Kopittke et al.，2017）。因此，人类的开垦活动容易导致土壤碳氮的损失并改变 C∶N 值（Murty et al.，2002）。土地开垦可以极大地改变土壤碳氮的生物地球化学循环过程和时空特征（Yimer et al.，2007；Mishra et al.，2010；Soosaar et al.，2011；Edmondson et al.，

2014)。在可持续农业管理下，作物产量的提高可以增加作物的残留物和根系对土壤的输入，增加土壤有机质含量，进而促进 SOC 和 TN 的累积（Alvarez, 2005；Yan et al., 2011；Maaroufi et al., 2015）。许多案例研究发现，由于树木对氮的更大量的吸收和储存，森林被开垦为耕地导致土壤 C：N 降低（Murty et al., 2002；Liu M et al., 2016；Liu X et al., 2017；Livesley et al., 2016）。与此同时，农业可持续管理又可以促进作物秸秆在土壤表层的保持，这有利于提高土壤肥力，使得 C：N 增加（Liu M et al., 2016）。另外，农田耕作年限对 SOC 和 TN 的积累和分解也有复杂的影响，例如，研究发现亚热带地区农田土壤 C：N 随耕作年限增加而显著增大，而在温带地区，随着时间的增加，农田土壤 C：N 的变化并不大（Cong et al., 2012）。上述研究表明，农业开垦和管理过程中土壤 C：N 变化的影响因素较为复杂，尚不完全清楚。

SOC、TN 和 C：N 受土地利用和其他物理因素的影响，呈现出显著的时空变化特征。农业开垦活动是指将其他土地资源开发为农田的过程，土地利用类型的变化导致了植被凋落物输入及分解、根系分泌和土壤矿化等变化（Hobbie et al., 2006；Yimer et al., 2007；Li et al., 2017）。这些变化与开垦前初始地类是密切相关的，将直接决定输入土壤的植被残茬体和根系碳氮来源的不同，并间接影响土壤中的养分利用、SOM 分解和矿化过程（Kong et al., 2005；McDaniel et al., 2014），这都将改变开垦前后的土壤碳氮储量及其平衡。同时，农田开垦后的耕作年限长短意味着耕作强度和土壤熟化程度的差异（Post and Kwon, 2000），这将进一步影响土壤碳氮的积累或分解过程和幅度（Post and Kwon, 2000；Zhang H et al., 2016）。本研究认为农地开垦历史轨迹信息包括了开垦前的初始地类和开垦后的耕作年限。然而，以往研究中，农地开垦历史轨迹对土壤碳氮的影响尚不清楚（Sartori et al., 2006），导致土地利用规划和农业管理方面存在困难。研究农田开垦历史过程及其时间效应，对深刻理解农田土壤碳氮的变化具有重要的意义。

干旱半干旱地区生态环境脆弱，容易受到人类干扰和气候变化的影响（Hulme, 1996），也容易导致土地退化和土壤养分元素流失（Lal, 2004；Reynolds et al., 2007；Qiu et al., 2012），尤其是土壤碳的变化和进一步流失（Qiu et al., 2012）。作为全球重要的生态系统，干旱半干旱区的 SOC 变化是全球碳汇趋势和年际变化的重要组成部分（Ahlström et al., 2015）。绿洲农业是被沙漠包围的一种特殊的人工生态系统，显著地改变了干旱地区的地表和生物地球化学循环过程。合理的农业管理，可以改善区域的自然环境条件，提高土地适宜性，使绿洲有利于农田耕作（Mekki et al., 2013）。与其他地理区域不同，水资源短缺是绿洲农业生产的关键问题（Postel, 2014），由于气候干燥、炎热且降水少，几乎整个绿洲农业都依赖灌溉来保障农作物的生长（Wichern et al., 2004）。因此，绿洲农业多自然形成在河流三角洲附近或建立在水源附近，以有利于农田灌溉（Zhang et al., 2003）。在干旱地区，风化过程形成的原始土壤类型多为旱成土，多不容易形成结构差异明显的土壤剖面，且土壤肥力低，这些均限制了农业的可持续生产（Nettleton and Peterson, 1983）。通过合理的绿洲耕作方式和管理，原始土壤类型逐渐形成具有改良土壤剖面结构和功能的人为土（Gong et al., 1999; Su et al., 2007）。绿洲农业的开垦活动会直接扰乱土壤环境，造成土壤碳氮的流失，之后，长期的可持续农田种植、施肥和灌溉（Gong et al., 1999; Su et al., 2007），可有效促进土壤碳氮储量的增加，原生的旱成土逐渐发展为人为土。因此，需要深入了解上述农田开垦历史过程对土壤碳氮的影响。

世界第二大流动沙漠——塔克拉玛干沙漠位于塔里木盆地的中部（Liu F et al., 2016）。1949 年以来，该地区大规模开垦自然植被甚至沙漠，导致绿洲农业规模急剧扩张（Chen, 2014）。研究发现，20 世纪 80 年代以来，塔里木盆地的耕地面积几乎增加了一倍（Liu J et al., 2014; Bai et al., 2017），远高于世界耕地面积的平均增长率（Song et al., 2018）。该区年降水量仅为 50 ~ 100mm，由于极端干燥和炎热的气候，在如此恶劣的自然环境条件下，几乎整个绿洲农业都依靠灌溉来抗旱以保障作物生长（Wichern et al., 2004）。近几十年来，高效节水灌溉技术的发展在该地区农业发展中发挥了重要作用（Liu Y et al., 2014b），使塔里木盆地成为重要的农业生产区之一，并形成了全球规模最大的高效节水农业。耕地规模的急剧扩张导致了水源的过度使用和土地荒漠化（Wang J et al., 2012），也显著改变了土壤中的养分，进而影响了陆地碳氮循环（王渊刚等，2014）。可见，亟须深入认识塔里木盆地上述土地开垦历史对土壤碳氮变化及其平衡的影响，因此本研究以塔里木盆地典型流域为研究区，探讨不同农地开垦历史轨迹与 SOC、TN 和 C : N 变化之间的关系。首先，本研究量化了区域初始地类和耕作年限等农地开垦变化历史；其次，以此为依据，设计目的性的野外土壤采样，结合全国第二次土壤普查的结果，揭示耕地表层土壤的 SOC、TN 和 C : N 动态变化；最后，揭示不同农地开垦历史轨迹对土壤碳氮变化的影响，并探讨中国西北干旱区农业开垦对区域固碳潜力的影响。

4.2 塔里木盆地典型流域概况

本研究选择位于中国新疆南部的塔里木盆地作为研究区，其处于 38°N ~ 43°N 和 76°E ~ 87°E。选择阿克苏河流域、开都-孔雀河流域、塔里木河干流区域、渭干河流域和叶尔羌河流域五个典型子流域作为案例研究区，总面积为

311 765km^2（图 4-1），它们处于极干燥气候区，夏季高温为 20 ~ 30℃，冬季低温为-20 ~ -10℃，年平均降水量为 50 ~ 100mm，年蒸发量为 2000 ~ 3000mm（Chen et al.，2009）。研究区景观主要包括荒漠、草地、农田和森林，以胡杨林和柽柳等灌木为主的原生森林位于河岸带，为植被生长提供了充足的水源（Zhang et al.，2005），这些自然条件均有利于绿洲农业的发展。

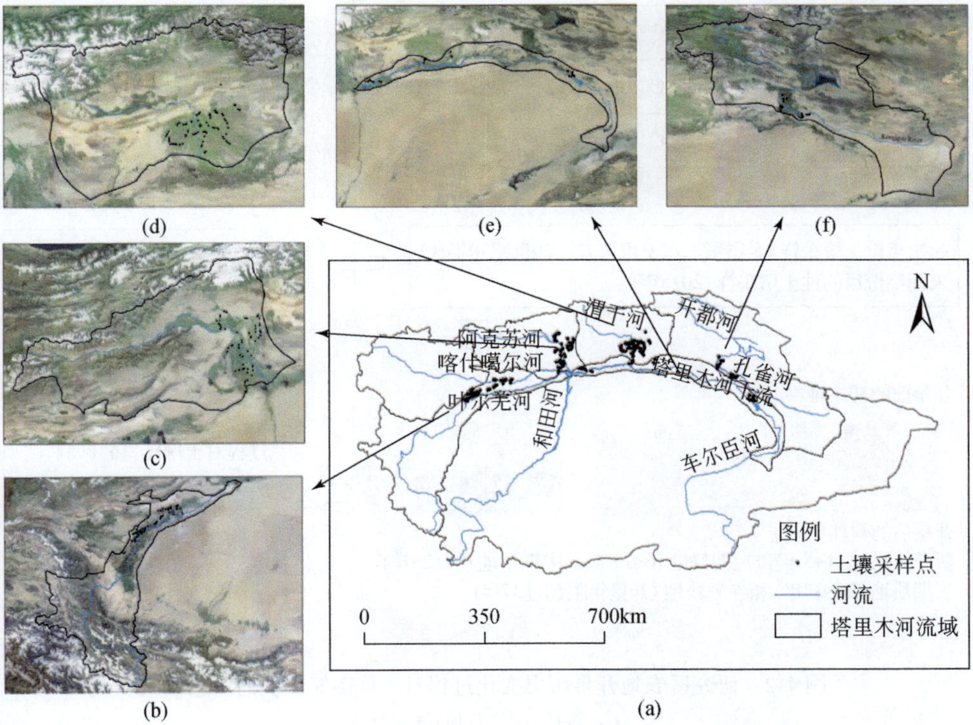

图 4-1　研究区分布范围及土壤采样点位置

（a）塔里木河流域；（b）叶尔羌河流域；（c）阿克苏河流域；（d）渭干河流域；（e）塔里木河干流区域；（f）开都-孔雀河流域

4.3　农地开垦历史信息判断方法

4.3.1　分析农地开垦历史轨迹对土壤碳氮影响的理论框架

图 4-2 显示了研究区农地开垦历史轨迹如何影响土壤性质的框架，利用不同时间节点的土地利用图和空间叠加技术，确定了 1978 ~ 2015 年土地利用变化历

史轨迹的空间分布，并具体提取了农地开垦历史轨迹，包括开垦前的初始地类和开垦后的耕作年限。同时，通过2015年的野外土壤采样和1978年前后的全国第二次土壤普查数据集，分析SOC、TN和C：N的变化。最后，应用统计检验方法，分析农地开垦历史对土壤碳氮的影响。

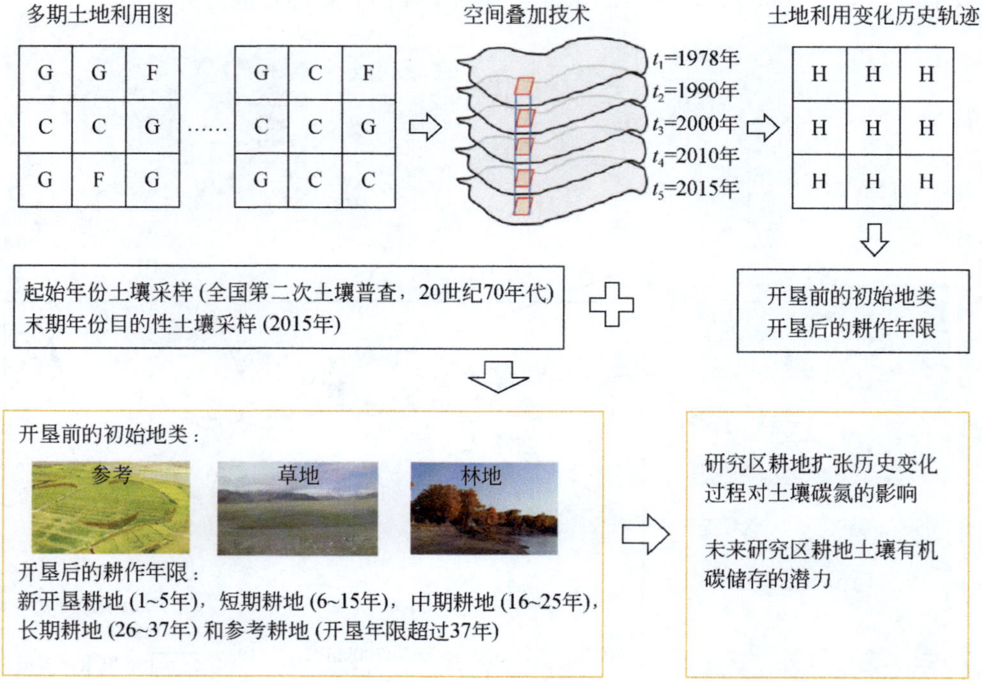

图4-2　研究区农地开垦历史变化过程对土壤碳氮影响的概念框架

C：耕地；G：草地；F：林地

4.3.2　农地开垦历史轨迹检测

农地开垦历史是土壤目的性采样的依据，初始地类情况表征开垦前的原始土壤养分状况，而耕地年限表征农地管理实践的累积持续时间。本研究旨在量化1978年前后（全国第二次土壤普查在研究区时间为1978～1982年）至2015年（本研究中的土壤调查时间）的土地利用变化历史轨迹。考虑到大范围尺度难以获取连续多年的土地利用图，本研究选定了该时段内的5个时间节点，即1978年、1990年、2000年、2010年和2015年，来解析这一时间序列的土地利用变化特征，进而提取农地开垦历史轨迹信息。本研究收集了来自Landsat MSS/TM 5和Landsat 8 OLI（Operational Land Imager）的多期遥感图像，通过目视解译绘制土地利用图。表4-1为覆盖研究区的Landsat影像的行号和列号。使用ENVI 5.1软件对遥感影像数据进行几何校正和大气校正等预处理。若在特定节点没有能够有效解译的无云或低云量影像，则使用时间节点前后两年时间范围内的影像来代替。

表4-1 塔里木河坡度Landsat影像情况介绍

列号	行号	列号	行号
149	32	145	32
149	34	144	30
149	35	144	31
148	31	144	32
148	32	143	30
148	33	143	31
148	34	143	32
148	35	142	31
147	31	142	32
147	32	141	31
146	31	141	32
146	32	141	33
145	30	140	31
145	31	140	32

本研究的目的是提取农地利用的变化过程，因此结合研究区的土地利用特点，简化土地利用分类体系，将研究区分为耕地、林地、草地、水域、建设用地、裸地和冰川7类。利用ArcGIS 10.1中的空间叠加技术，对5个时间节点的土地利用图进行叠加，得到的集合代表了1978～2015年的土地利用变化历史轨迹。本研究基于利用不同时间节点的土地利用图，设计历史变化节点探测与时长计算等步骤，提出一种量化农地开垦历史轨迹信息的空间识别方法。根据土地利用变化历史轨迹，通过以下方程来识别包括开垦前的初始地类和开垦后的耕作年限等的农地开垦历史信息。

$$\mathrm{LUCT}=\{\mathrm{Luc}_{t_1},\mathrm{Luc}_{t_2},\cdots,\mathrm{Luc}_{t_n}\} \tag{4-1}$$

式中，LUCT为土地利用变化历史轨迹；Luc_{t_1}、Luc_{t_2}和Luc_{t_n}分别为t_1、t_2和t_n共3个时间节点的土地利用类型，本研究共有5个时间节点，即t_1=1978年、t_2=1990年、t_3=2000年、t_4=2010年、t_5=2015年。需要指出的是，土地利用变化

会发生在1978年以前，如1978年的草地可能是从1978年以前的林地退化而来的，因此，本研究定义的初始地类以1978年作为初始时间节点。之所以选择该时间节点，是为了将同一时段土地利用变化和土壤碳氮变化进行比较，而早期年份的大范围土壤数据非常有限，因此本研究选择全国第二次土壤普查数据的调查年份作为起始年份。农地开垦历史轨迹的详细识别过程如下。

一方面，叠加5期的土地利用图，获得在研究时段被开垦的区域及相应的时间节点，并识别开垦前的土地利用情况。具体来讲，将草地、林地和耕地分别标记为G、F、C，分别识别在5个时间节点相应的土地利用类型。例如，若某一空间位置上土地利用变化历史轨迹为"G→G→C→C→C"，表明1990～2000年该区域草地被开垦成了耕地，其初始地类标记为"草地"；若某一空间位置上土地利用变化轨迹为"C→C→C→C→C"，表明该区域的耕地是在1978年以前开垦的，在研究时段一直都是耕地，未转为其他土地利用类型，将该耕地标记为"参考耕地"。

另一方面，在判别和标记了上述土地利用变化历史轨迹的基础上，依据开垦发生的时段，计算相应的耕作年限并进行分组：新开垦耕地（2010～2015年，1～5年）①，短期耕地（2000～2010年，6～15年），中期耕地（1990～2000年，16～25年），长期耕地（1978～1990年，26～37年），参考耕地（1978年以前，>37年）。此外，1978～2015年，部分区域土地利用变化可能发生了不止一次，如林地退化为草地、又被开垦为耕地，本研究提出的方法可以快速识别这些区域，但本研究并不考虑这样复杂的土地利用变化过程对土壤碳氮的影响。最后，在近40年的土地利用变化中，本研究将3种初始地类和5个开垦年限等农地开垦历史轨迹信息作为土壤采样设计的依据。

4.4 土壤采样设计及分析方法

4.4.1 目的性土壤取样和实验分析方法

为研究农地开垦历史对土壤碳氮的影响，2015年的土壤取样仅针对2015年具有不同开垦历史轨迹的耕地。由于草地是耕地的主要来源，林地和其他土地利用类型是耕地的少数来源（王渊刚等，2014），本研究重点研究草地和林地转化为耕地对土壤碳氮动态变化的影响。首先，本研究提取了2015年研究区的耕地

① 括号内，前段为开垦发生的时段，后段为耕作年限。

范围，采用随机抽样法，在 5 个子流域的现有耕地范围内设计土壤采样方案，并确保同一种耕地开垦历史的样地之间的最小距离大于 1km。其次，基于提取的农地开垦历史轨迹的空间分布，如果采样点所在位置农地开垦历史的矢量多边形面积小于 $1km^2$，则剔除相应的土壤样地，最大限度地减小由土地利用解译产生的空间定位误差。最终，共设计了 270 个土壤样地，其中初始地类方面，参考耕地有 126 个，来自草地的耕地有 103 个，来自林地的耕地有 41 个。同时，在野外土壤实地采样过程中，对各样地的农地开垦历史信息进行验证和修正。本研究设计的土壤采样点分布和相应的初始地类如图 4-3 和表 4-2 所示。

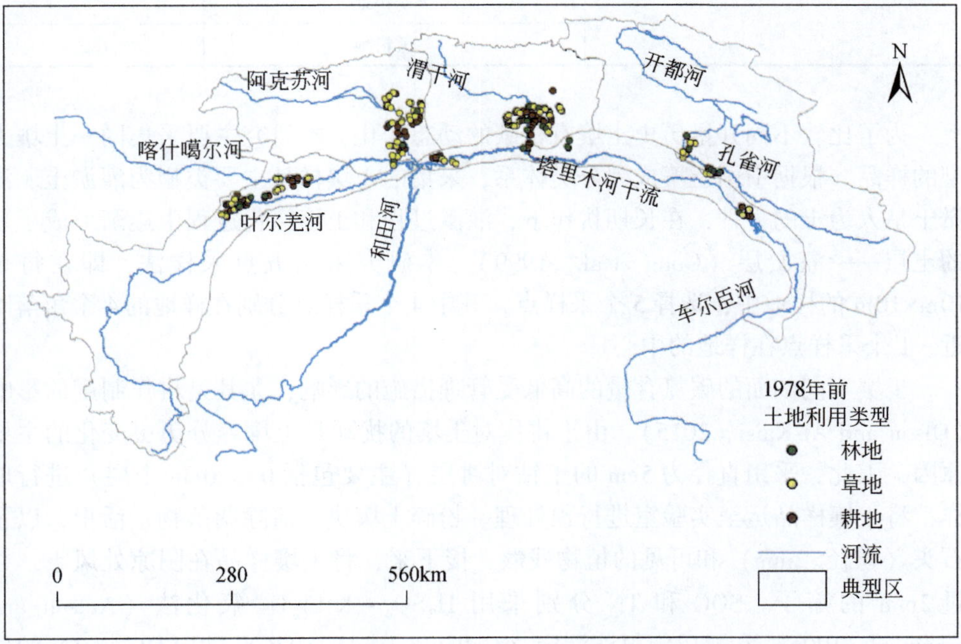

图 4-3　土壤采样点空间分布以及其在 1978 年的初始地类

表 4-2　塔里木河流域的土壤采样点情况　（单位：个）

土壤采样点总数		270
不同流域的土壤采样点数	阿克苏河流域	63
	开都–孔雀河流域	43
	塔里木河干流区域	35
	渭干河流域	79
	叶尔羌河流域	50

续表

土壤采样点总数		270
不同初始地类的土壤采样点数	参考耕地	126
	草地	103
	林地	41
不同开垦年限的土壤采样点数	新开垦耕地	24
	短期耕地	26
	中期耕地	47
	长期耕地	47
	参考耕地	126

为了比较不同开垦历史土壤有机碳的动态变化，本研究主要采集同一土壤类型的样品。根据中国土壤成因分类体系，采集的土壤样品主要类型为灌淤土。灌淤土是人为土的一种，在长期耕作下，灌溉过程和土壤熟化过程中逐渐形成了新的土层——灌淤层（Gong et al., 1999）。本研究采用五点采样法，即在每个10m×10m的样地中，选择5个采样点，其中4个采样点分别在样地的4个角落附近，1个采样点在样地的中心。

土壤不同剖面的碳氮含量的高低受管理措施的影响，尤其是耕作制度的影响（Olson and Al-Kaisi, 2015）。由于耕作对土壤的扰动是土壤养分历史变化的主要原因，因此，采用直径为5cm的土钻对耕层（主要包括0～20cm土层）进行取样，将土壤样品运至实验室进行预处理。粉碎土壤块，清除凋落物、活根，以及石头（粒径>2mm）和可见的植物残骸。接下来，将土壤样品在阴凉处风干，并过2mm的筛子。SOC和TN分别采用 $H_2SO_4-K_2Cr_2O_7$ 氧化法（Nelson and Sommers, 1996）和凯氏定氮法测定（Gallaher et al., 1976）。以SOC与TN的质量比计算土壤C∶N，采用体积为100cm^3、内径为5cm的切割环法测定土壤容重（SBD）（Li et al., 2007）。

为了同时比较土壤碳氮和土地利用的变化，从中国土壤特征数据集中获取1978年的SOM和TN数据，这些测试分析数据采用与2015年相同的化学分析方法进行测量，因此，两个时间的土壤数据具有可比性。中国土壤特征数据集分辨率为30角秒×30角秒，由1979～1982年全国第二次土壤普查调查收集的土壤数据生成。中国土壤特征数据集由国家冰川冻土沙漠科学数据中心提供（Shangguan et al., 2013），从其（http://sdb.casnw.net/）网站下载。其中，SOC根据土壤有机质数据，借助Bemmelen换算系数进行计算，该系数在以前的研究中被广泛使用（Yang et al., 2009; Zhou and Wang, 2015）。由于土壤数据集由8个不同深度的垂直层组成，而本研究2015年的采样土层厚度为0~20cm，为了进行两组数据的对比，该土层厚度的SOC和TN采用Yan等（2011）提出的深度加权法进行计算。

4.4.2 土壤有机碳密度计算

土壤有机碳密度，即单位面积的SOC储量，其计算公式如下：

$$\mathrm{SOCD}=\mathrm{SOC}\times T\times \mathrm{SBD}\times(1-\rho)/100 \tag{4-2}$$

式中，SOCD为土壤有机碳密度（$\mathrm{kgC/m^2}$）；SOC为土壤有机碳含量（g/kg）；T为土层厚度（cm）；SBD为土壤容量（$\mathrm{g/cm^3}$）；ρ为大于2mm砾石的体积比例。

20世纪70年代末至2015年，SOCD变化计算如下：

$$\Delta\mathrm{SOCD}=\mathrm{SOCD}_{2015}-\mathrm{SOCD}_{1970s} \tag{4-3}$$

式中，ΔSOCD为20世纪70年代末至2015年的SOCD动态（$\mathrm{kgC/m^2}$）；SOCD_{2015}和SOCD_{1970s}分别为2015年SOCD和20世纪70年代后期SOCD，由式（4-2）计算得到。

4.4.3 农地开垦历史与土壤碳氮差异的统计分析

采用SPSS 18.0统计软件进行统计检验分析。270对SOC、TN、C：N在同一空间坐标下进行配对样本t检验，计算1978年和2015年270个样地的SOC、TN和C：N变化的差异。采用单因素方差分析和最小显著性差异法检验不同农地开垦历史地块的土壤碳氮水平及其变化的差异显著性，然后采用Tamhane事后检验（$P<0.05$）。

4.5 塔里木盆地农地开垦历史轨迹对土壤碳氮的影响结果

4.5.1 塔里木盆地典型区1978~2015年的农地开垦历史

利用2015年GPS野外验证调查数据、2010年和2015年Google Earth高分辨率影像数据点对5个子流域2000个地面参考数据点的土地利用分类精度进行评价。根据分层土地利用类型，随机抽样获得地面参考数据点。验证结果表明，本研究的土地利用图分类准确率较高，2010年和2015年数据的kappa系数分别为

0.913 和 0.906，总体准确率分别为 92.30% 和 91.35%。由于其他年份的目视解译方法和数据是相同的，因此，本研究认为 1990 年和 2000 年的土地利用图分类精度与 2010 年和 2015 年的土地利用图分类精度相似。与以往使用多幅 Landsat MSS/TM 图像进行长时间序列土地利用变化检测的研究（Renó et al.，2011；Vittek et al.，2014）类似，本研究认为 1978 年的土地利用地图的精度也是可靠的。图 4-4 显示了塔里木盆地典型区 1978 年和 2015 年的土地利用图。

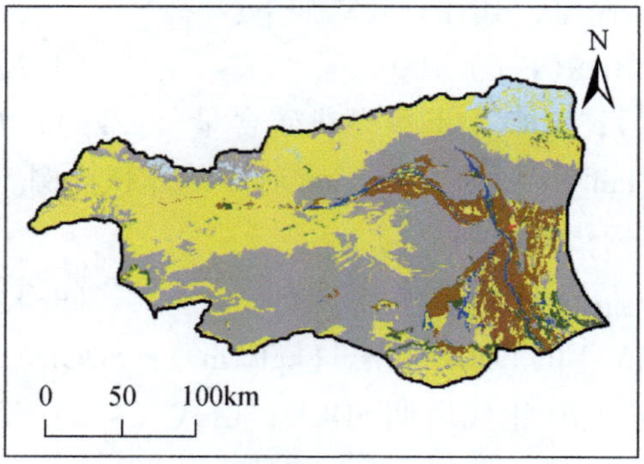

(a)阿克苏河流域(1978年)

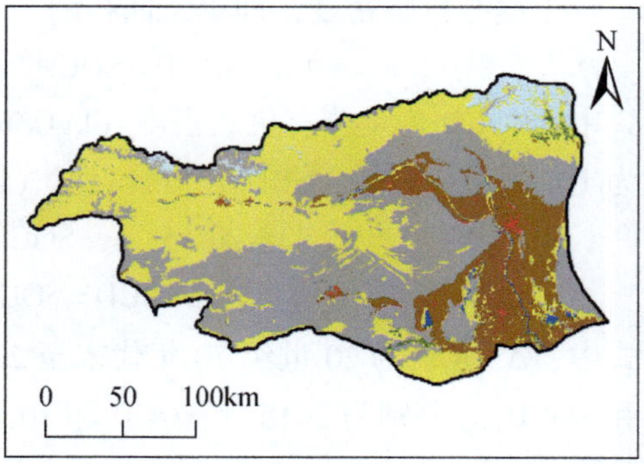

(b)阿克苏河流域(2015年)

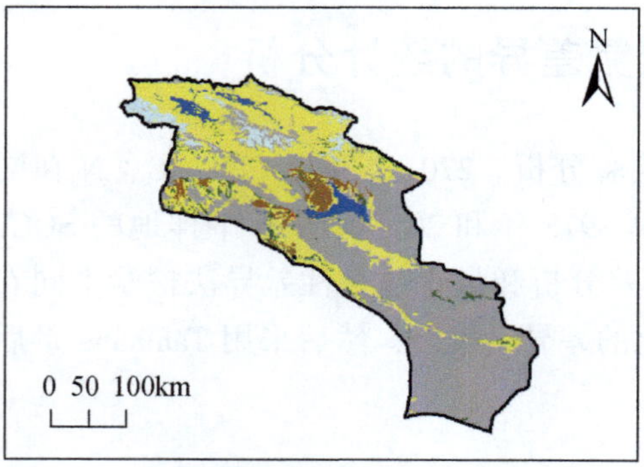

(c)开都-孔雀河流域(1978年)

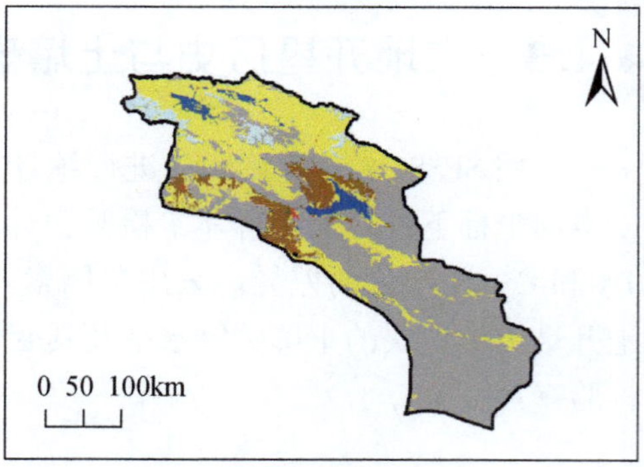

(d)开都-孔雀河流域(2015年)

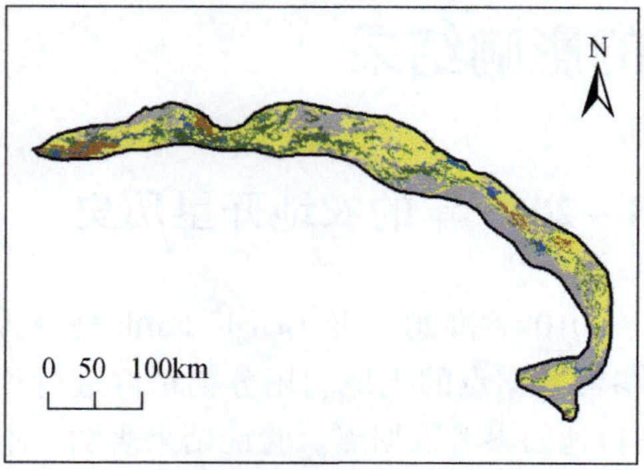

(e)塔里木河干流区域(1978年)

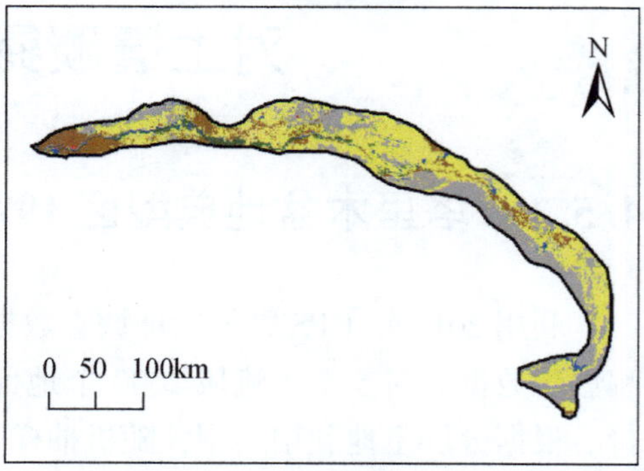

(f)塔里木河干流区域(2015年)

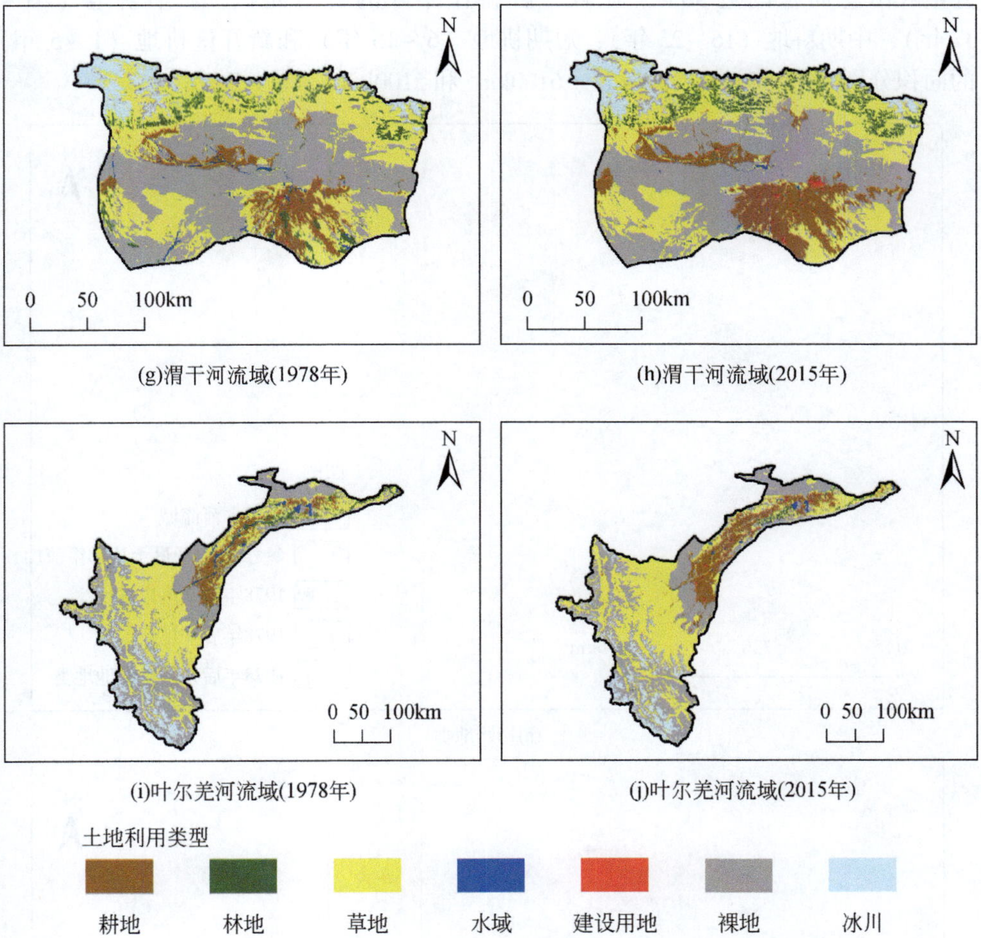

图 4-4　塔里木盆地典型区 1978 年和 2015 年的土地利用图

2015 年，塔里木盆地 5 个子流域的耕地面积占研究区总面积的 10.37%。1978 年、1990 年、2000 年、2010 年和 2015 年 5 个时间节点的耕地面积分别为 $1.72\times10^4km^2$、$1.89\times10^4km^2$、$2.11\times10^4km^2$、$2.72\times10^4km^2$ 和 $3.23\times10^4km^2$。可见，1978 ~2015 年，塔里木盆地典型区耕地面积增加了近一倍，增幅达 87.79%，其中，大部分新增耕地主要是在原有耕地附近向外扩张。在此基础上，将 5 个时间节点（1978 年、1990 年、2000 年、2010 年和 2015 年）土地利用图进行空间叠加，并应用本研究提出的量化方法，提取开垦前的初始地类和开垦后的耕作年限等农地开垦历史信息（图 4-5）。耕地主要由草地、林地、裸地和水域等地类转化而成，分别占转入耕地面积总和的 70.35%、16.89%、9.56% 和 3.20%。前两个地类占新开垦农田总面积的近 90%。比较 5 种耕作年限的耕地面积，长期耕地（26 ~ 37 年）、中期耕地（16 ~ 25 年）、短期耕地（6 ~ 15 年）和新开垦耕地（1 ~ 5 年）的面积分别为 1700km² 、2200km² 、6100km² 和 5100km² ［图 4-5（b）］。

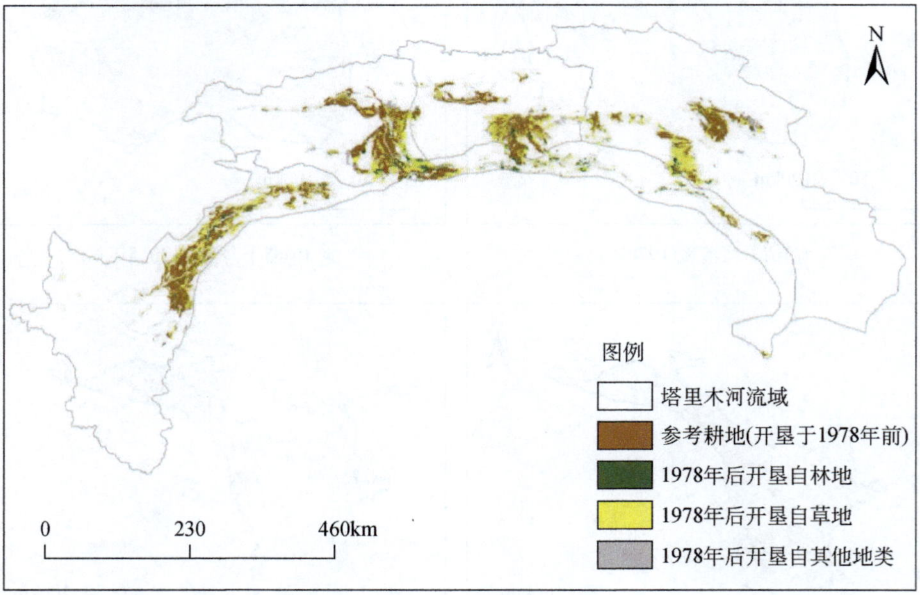

(a)初始地类

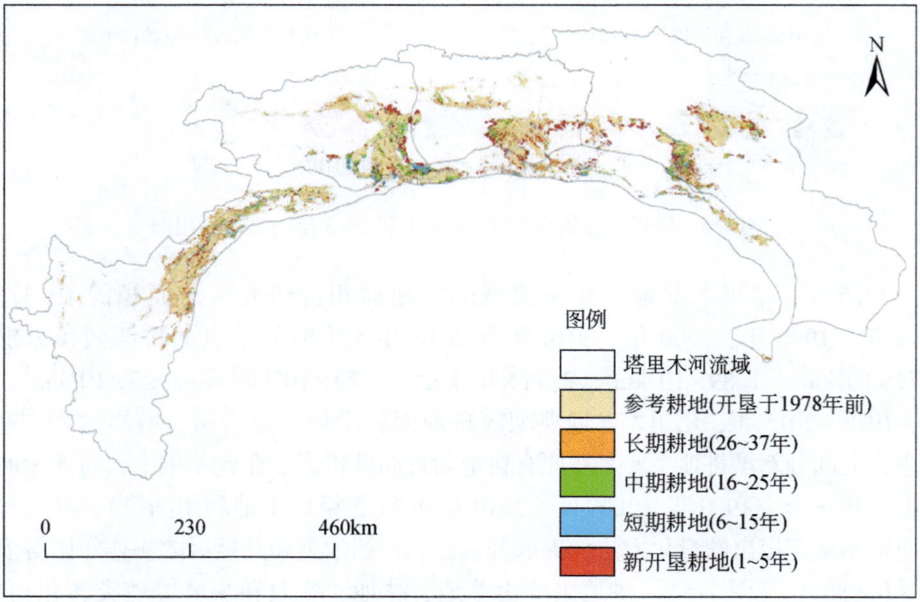

(b)耕作年限

图 4-5　塔里木盆地典型区农地开垦历史轨迹

4.5.2 土壤碳氮性质状况和变化的统计分析

表 4-3 显示了塔里木盆地典型区的 SBD、SOC、TN 和 C∶N 的统计特征。1978～2015 年，SBD 总体保持稳定，由 1.30g/cm^3 略微减少到了 1.29g/cm^3，土壤碳氮性质的平均值以不同的幅度增加，但没有表现出显著的统计差异（$P>0.05$）。研究区 2015 年 SOC 平均含量为 6.61g/kg，1978～2015 年增加了 0.17g/kg；同时，TN 含量从 1978 年的 0.63g/kg 增加到 2015 年的 0.65g/kg。研究发现，270 个土壤样地的 TN 含量与 SOC 含量高度相关，两者在 1978 年和 2015 年的 Pearson 相关系数分别为 0.938 和 0.925。1978～2015 年，虽然 SOC 和 TN 含量的范围有所增加（表 4-3），但其标准差减小。在持续的耕作活动下，270 个土壤样地的 SOC 和 TN 标准偏差分别从 1978 年的 2.90g/kg 和 0.28g/kg 下降到了 2015 年的 1.96g/kg 和 0.22g/kg，表明两者的区域空间差异在减少。

表 4-3　塔里木盆地典型区土壤碳氮属性统计特征

参数	年份	均值	标准差	最大值	最小值
土壤容重（SBD）/(g/cm^3)	1978	1.30	0.18	1.75	0.93
	2015	1.29	0.16	1.61	1.05
有机质含量（SOC）/(g/kg)	1978	6.44	2.90	16.85	3.42
	2015	6.61	1.96	17.65	2.26
全氮含量（TN）/(g/kg)	1978	0.63	0.28	1.67	0.29
	2015	0.65	0.22	1.76	0.19
碳氮比（C∶N）	1978	10.11	1.73	14.90	7.33
	2015	10.22	1.21	17.25	6.11

研究区 C∶N 的变化与 SOC 和 TN 含量的变化相似。2015 年 C∶N 的平均值为 10.22，数值范围介于 6.11～17.25，这些值大部分在 9.0（10% 分位数）到 11.5（90% 分位数）。1978～2015 年，由于 SOC 含量比 TN 含量的增加幅度大，C∶N 略微增加了 0.11，但两者在 95% 置信水平上没有显著的差异。长期耕作活动也使得不同区域的土壤 C∶N 趋近，其标准差由 1978 年的 1.73 降低到 2015 年的 1.21。本研究将 270 个土壤样地数据划分为两组，即 1978～2015 年的增加值和减少值，通过配对样本 t 检验，发现有三分之二的 SOC 含量和 TN 含量呈现显著的增加趋势（$P<0.01$），其余三分之一的土壤碳氮观测值呈显著的下降趋势。相比之下，约 59.26% 的土壤 C∶N 呈上升趋势，但是未通过 95% 的显著性检验，其余观测值在 95% 的显著水平上呈下降趋势。可见，需要对不同样地加以分类

（本研究研究的是各地块农地开垦历史的差异），深入分析造成不同样地土壤碳氮性质发生显著性变化的原因。

利用 SOC 含量和 SBD 可计算 SOCD，2015 年 270 个土壤样地的平均 SOCD 为 1.71kgC/m²，范围为 0.31～4.07kgC/m²，其中，SOCD 大部分在 1.0～2.5kgC/m²。比较 2015 年实地采样得到的 270 个观测值和同位置的全国第二次土壤普查数据集的提取值可知，2015 年平均 SOCD 较 1978 年平均 SOCD 高 0.05kgC/m²，但两个年份的数值并没有显著差异（图 4-6）。同样地，将数据分成 1978～2015 年的增加和减少的两组，结果发现，大约有 67.78% 的 SOCD 呈上升趋势（$P<0.01$），32.22% 的 SOCD 呈下降趋势（$P<0.01$）。在 5 个典型子流域内，270 个样地两个年份的 SOCD 也无显著统计差异（$P>0.05$），除开都–孔雀河流域的 SOCD 在 2015 年低于 1978 年外，其余 4 个子流域的 SOCD 在 2015 年均高于 1978 年，但差异均未通过显著性检验（$P>0.05$）。270 个样地 SOCD 的标准差在 1978 年为 0.65kgC/m²，高于 2015 年的 0.46kgC/m²。

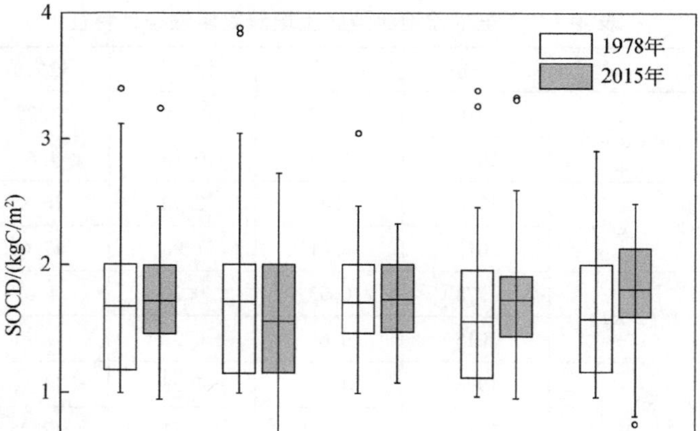

图 4-6　1978 年和 2015 年塔里木盆地典型区 SOCD 比较

箱线图中箱体上下沿分别为统计数据上四分位数和下四分位数，箱内横线为统计数据的中位数，箱须表示距离箱体上下沿 1.5 倍的箱体范围（四分位距），空心圆圈表示异常值。两个年份的数据采用单因素方差分析（$P<0.05$）进行显著性比较，以不同小写字母表示。下同

4.5.3　农地开垦历史对 SOC 和 TN 的影响

本研究按照各地块的农地开垦历史信息对土壤碳氮性质进行分组，结果发现，

2015 年，不同初始地类的 SOC 和 TN 含量存在显著差异（$P<0.05$）［图 4-7（a）和图 4-7（b）］。1978 年以前开垦的耕地的 SOC 和 TN 含量分别为 7.29g/kg 和

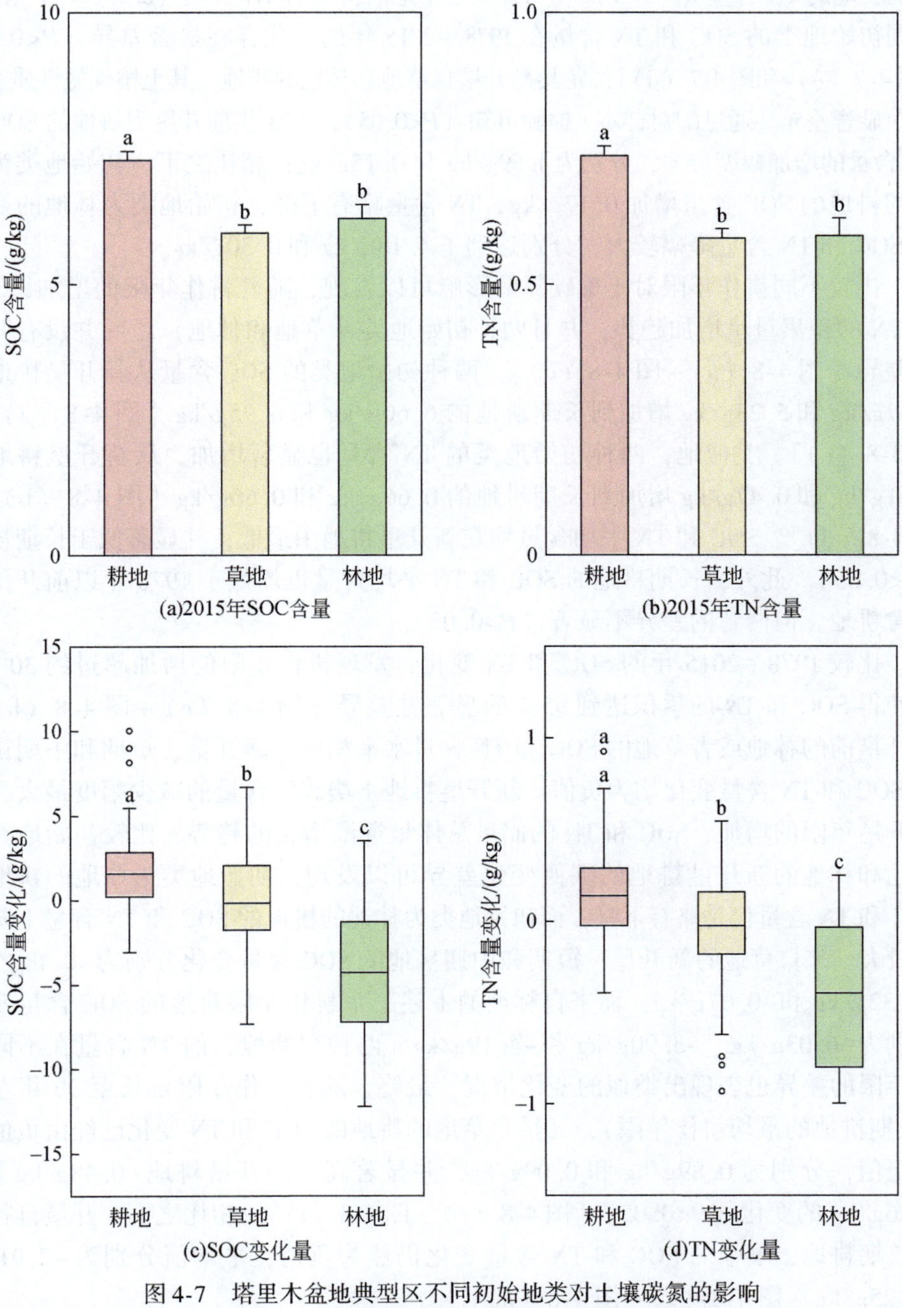

图 4-7 塔里木盆地典型区不同初始地类对土壤碳氮的影响

柱状图中柱体长度表示统计数据的均值，柱须表示标准差

0.74g/kg，均明显高于在1978～2015年开垦为耕地的土壤。开垦自林地的耕地的SOC含量（6.21g/kg）略高于开垦自草地的耕地的SOC含量（5.93g/kg）；开垦自林地的耕地的TN含量（0.59g/kg）与开垦自草地的耕地的TN含量（0.58g/kg）相近。不同初始地类的SOC和TN含量在1978～2015年的变化存在显著差异（$P<0.05$）[图4-7（c）和图4-7（d）]，尤其是开垦自草地和林地的耕地，其土壤碳氮性质变化存在显著差异。通过配对样本t检验可知（$P<0.05$），1978年前开垦为耕地的SOC和TN含量的增加幅度最大，分别为1.59g/kg和0.15g/kg；相比之下，初始地类为草地的耕地的SOC含量增加0.17g/kg，TN含量略有下降，初始地类为林地的耕地的SOC和TN含量降幅较大，分别达到了4.18g/kg和0.30g/kg。

比较不同耕作年限对土壤碳氮的影响可以发现，随着耕作年限的增加，SOC和TN的积累量呈增加趋势，并且两种初始地类（草地和林地）之间并没有明显的差异[图4-8（a）～图4-8（d）]。两种初始地类的SOC含量从新开垦耕地的5.17g/kg和5.23g/kg增加到长期耕地的6.60g/kg和6.95g/kg[图4-8（a）和图4-8（c）]。类似地，两种初始地类的TN含量也显著增加，从新开垦耕地的0.51g/kg和0.47g/kg增加到长期耕地的0.66g/kg和0.66g/kg[图4-8（b）和图4-8（d）]。SOC和TN平均含量均在新开垦耕地中最低，并显著低于长期耕地（$P<0.05$）。此外，长期耕地的SOC和TN平均含量也均低于1978年以前开垦的参考耕地，但两者的差异不显著（$P>0.05$）。

比较1978～2015年的SOC和TN变化，发现耕作年限的增加超过约30年，可使得SOC和TN的累积达到95%的显著性差异[图4-8（e）～图4-8（h）]。与开垦前的林地或者草地的SOC和TN含量水平相比，新开垦、短期和中期耕地的SOC和TN含量变化均为负值。新开垦耕地土壤碳氮含量的减少幅度最大，随着开垦年限的增加，SOC和TN的储量总体呈逐渐增长的趋势。比较初始地类为草地和林地的新开垦耕地的碳氮变化差异可以发现，初始地类为草地的耕地的SOC和TN含量仅是略有下降，而初始地类为林地的耕地的SOC和TN含量下降幅度较大。来自草地的新开垦、短期和中期耕地的SOC含量变化分别为-0.48g/kg、-0.32g/kg和-0.07g/kg；而来自林地的上述三个耕作年限耕地的SOC含量变化分别为-6.03g/kg、-3.90g/kg和-4.19g/kg。两种初始地类的TN含量在不同耕作年限的差异也表现出类似的变化情况。最终，随着耕作年限延长至30年左右（长期耕地的平均耕作年限），开垦自草地的耕地的SOC和TN变化已经由负值转为正值，分别为0.89g/kg和0.09g/kg，并显著高于新开垦耕地-0.48g/kg和-0.06g/kg的变化（$P<0.05$）[图4-8（e）～图4-8（f）]。相比之下，开垦自林地的长期耕地土壤中的SOC和TN含量变化仍然为负值，平均值分别为-2.91和-0.25g/kg[图4-8（g）～图4-8（h）]。

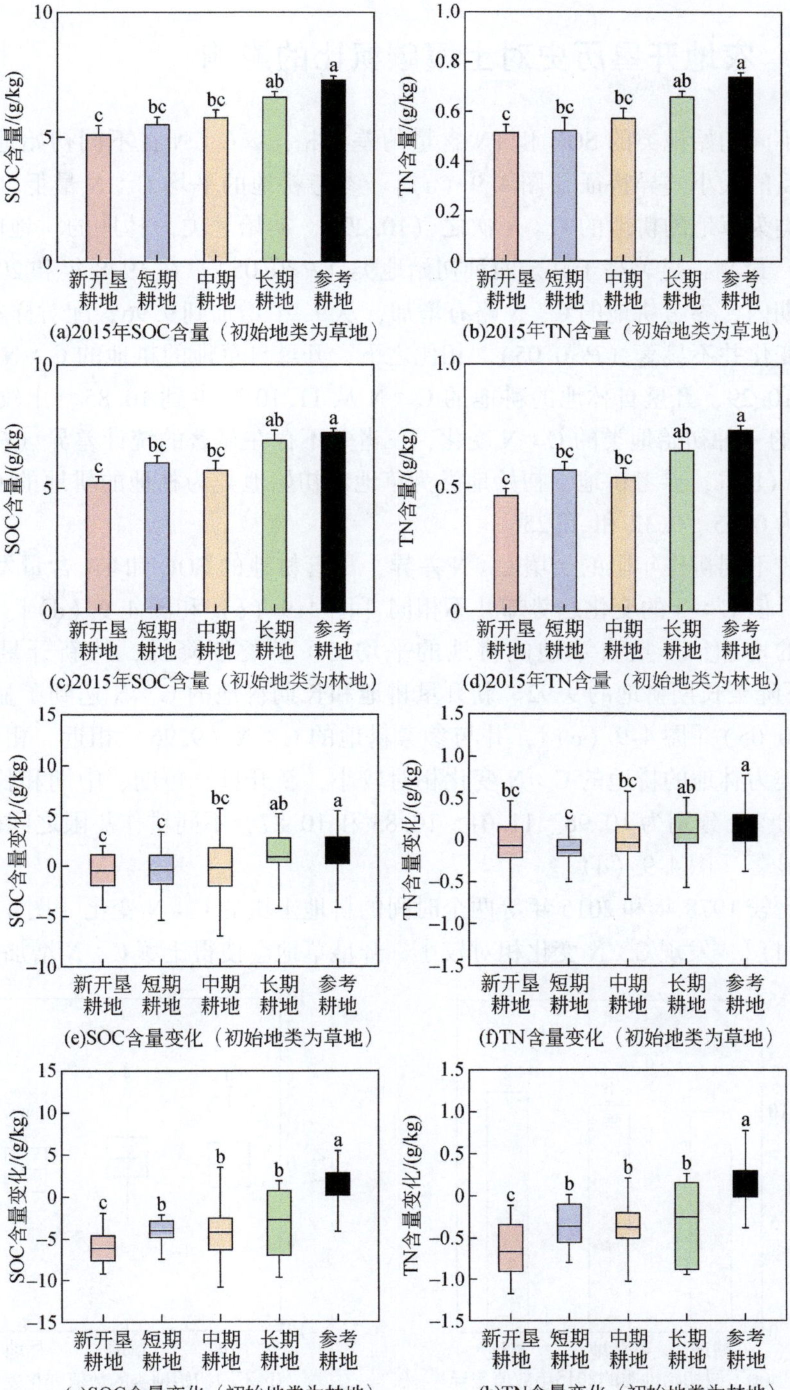

(a)2015年SOC含量（初始地类为草地）
(b)2015年TN含量（初始地类为草地）
(c)2015年SOC含量（初始地类为林地）
(d)2015年TN含量（初始地类为林地）
(e)SOC含量变化（初始地类为草地）
(f)TN含量变化（初始地类为草地）
(g)SOC含量变化（初始地类为林地）
(h)TN含量变化（初始地类为林地）

图 4-8 塔里木盆地典型区不同耕作年限对土壤碳氮的影响

4.5.4 农地开垦历史对土壤碳氮比的影响

与不同初始地类的 SOC 和 TN 含量的差异相比，C：N 在不同初始地类中表现出相反的大小差异特征［图 4-9（a）］。参考耕地的平均 C：N 最低（9.96），初始地类为草地的耕地的 C：N 次之（10.29），初始地类为林地的耕地的 C：N（10.85）最高，显著高于其余两种初始地类（$P<0.05$）。在 1978 年和 2015 年的两个时期内，参考耕地的 C：N 略有增加，从 9.91 增加到 9.96，配对样本 t 检验表明，变化并不显著（$P>0.05$）。相比之下，开垦自草地的耕地的 C：N 从 9.97 增加到 10.29，开垦自林地的耕地的 C：N 从 11.10 减少到 10.85。比较 1978～2015 年的三种初始地类的 C：N 变化，三者并不存在显著的统计差异（$P>0.05$）［图 4-9（b）］，参考耕地、初始地类为草地和初始地类为林地的耕地的 C：N 变化分别为 0.05、0.32 和−0.25。

比较不同耕作年限的土壤 C：N 差异，尽管耕地的 SOC 和 TN 含量发生了显著变化，但 C：N 的变化趋势却并不相同［图 4-9（c）和图 4-9（d）］。随着耕作年限的增加，开垦自草地的耕地的平均 C：N 逐渐降低，从新开垦耕地的 10.79 下降至长期耕地的 9.92。新开垦耕地和长期耕地的 C：N 达到了显著性差异（$P<0.05$）［图 4-9（c）］，并与参考耕地的 C：N（9.96）相近。相比之下，初始地类为林地的耕地的 C：N 变化相对较小，新开垦、短期、中期和长期耕地的平均 C：N 分别为 10.98、11.01、10.83 和 10.87，不同耕作年限之间的 C：N 差异不显著［图 4-9（d）］。

再比较 1978 年和 2015 年等两个时间的耕地土壤的 C：N 变化［图 4-9（e）、图 4-9（f）］，发现 C：N 变化相对较小，开垦草地会使得土壤 C：N 增加，因此，

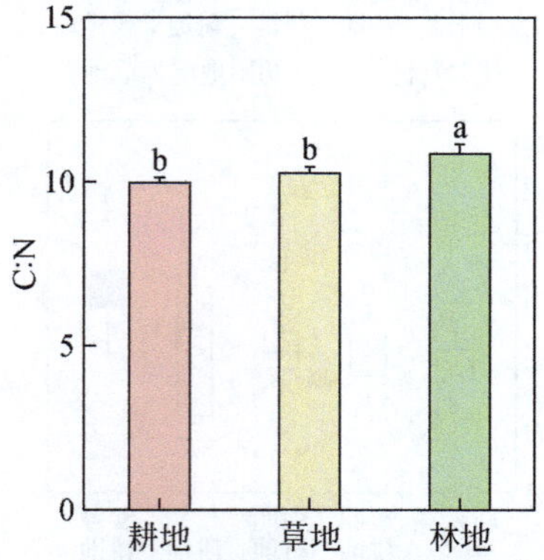

(a)不同初始地类的2015年数值差异

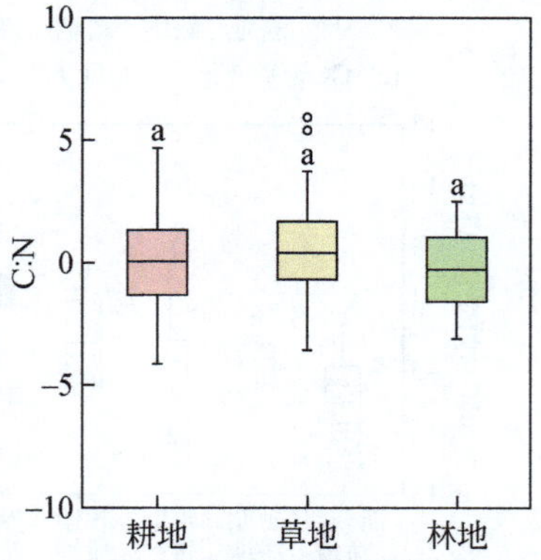

(b)不同初始地类的数值变化差异

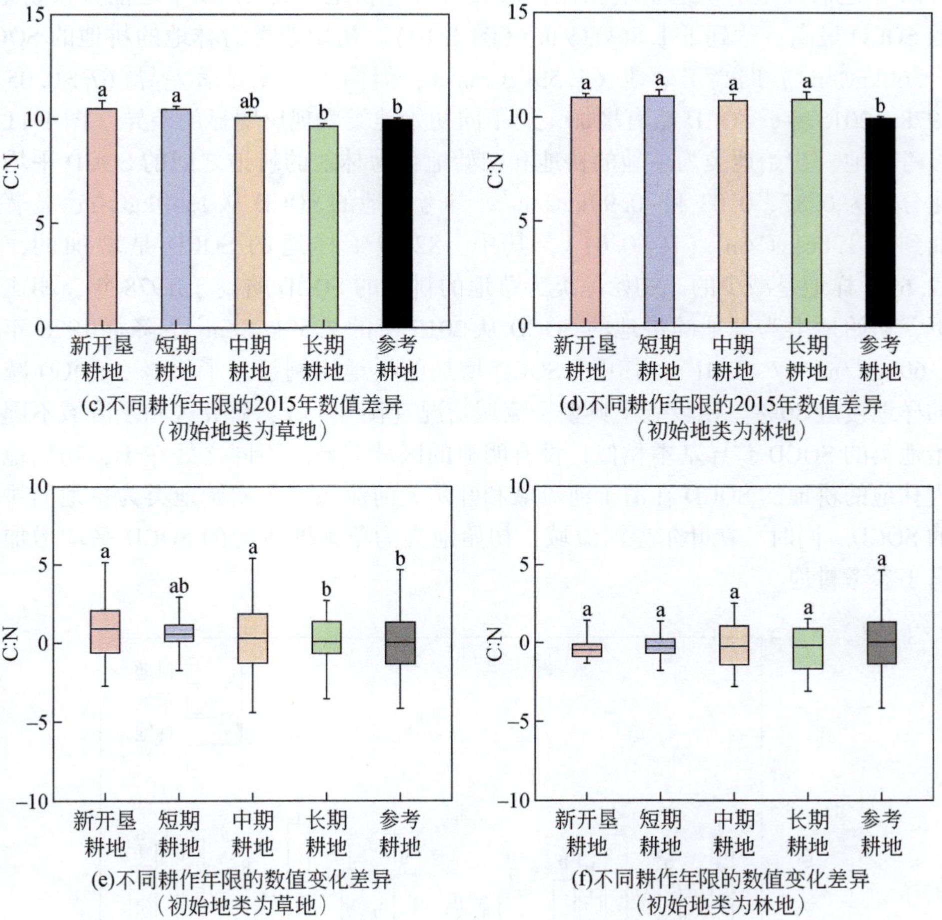

(c)不同耕作年限的2015年数值差异（初始地类为草地）

(d)不同耕作年限的2015年数值差异（初始地类为林地）

(e)不同耕作年限的数值变化差异（初始地类为草地）

(f)不同耕作年限的数值变化差异（初始地类为林地）

图 4-9　塔里木盆地典型区不同农地开垦轨迹对土壤碳氮比的影响

其变化为正值，但随着开垦年限的增加，增加的幅度在逐渐减小［图 4-9（e）］。初始地类为草地的新开垦耕地的 C∶N 平均增加了 0.89，显著高于中期耕地和长期耕地的 C∶N 增加值（分别为 0.28 和 0.06）（$P<0.05$）。相比之下，初始地类为林地的耕地的 C∶N 的变化幅度并不随耕作年限的增加而发生显著变化，新开垦、短期、中期和长期耕地的 C∶N 减小量分别为 0.43、0.21、0.23 和 0.15［图 4-9（f）］。

4.5.5　农地开垦历史对土壤有机碳储量的影响

分析不同初始地类对 SOCD 及其动态变化的影响（图 4-10 和图 4-11），与

1978 年之后开垦的耕地土壤相比，研究区参考耕地（即 1978 年之前开垦耕地）的 SOCD 最高，达到了 1.86kgC/m²（图 4-10）。初始地类为林地的耕地的 SOCD（1.60kgC/m²）略高于草地（1.53kgC/m²），但两者并无显著差异（$P>0.05$）。1978～2015 年，SOCD 略有增加，但不同初始地类表现出明显的差异（图 4-11）。参考耕地、初始地类为草地的耕地和初始地类为林地的耕地之间的 SOCD 平均变化分别为 0.37、0.03 和−0.99kgC/m²。参考耕地的 SOCD 从 1.49kgC/m² 显著增加到了 1.86kgC/m²（$P<0.01$），其中，82.31% 样地的 SOCD 是增加的，仅 17.69% 样地是减少的。初始地类为草地的耕地的 SOCD 略高于 1978 年，相比之下，初始地类为林地的耕地的 SOCD 从 2015 年的 2.59kgC/m² 下降至 1978 年的 1.60kgC/m²（$P<0.01$），其中，SOCD 增加的样地比例超过了 20%，SOCD 减少的样地接近 80%。比较五个典型子流域情况（图 4-11），研究区和子流域不同初始地类的 SOCD 差异基本相似，没有明显的区域差异。不同之处在于，初始地类为林地的耕地的 SOCD 在渭干河流域和叶尔羌河流域低于初始地类为草地的耕地的 SOCD。同时，在叶尔羌河流域，初始地类为草地的耕地的 SOCD 平均增加值高于参考耕地。

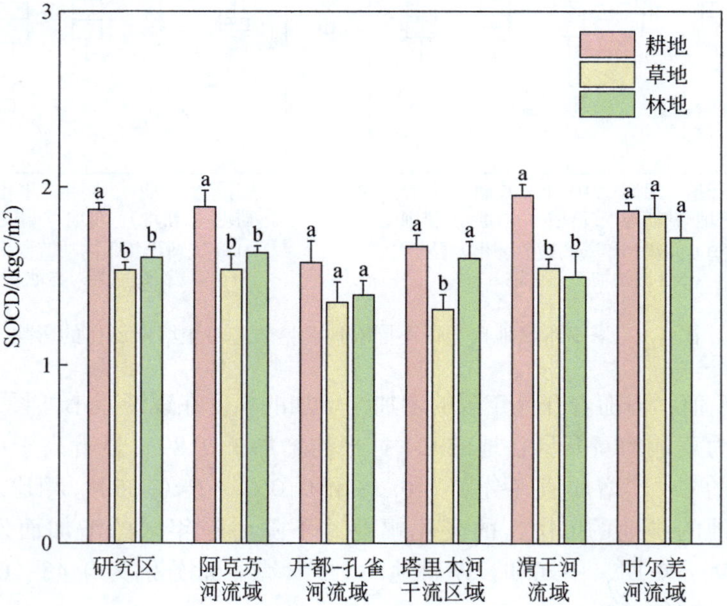

图 4-10　塔里木盆地典型区不同初始地类的 SOCD 差异比较

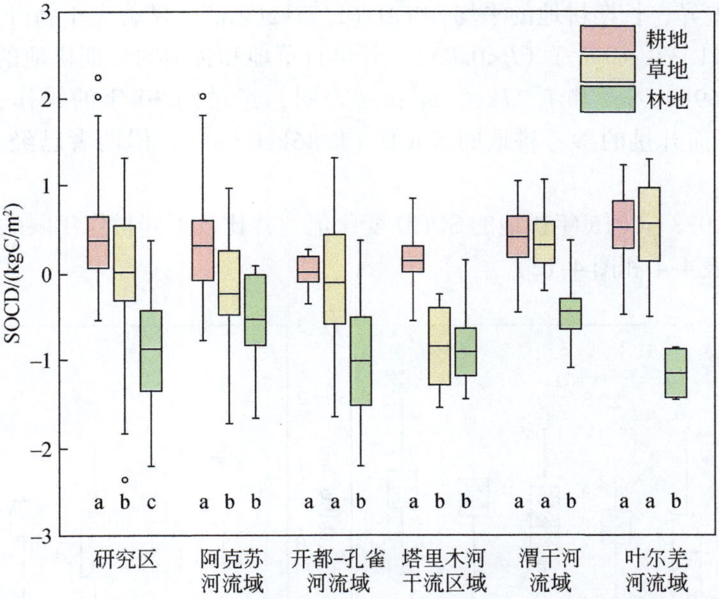

图 4-11　塔里木盆地典型区不同初始地类的 SOCD 1978 ~ 2015 年变化比较

不同耕作年限的 SOCD 差异见表 4-4。为了检验开垦前土壤属性对 SOCD 累积变化的影响，本研究统计了不同耕作年限的 SOCD，由表 4-4 可知，1978 年每种初始地类各耕作年限的 SOCD 基本相近，只是林地和草地土壤的 SOCD 具有明显的差异。例如，开垦自草地的新开垦耕地、短期耕地、中期耕地和长期耕地的 SOCD 分别为 1.48kgC/m^2、1.52kgC/m^2、1.53kgC/m^2 和 1.48kgC/m^2。相比之下，初始地类为林地的耕地的 SOCD 在 2.45 ~ 2.87kgC/m^2，高出了初始地类为草地的耕地近 1 倍。

表 4-4　塔里木盆地典型区不同耕作年限土壤的差异　（单位：kgC/m^2）

初始地类	时间	不同耕作年限耕地分类			
		新开垦耕地	短期耕地	中期耕地	长期耕地
草地	1978 年	1.48±0.57	1.52±0.28	1.53±0.66	1.48±0.66
	2015 年	1.35±0.29	1.45±0.32	1.49±0.51	1.69±0.37
林地	1978 年	2.87±0.79	2.52±0.89	2.55±0.78	2.45±0.77
	2015 年	1.32±0.29	1.66±0.27	1.59±0.41	1.77±0.32

在开垦之后，耕作年限的增加会促进 SOC 储量的增加。2015 年，初始地类为草地的新开垦耕地的平均 SOCD（1.35kgC/m^2）显著低于长期耕地（1.69kgC/m^2）（P<0.05）。初始地类为林地的耕地的 SOCD 随耕作年限的增加呈现出与草地相

似的变化差异，长期耕地的平均 SOCD（1.77kgC/m^2）显著大于新开垦耕地的平均 SOCD（1.32kgC/m^2）（P<0.05）。开垦自草地和林地的长期耕地的平均 SOCD 分别为 1.69kgC/m^2 和 1.77kgC/m^2，这表明，经过约 30 年的耕作，尽管仍低于 1978 年前开垦的参考耕地的 SOCD（1.86kgC/m^2），但两者已经无显著差异（P>0.05）。

计算 1978～2015 年耕地的 SOCD 变化值，并比较不同耕作年限的 SOCD 变化的差异（表 4-4 和图 4-12）。

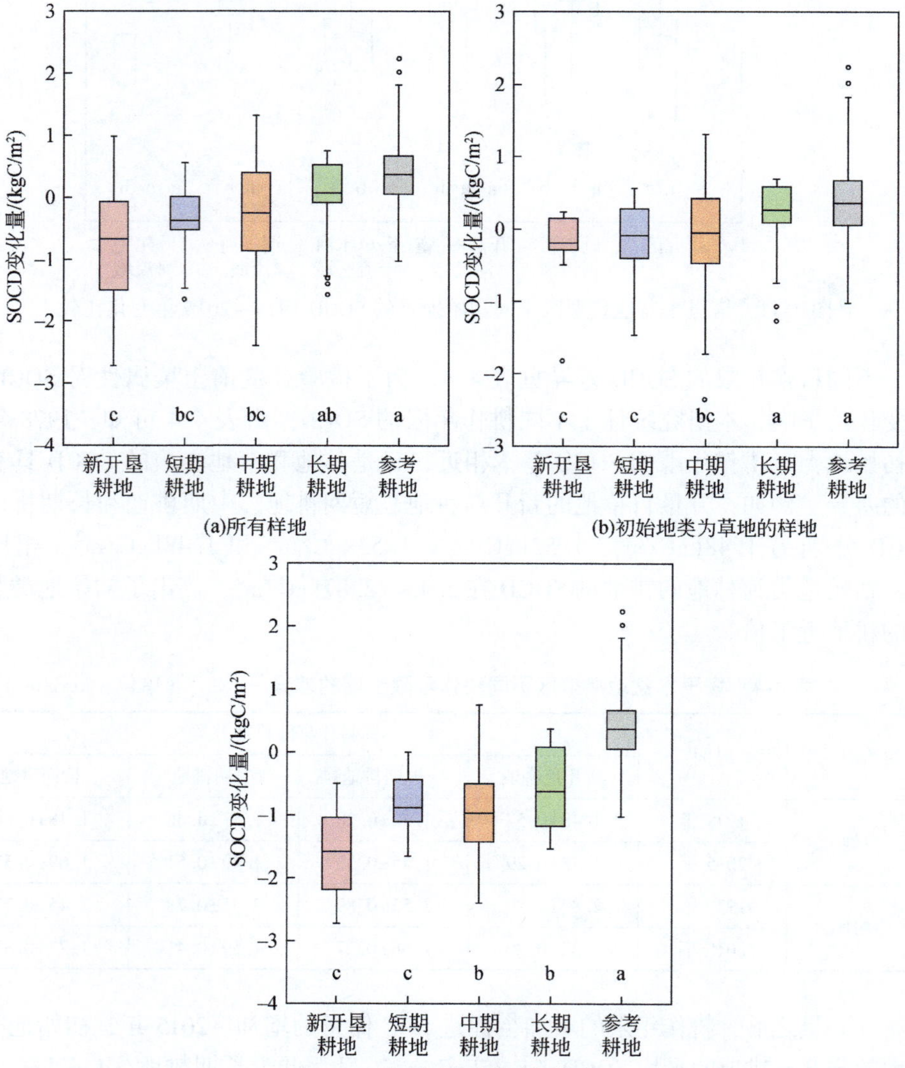

(c)初始地类为林地的样地

图 4-12　1978～2015 年塔里木盆地典型区不同耕作年限的 SOCD 的变化量比较

在草地和林地向耕地的转换过程中，土壤扰动会导致 SOC 损失，因此，新开垦耕地的 SOCD 下降幅度最大，变化为负值。随着耕作年限的增加，SBD 呈现略微减少的趋势，但是 SOC 含量快速增加，因此总体上 SOCD 变化量呈现较为明显的增加，开垦所造成的 SOCD 损失逐渐恢复，新开垦耕地、短期耕地和中期耕地的 SOCD 变化平均值为 -0.70kgC/m^2、-0.37kgC/m^2 和 -0.26kgC/m^2。当耕作年限约超过 30 年，开垦自草地的长期耕地的 SOCD 变化为正值，平均变化值为 $+0.21\text{kgC/m}^2$（图 4-12），与耕作年限较短的新开垦耕地的 SOCD 有显著差异（$P<0.05$）。然而，开垦自林地的长期耕地的 SOCD 变化量依然达到 -0.68kgC/m^2（图 4-12），表明林地开垦为耕地造成的 SOC 损失在近 40 年（研究期的最长年限）的农业耕作活动中依然无法得到恢复。

4.6 塔里木盆地农地开垦历史对土壤碳氮影响的启示

尽管已有大量研究探讨了土壤碳氮之间的关系，但两者之间的平衡及其耦合关系仍不确定（Zhou and Wang，2015）。近 40 年来，我国西北干旱区耕地面积迅速扩大（Jia et al.，2004；Chen，2014），这一重大的地表变化是如何影响区域土壤碳氮平衡的，仍不是很清楚。为了评估农地开垦的效应，以塔里木盆地典型区为例，量化近 40 年不同农地开垦历史，并以此为基础进行目的性的土壤取样设计和调查，结果发现，不同初始地类和耕作年限等农地开垦历史信息对 SOC、TN 和C：N 的影响存在显著的差异。同一时间段的土壤碳氮性质变化比较，有助于揭示上述信息的差异对土壤碳氮影响的时间累积效应（Gao et al.，2014；Chen et al.，2015）。与以往研究相比，本研究的结果可以为土壤碳氮平衡的区域评估提供更好的参考（Huang and Sun，2006；Yan et al.，2011）。

4.6.1 农地开垦历史对土壤碳氮的复杂影响

本研究发现，对草地和林地进行开垦的初期会明显造成 SOC 和 TN 的损失，但随着开垦年限的增加，损失幅度逐渐减小（图 4-8），这与之前的研究一致（Houghton et al.，2000；Lal，2002；Kopittke et al.，2017）。人为干扰会直接破坏土壤原有的结构，加速土壤有机质的矿化分解过程，从而造成土壤碳氮的损失（Gelaw et al.，2014；Lozano-García et al.，2016；Berihu et al.，2017）。与以往研究不同的是，本研究发现在初始地类为草地的长期耕地中，土地开垦造成的土壤碳氮损失得到了恢复。出现这一情况的原因在于，在塔里木盆地这一典型的干旱地区，稀缺的水资源和较低的生物累积率严重限制了以荒漠草原为主的未开垦草原的植被生长（Shan et al.，2008），导致这些区域土壤的原本碳氮含量水平较低（Huang and Sun，2006）。在开垦之后，原本匮乏的土壤含水量因为灌溉有了明显的增加，生物的生长条件也得到改善，农作物产量的提高也增加了地上和地下生物量以及进入土壤的作物残茬（Shen et al.，2008），这些均有利于土壤 SOC 和 TN 的增加。尤其是，塔里木盆地的绿洲农业采用了可持续的农业管理措施，包括施用有机肥料和保护性耕作等措施，随着开垦年限的增加，这些措施可进一步促进土壤的人为熟化过程，从而改善土壤结构和功能，持续的累积效应促使碳氮元素在土壤中逐渐增加（Li X G et al.，2006）。

土壤碳氮循环在生态系统中是紧密耦合的（Luo et al.，2006），TN 的变化通常被认为与 SOC 的变化有关，因为这两种元素都能结合成有机化合物（Manzoni and Porporato，2009；Yuan et al.，2012），本研究也证实了两者之间的高度相关性。土地利用类型和管理措施的变化都可以改变土壤碳氮生物地球化学循环过程，土壤 C∶N 的变化则可以用来确定 SOC 和 TN 的相对输入和输出（Brady and Weil，2008）。本研究发现，与农地开垦历史变化对 SOC 和 TN 含量影响的差异相比，其对 C∶N 具有基本相反的作用。同时，本研究观察到 C∶N 变化幅度小于 SOC 和 TN 含量的变化幅度（图 4-8），这意味着土壤 C∶N 的变化更为复杂，与单一的土壤碳氮含量变化并不一致。不同的土地利用方式和植被类型可以调节碳源和氮源的有效性、土壤微生物活性，从而影响土壤凋落物的分解率（Fierer et al.，2005；Kemmitt et al.，2006；Pietri and Brookes，2008）。一般来说，林地土壤具有较高的 C∶N，因为树木将吸收更多的氮元素，并将其储存在生物内而不是土壤中，而且林地土壤中的微生物分解者的 C∶N 也高于耕地土壤（Murty et al.，2002；Livesley et al.，2016），导致当林地转变为耕地时，C∶N 明显降低（图 4-9），这可以部分归因于基底效应（Chen et al.，2015）。相比之下，从草地到耕地的转换反而会导致 C∶N 的增加，但在一开始的开垦过程中，SOC 和 TN 都是降低的，这表明与 SOC 相比，TN 的损失更大。

另外，随着耕作年限的增加，耕地土壤中 SOC 和 TN 积累速率的不同也导致了 C∶N 的变化（O'Brien et al.，2010）。本研究发现随着耕作年限的增加，初始地类为草地的耕地土壤中，C∶N 的增加幅度趋于缩减（图 4-9）。土壤 TN 的快速积累，可部分归因于氮肥的过度使用，这是保障农业生产高产高效的重要途径之一，也就促进了土壤中氮素的存储（Liu et al.，2013）。然而，耕地土壤中 SOC 的积累是一个缓慢的过程，并不一定与 TN 的积累同步，因此，研究区土壤 C∶N 降低，就意味着 SOC 的累积速率小于 TN 的累积速率。甚至于，有案例研究表明，在 40～50 年的耕作之后，长期施用氮肥的试验样地的 SOC 出现了净下降（Khan et al.，2007）。相比之下，初始地类为林地的耕地土壤中，C：N 保持相对稳定，这表明在该土壤中，SOC 和 TN 相近的累积速率使得两者之间保持相对平衡。此外，土壤 C：N 的变化不仅是 SOC 和 TN 输入差异引起的，还受土壤中碳氮元素分解的差异影响（Cong et al.，2012）。初始地类为林地的耕地土壤具有较高的C：N，原来的部分土壤微生物可能会增强土壤中碳氮的协同吸收（Reay et al.，2008）。以上分析也进一步表明了土壤中碳氮元素的输入和输出具有复杂的变化和差异，这要求我们进一步分析这些变化背后的潜在机制，并继续对土壤 C：N 进行长时间监测。

有综述研究表明，全球耕地土壤（0～30cm）的 C：N 的均值在 12.5 左右（Xu et al.，2013），远高于研究区所有耕地土壤的均值（10.22），也明显高于开垦自林地的耕地土壤的较高均值（10.85）。尤其是，研究还发现，随着垦殖年限的增加，开垦自草地的耕地的 C：N 的增加幅度呈缩减趋势。较低的 C：N 会破坏土壤碳氮平衡，氮过量时，其容易以氨气的形式释放，造成有机氮损失（Li Z P et al.，2006；Gao et al.，2014；Liu M et al.，2016）。上述研究结果表明，亟须对塔里木盆地进行农业可持续管理，促进土壤碳氮平衡并促进碳累积。尽管1978年以前开垦的耕地的 C：N 在近 40 年的耕作活动中总体保持相对稳定，但分析所有的样地发现，其中超过 10% 的耕地的 C：N 大于全球平均值（12.5），说明利用可持续农业管理提高耕地 C：N 是可能的。例如，与传统犁耕方式相比，免耕的方式可有效增加土壤 C：N（Mazzoncini et al.，2011，2016；Liu M et al.，2016）。此外，提高施氮效率、降低氮肥施用总量，可有效降低土壤氮输入和过多残余（Yang et al.，2011；Liu et al.，2013）。本研究认为研究区的耕地土壤管理应侧重于更好地认识碳氮元素的耦合规律，研究协同提高土壤碳氮积累的途径，以便使 TN 沉降与 SOC 固存相匹配（Gu et al.，2018）。

4.6.2 干旱区耕作土壤的固碳潜力

近 40 年，本研究选择的塔里木盆地典型区耕地的 SOCD 变化较为复杂，并随初始地类和耕作年限的不同表现出显著的差异。一方面，SOCD 的变化取决于开垦前的自然环境条件，并随着原生植被、气候条件、土壤类型、管理措施和转化后的耕作时间而变化（Murty et al.，2002；Bellamy et al.，2005；Yan et al.，2011）。Yan 等（2011）发现 SOCD 的变化与其初始值呈负相关关系，即 SOCD 含量越高，开垦造成的土壤碳元素流失越快，反之，SOCD 含量越低，土壤碳元素的增加潜力越大。另一方面，SOCD 在不同的土地利用类型中具有明显的不同（Post and Kwon，2000；Don et al.，2011；Lozano-García et al.，2017）。因此，开垦自林地和草地的耕地的 SOCD 变化的差异可以依据 SOCD 初始值的不同以及与之相关的植被和土壤结构与功能的变化来解释。开垦自林地的耕地的平均 SOCD 略大于开垦自草地的耕地的 SOCD（表4-4 和图4-11），这可能是初始 SOCD 储量的遗留效应所致。

与开垦前的 SOCD 初始值（表4-4）相比，研究区林地向耕地转变过程中导致的 SOCD 损失（1.55kgC/m^2）非常接近荟萃分析得出的 1.60kgC/m^2 的土壤表层（平均深度为 17cm）损失全球水平（Kopittke et al., 2017）。相比之下，研究区开垦草地造成的 SOCD 损失要比开垦林地造成的损失小得多（0.13kgC/m^2）。经过近 30 年的农业持续耕作，塔里木盆地开垦草地造成的 SOC 损失可以得到恢复（图4-8）。这主要是因为研究区未开垦草地受到水资源匮乏和较低生物累积率的限制（Shan et al., 2008），土壤初始的 SOCD 水平相对较低（Huang and Sun, 2006；王渊刚等, 2014）。开垦后，土壤水分和植被生长条件得到改善，并且随着耕作年限增加，耕地土壤不断熟化，促进了土壤碳积累（Li X G et al., 2006）。相比之下，近 40 年的耕作所促进的 SOC 积累，明显小于开垦林地造成的 SOC 损失（图4-8），这与全球的荟萃分析是一致的（Kopittke et al., 2017）。林地向耕地的转变降低了自然植被对地表的覆盖，既减少了植被凋落物对土壤的输入，又增加了地表土壤温度，并加速了凋落物分解和土壤微生物对土壤有机质的分解（Li et al., 2017；Wang K F et al., 2019）。尤其是地表覆盖的转变，显著改变了局地小气候条件，降低了植被和凋落物对地表的保护，使得干旱半干旱区的土壤更容易受到风蚀的影响，加剧 SOC 的流失（Zhao et al., 2005）。因此，即使经过近 40 年的耕作，耕地的 SOCD 仍低于未开垦前的林地的 SOCD 初始值。

在干旱区，水资源是绿洲农业发展的前提，然而，过去数十年来西北干旱区大面积的耕地规模扩张，导致水资源已经快超出其承载能力（Meng et al., 2009），这对未来农业的可持续生产是潜在的巨大威胁。此外，干旱区脆弱的生态系统容易受气候变化和土地沙漠化的影响（Wang T et al., 2012），很可能导致土地撂荒。因此，干旱区绿洲农业的发展受到诸多因素的影响，尤其是水资源短缺和土地沙漠化限制很容易导致农业生产的调整，如局部地区已经开始施行的退耕还水政策。以实现“双碳”目标为前提来管理干旱区农业生产，本研究在考虑水资源和土地资源承载力的前提下，基于发现的农业开垦历史对 SOC 存储差异的影响规律，提出了可持续农地开垦和管理策略，以促进区域土壤碳存储。

在未来农地开垦方面，本研究建议在荒漠草原上进行适度的农业开垦，但严格限制在林地进行开垦，同时不可大规模实施退耕还林还草政策。近 40 年来，中国西部干旱地区的耕地大规模扩张，对实现全国范围内的耕地占补平衡具有重要的意义（Liu Y et al., 2014a）。在我国东部地区耕地持续受到城镇化扩张影响的情况下，西北地区的农业生产未来对维护国家粮食安全具有更为重要的地位。在以往别的地理区域案例研究（Nadal- Romero et al., 2016；Wertebach et al., 2017）中，退耕还林还草以及植树造林往往是促进环境恢复和增加碳汇的有效策略（Xu H et al., 2019）。与这些案例研究不同的是，本研究中的干旱区由于水源有限，气候极端干燥，即使耕地撂荒或者退耕，也不适合大规模造林（Wang T et al., 2015）。退耕后土地由于失去人为的农业管理，其SOCD反而可能低于实施可持续管理的长期耕地。因此，本研究建议在不超过区域水土资源承载力的情况下可开垦部分适宜的耕地，并谨慎开展退耕还林还草工作。之所以强调要区分开垦土地利用的类型，是因为本研究表明在初始地类为草地的耕地耕作了近30年后，开垦扰动土壤造成的SOC损失得到了恢复并且耕地土壤有继续增加碳存储的潜力，相反地，初始地类为林地的耕地在耕作了近40年后损失的SOC依然没有得到恢复。荒漠草原土壤开垦前的初始SOC水平较低，且开垦后土壤水分条件和养分输入得到改善，因而具有很大的SOC存储潜力。因此，未来合理适度的耕地开垦有利于促进我国西北干旱区的碳汇。

在农地管理方面，要进一步实施可持续的管理措施，提高水资源利用效率和荒漠化防治措施，促进农业生产对促进SOC存储的时间累积效应。目前为止，塔里木盆地典型区的碳循环似乎还没有达到一个稳定的平衡，本研究采集的部分样地的SOCD较高，甚至超过了所有样地的SOCD平均值的2倍，同时，在耕作年限较短的耕作土壤中，其SOCD更低，这都表明耕作土壤的长期可持续管理有很大的促进碳存储的潜力。尽管本研究发现，耕作年限的增加可以促进SOC的增加，但需要注意的是，无论农业管理措施如何改进，SOC可能不会随着耕作时间的延长而无限增加（Steinmann et al., 2016）。一些案例研究已经发现，具有较高SOC储量的土壤，其SOC会更容易发生分解（Bellamy et al., 2005；Steinmann et al., 2016）。在本研究中，1978年以前开垦的部分耕地中具有高SOCD的样地也同样出现了SOC流失现象。未来的研究需要探索这些结果背后的原因以及管理改进的措施。因此，除超出水土资源容量的耕地外，本研究认为对现有耕地进行可持续管理是较好的农业经营和固碳策略，提高农业用水效率是研究区增加供水和维持农业发展的潜在途径（Li S et al., 2015）。此外，实施防治土地沙漠化的措施，如保护农田的防护林种植，在新开垦的农田中尤其必要（Wang T et al., 2015）。在干旱区，通过长期可持续的绿洲农业经营促进SOC积累效应，可弥补农地开垦初期带来的土壤碳流失，并进一步增强未来潜在的碳汇。

中国西北干旱区的大规模农业开垦对我国粮食安全和区域碳氮平衡起着重要的作用。为了揭示农地开垦历史变化对土壤碳氮循环的影响，本研究在塔里木盆地典型区域量化了不同农地开垦历史变化信息，并以此为依据进行了目的性的土壤采样。利用 GIS 空间分析技术，设计历史变化节点探测与时长计算等步骤，本研究获取了 3 种初始地类和 5 个耕作年限的农地开垦历史信息，并以此深入分析了不同农地开垦历史下土壤碳氮的现状和变化的差异。研究结果表明，塔里木盆地典型区域耕地面积在近 40 年翻了近一倍，其中 70% 以上的新开垦耕地主要来自草地，少部分来自森林，其他土地利用类型很少。不同农地开垦历史的差异对土壤碳氮有显著的影响，但是对 SOC、TN 和 C∶N 的影响基本相反。1978 年以前开垦的耕地的 SOC 和 TN 含量显著增加，但 C∶N 仅略微增加了 0.05，差异不显著；1978 年以后开垦的耕地，相比开垦前的土壤碳氮性质，开垦自草地的耕地的 SOC、TN 和 C∶N 均增加，开垦自林地的耕地的 SOC、TN 和 C∶N 均减少。1978 ~2015 年，SOC 和 TN 变化幅度在 3 种初始地类间差异显著，C∶N 的变化在不同地类之间差异不显著。从自然植被向耕地的转换导致 SOC 的损失，因此，在开垦初期，SOC 和 TN 损失较大，短期内无法恢复，新开垦耕地的 SOC 和 TN 较低；经过近 30 年的农业管理之后，开垦自草地的耕地的 SOC 和 TN 的初始下降得以恢复；然而，即使经过 40 年的管理，开垦自林地的耕地的土壤碳氮损失依然没有得到完全恢复。农地开垦和经营造成的开垦前后的土壤碳氮相对输入和输出的差异决定了 SOC、TN 和 C∶N 变化的差异。由于研究区开垦自草地的耕地的 C∶N 远低于全球平均水平，且随着耕作年限的增加呈下降趋势，因此，本研究建议可持续农业管理不仅要提高 SOC 和 TN，而且要提高土壤 C∶N，使氮沉降与目前较大的碳储存量相匹配，进一步增强中国西北干旱区的碳汇作用。

第5章 干旱区生态用地变化对防风固沙功能的影响

干旱区生态用地作为防止土地沙漠化加速扩展的"缓冲剂"，具有重要的防风固沙功能，与区域生态安全和人类福祉息息相关。当前研究多从常用的土地利用类型变化的视角来研究其对防风固沙功能的影响，然而，一定程度上同一土地利用类型受到不同的自然和人为影响，会表现出功能的多元性和差异性。为了解决这一问题，本研究从土地功能的视角，以现有土地利用分类体系为基础，甄别生态系统的功能性和重要性差异，建立干旱区生态用地的分类和提取方法。以塔里木盆地为典型区，定量测度区域生态用地变化对防风固沙功能的影响。结果表明，塔里木盆地生态用地面积在1990～2015年共减少了16 244km^2，25年间减少了17.74%；并且，细分的不同类型生态用地的面积均呈减少趋势，以荒漠植被型生态用地减少为主，其减少面积占各生态用地减少面积总和的比例达到了82.19%。同时，生态保护恢复工程的实施使得塔里木盆地生态用地质量明显提升，25年间防风固沙服务价值总体呈增加趋势。1990～2015年，塔里木盆地年均防风固沙服务平均值为34.82%，25年间净增加了1.42个百分点。生态用地转变为人工绿洲，以及生态用地内部的低植被盖度类型向高植被盖度类型转移是区域防风固沙功能提升的主要原因。与此同时，生态用地退化为荒漠是部分区域防风固沙功能下降的主要原因。上述研究表明，在生态用地面积有所减少的情况下，更需要通过生态用地的有效管理和大力建设，来提升其防风固沙功能，为生态环境改善提供良好的条件。

5.1 土地利用变化对防风固沙功能影响的研究进展

所谓生态用地，是指以维护区域生态安全为目标，对区域各生态系统稳定性、良性发育、高生产力及其可持续性起到重要的支撑和防护作用，可以直接或间接提供防风固沙、涵养水源等关键生态系统服务价值的一类土地（Liu F et al., 2016；Xie et al., 2017；Guo et al., 2018）。随着全球环境变化及人类活动的干扰，干旱区生态用地数量减少和质量下降，导致土地荒漠化扩张、土壤风蚀加剧、生物多样性减少、风沙活动频繁发生，严重威胁干旱区经济社会的可持续发展，已引起学术界和各国政府的广泛关注（Borrelli et al.，2017；Celentano et al.，2017；Mamat et al.，2018；Chi et al.，2019）。生态用地是干旱区土地荒漠化加速扩展的重要“缓冲剂”，探讨其变化对生态系统服务功能的影响，对于维持干旱区生态平衡、稳步提升生态系统服务价值以及提升人类福祉具有重要意义（Rusanov，2014；Zhang Y et al.，2016；Wang B et al.，2017）。

生态用地作为支撑人类生存的重要自然基底，世界各国虽未将其作为一种独立的土地类型提出，但在分类中均体现了对土地资源的生态特性的肯定、重视与保护（Capotorti et al.，2012），如美国的土地利用分类中将湿地划分为一级类（Coulston et al.，2016；Horvath et al.，2017），日本的土地利用分类中包括生态价值较高的自然公园用地和自然保护区用地（Koga et al.，2016）。随着研究的逐步深入，各国学者将地理学与景观生态学相结合，综合考虑土地利用/覆被、气候、植被、地貌、地形、人类干扰程度、生态功能等多源数据，从不同研究视角和空间尺度提出了各具特色的生态用地分类体系（Ozkan and Gulsoy，2010；Galloza et al.，2018），如 Grondin 等（2014）结合加拿大北部林区的植被特征，提出了基于植被景观类型进行生态用地分类提取的方法。从研究区域来看，学者们较多关注城市生态系统，相关研究已涵盖生态用地变化、驱动力分析、需求测算多个方面（Li F et al.，2015；Chang et al.，2017；Peng et al.，2017；Wang et al.，2018；Luo et al.，2019；Qiu et al.，2019），而对干旱区、生态脆弱区等生态系统类型的研究较少。干旱区脆弱的生态环境决定了生态用地独特而重要的地位，因此，厘清干旱区生态用地的时空变化及其影响，是维护绿洲生态安全、防止土地荒漠化扩张的关键环节。

生态系统提供的服务通常可分为供给服务、调节服务、支持服务和文化服务四大类（MEA，2005；de Groot et al.，2010；Costanza et al.，2017）。防风固沙作为干旱区生态系统提供的最为重要的调节服务，对干旱区减少沙尘入侵、减弱土壤风蚀危害具有重要意义（Roels et al.，2001；Li et al.，2018）。早在 20 世纪初，美国出现的严重风蚀就引起了科学界对该问题的广泛关注（Hornbeck，2012）；20 世纪 40 年代，美国土壤学家 Chepil（1942）开创了风沙应用研究的先河。近些年来，随着 3S 技术的发展，关于防风固沙功能的研究大量涌现（van Pelt et al.，2004；Zhao et al.，2008；Zhang H et al.，2018）。一些学者对防风固沙功能的实物量与价值量进行了评估，如 Xu J 等（2019）基于修正风力侵蚀（RWEQ）模型评估中国盐池县 2015 年防风固沙服务的实物量和价值量。同时，学者们对防风固沙价值的驱动因素也展开了积极探索。研究表明，降水增加（Seddon et al.，2016）、风速减慢（Pi and Sharratt，2017；Zhang et al.，2019）、植被盖度增加（Meng et al., 2018; Toure et al., 2019; Wang Y et al., 2019）及生态工程的实施（Wang J et al., 2017），均会提升区域的防风固沙价值。此外，土地利用变化也会对防风固沙价值产生复杂的影响（Li J et al., 2014; Luetzenburg et al., 2020），如 Li 和 Xu（2019）的研究表明，草地与未利用地相互转化是中国北方防风固沙价值演变的主要驱动力。

总体来看，目前学界对防风固沙的研究主要集中于功能评估和价值核算，以及气候因素、土地利用变化、植被盖度、生态工程等驱动因素对其功能的影响。其中，国内外在研究土地利用变化对防风固沙功能产生的作用时，往往没有从生态用地这一特殊地类的视角开展研究，目前多局限在常用的土地覆盖类型，如林地、草地和耕地等上。实际上，同一土地利用类型受到不同的自然和人为影响，会表现出功能多元性和差异性。生态用地是干旱区防风固沙的中坚力量，如农田防护林因其位置的特殊性，发挥着特定的防风减害、保护作物良好生长的作用，是人工绿洲增加防风固沙功能的重要手段，与其他防护林的重要性和功能性不尽相同。由于以往研究中生态用地的价值没有被深入认识，生态用地变化对防风固沙功能的影响尚未被量化，许多重要的生态用地类型难以得到有效保护，直接威胁区域生态安全。在此背景下，厘清生态用地变化对防风固沙功能的影响十分必要。

塔里木盆地中部的世界第二大流动沙漠——塔克拉玛干沙漠，属于中国防风固沙重点生态功能区，脆弱的生态环境赋予了生态用地在该区域的特殊地位。受人口增长、经济发展等多种因素驱动，生态用地及防风固沙功能均发生显著变化。有鉴于此，本研究以塔里木盆地为典型区域，在对其生态用地进行分类的基础上，识别塔里木盆地 1990 ~ 2015 年生态用地变化特征，厘清 1990 ~ 2015 年塔里木盆地防风固沙功能的演变情况，进而分析生态用地变化对防风固沙功能的影响，以期为干旱区生态用地保护政策制定，以及沙漠化防治和绿洲可持续发展提供参考。

5.2 塔里木盆地平原区概况

研究区范围为塔里木盆地的平原区（海拔低于 1500m），地处中国新疆南部，地理位置介于 36°N ~ 43°N，75°N ~ 91°E，总面积约 4.89×10^5km^2。塔里木盆地为典型的暖温带大陆性极端干旱气候区，光照资源丰富，气候干燥，降水稀少，蒸发量高。区域年均温度在 10.5 ~ 13℃，年均降水量在 50 ~ 100mm，年蒸发量在 2000 ~ 3000mm，年均风速在 1.5 ~ 1.8m/s。土壤类型以风沙土、棕漠土、盐土、草甸土等为主。盆地四周山体高耸，山区河流汇入塔里木盆地形成中国最长的内陆河——塔里木河，盆地中部为塔克拉玛干沙漠。受极端干旱气候及不合理人类活动的影响，该区风沙活动频繁，风蚀危害严峻。盆地内形成的沙尘可随高空西风远距离输送几千千米，甚至上万千米，对中国以及世界部分地区造成不同程度的环境危害（Cyranoski，2009）。此外，为便于对比分析，基于中国水资源区划图，本研究将塔里木盆地分为10个亚区（子流域）（图5-1）。

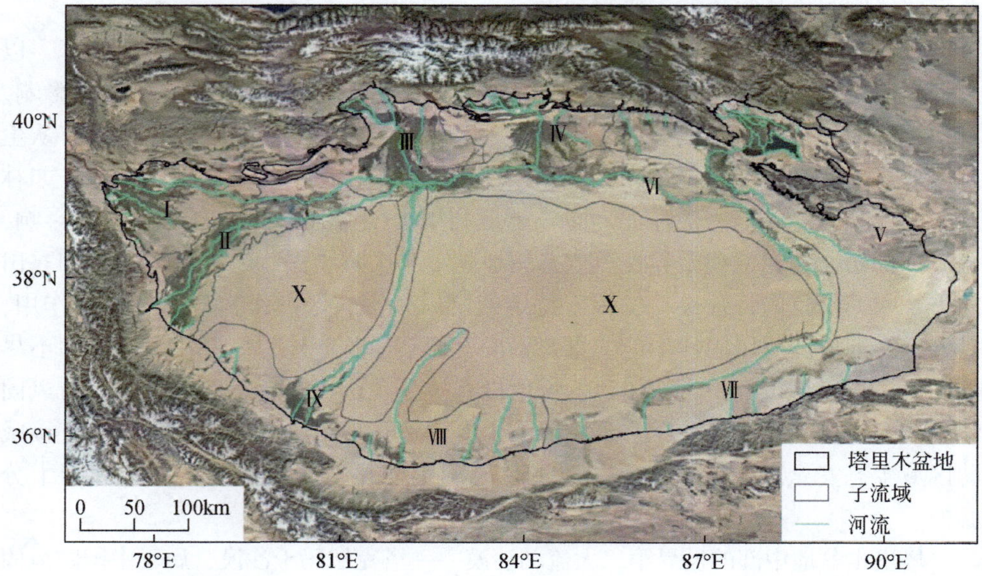

图5-1　塔里木盆地概况

Ⅰ：喀什噶尔河流域；Ⅱ：叶尔羌河流域；Ⅲ：阿克苏河流域；Ⅳ：渭干河流域；Ⅴ：开都-孔雀河流域；Ⅵ：塔里木河干流；Ⅶ：车尔臣河诸小河；Ⅷ：克里雅河诸小河；Ⅸ：和田河流域；Ⅹ：塔克拉玛干沙漠

5.3　干旱区生态用地分类方法

5.3.1　塔里木盆地平原区数据收集与处理

本研究所使用的数据包括气象、海拔、土壤、植被及土地利用等。其中，温度、降水、太阳辐射等气象数据以及雪覆盖因子、土壤属性数据均来源于国家冰川冻土沙漠科学数据中心。气象数据时间分辨率为3小时，水平空间分辨率为0.1°，时间跨度为1979～2015年；雪覆盖因子由中国雪深长时间序列数据集求得，该数据集的时间分辨率为1天，空间分辨率为0.25°，时间范围为1979～2016年；土壤颗粒含量和有机质含量数据来源于中国土壤特征数据集，空间分辨率为1km。本研究所使用的1990年和2015年土地利用数据来源于中国科学院资源环境科学与数据中心，空间分辨率为 30m。采用的植被指数（NDVI）为 GIMMS NDVI3gV1.0 数据集，来源于美国国家航空航天局戈达德航天中心，时间分辨率为半月（16 天），空间分辨率为 0.0833°，时间跨度为 1981～2015 年。海拔数据为 90m 分辨率的 SRTM DEM 数据，来源于地理空间数据云。其他数据资料包括 1：100 万中国植被分布图、1：100 万草地资源图和 1：100 万地貌图，均来源于国家地球系统科学数据中心。

5.3.2 生态用地分类

综合土地利用、植被指数、植被类型、草地资源和地貌等数据集，本研究从土地的生态功能出发，将塔里木盆地的土地利用类型分为生态用地和非生态用地。其中，生态用地类型包括人工绿洲型、天然绿洲型、荒漠植被型、盐碱型和湿地型 5 种类型，非生态用地类型包括人工绿洲和荒漠两种类型（图 5-2）。生态用地的详细提取方法可参考 Liu F 等（2016）的研究结果。

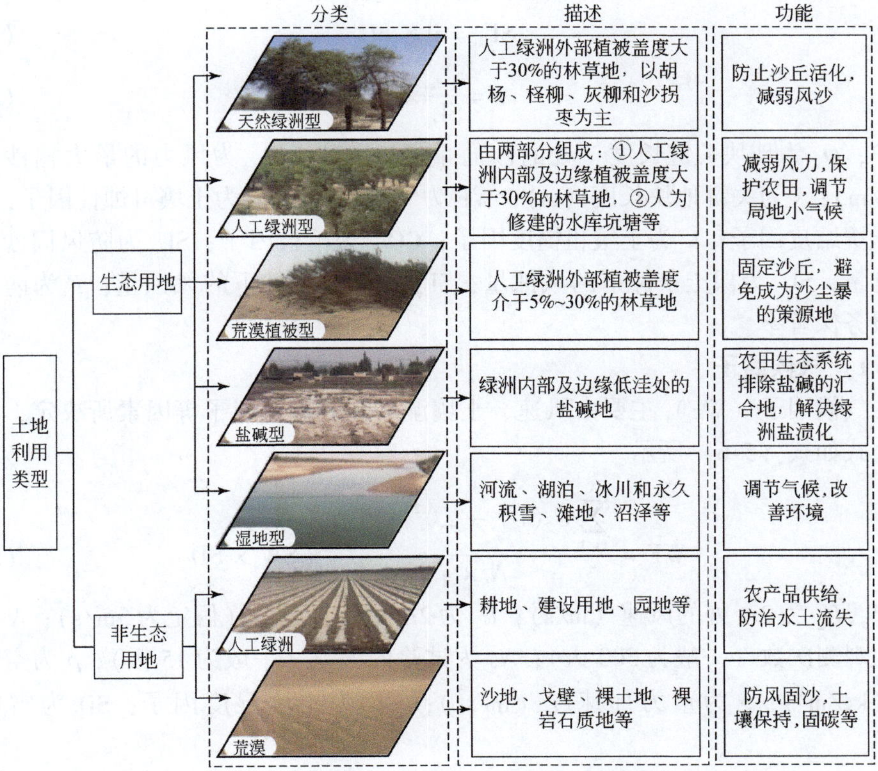

图 5-2 干旱区生态用地分类系统

图片来源：2018 年 5 月摄于塔里木盆地

5.4 防风固沙价值计算方法

5.4.1 风力侵蚀方程

本研究选用 RWEQ 模型对塔里木盆地的风蚀及防风固沙价值进行计算，该模型具有建模过程简单、输入参数少、易与 GIS 结合等特点，已被学者广泛应用（Fryrear et al.，1998，2000；Saleh and Fryrear，1999；Wei et al.，2018）。RWEQ 在模型结构上分为 5 个部分，即气候因子、土壤可蚀性因子、土壤结皮因子、土壤粗糙度因子和植被因子，计算过程如下所示。

$$Q_{\max} = 109.8(\mathrm{WF} \times \mathrm{EF} \times \mathrm{SCF} \times K' \times \mathrm{COG}) \tag{5-1}$$

$$Q_x = Q_{\max}\left[1 - \mathrm{e}^{\left(\frac{x}{s}\right)^2}\right] \tag{5-2}$$

$$s = 150.71(\mathrm{WF} \times \mathrm{EF} \times \mathrm{SCF} \times K' \times \mathrm{COG})^{-0.3711} \tag{5-3}$$

$$\mathrm{SL_{sv}} = \mathrm{SL_s} - \mathrm{SL_v} \tag{5-4}$$

$$F = \frac{\mathrm{SL_{sv}}}{\mathrm{SL_s}} \times 100 \tag{5-5}$$

式中，Q_x 为地块关键长度 x 处的沙通量（kg/m）；$Q_{\max}$ 为风力的最大输沙能力（kg/m）；s 为关键地块长度（m）；WF 为气候因子；EF 为土壤可蚀性因子；SCF 为土壤结皮因子；K' 为土壤粗糙度因子；COG 为植被因子；$\mathrm{SL_{sv}}$ 为防风固沙功能保有量；$\mathrm{SL_s}$ 为裸土条件下的风蚀量；$\mathrm{SL_v}$ 为植被条件下的风蚀量；F 为防风固沙服务保有率。

1）气候因子

气候因子（WF）主要由风速、土壤湿度、雪覆盖因子等因素所决定，其计算公式如式（5-6）所示。

$$\mathrm{WF} = \frac{\sum_{i=1}^{N} U_2(U_2 - U_t)^2 \times N_d \rho}{N \times g} \times \mathrm{SW} \times \mathrm{SD} \tag{5-6}$$

式中，U_2 为 2m 处的风速（m/s）；U_t 为 2m 处临界风速（假定为 5m/s）；N 为风速的观测次数（一般为 500 天）；N_d 为试验的天数（一般为 15 天）；ρ 为空气密度（kg/m^3）；g 为重力加速度（m/s^2）；SW 为土壤湿度因子；SD 为雪覆盖因子。

2）土壤可蚀性因子

土壤可蚀性因子（EF）为土壤表层 25mm 以上部分直径小于 0.84mm 的颗粒

的含量，可以反映一定土壤理化性质下土壤受风蚀的影响情况，其计算方法如式（5-7）所示。

$$\mathrm{EF}=\frac{29.09+0.31S_a+0.17S_i+\dfrac{0.33S_a}{\mathrm{Cl}}-2.59\mathrm{OM}-0.95\mathrm{CaCO_3}}{100} \tag{5-7}$$

式中，S_a 为土壤砂粒含量（5.5%～93.6%）；S_i 为土壤粉砂含量（0.5%～69.5%）；S_a/Cl 为土壤砂粒含量与黏土含量比（1.2%～53.0%）；Cl 为黏土含量（5.0%～39.3%）；OM 为有机质含量（0.32%～4.74%）；$CaCO_3$ 为碳酸钙含量（0%～25.2%）。括号中数据为 RWEQ 模型要求的数据范围，本次计算碳酸钙含量取 0%。

3）土壤结皮因子

土壤结皮遍布沙漠或荒漠地区，在土壤表面形成一层特殊的表面结构。土壤结皮因子（SCF）可以反映土壤结皮受风蚀的影响情况，其计算方法如式（5-8）所示。

$$\mathrm{SCF}=\frac{1}{1+0.0066(\mathrm{Cl})^2+0.021(\mathrm{OM})^2} \tag{5-8}$$

式中，Cl 和 OM 代表含义与式（5-7）相同。

4）土壤粗糙度因子

土壤粗糙度因子（K）可以反映由地形引起的地表粗糙程度对土壤风蚀的影响。参考以往研究（Gong et al.，2014），本研究所使用的沙地的粗糙度因子值为 0.96，草地的粗糙度因子为 0.69。

5）植被因子

植被因子（COG）用来确定不同植被覆盖条件对土壤风蚀的影响，计算公式如式（5-9）所示：

$$\mathrm{COG}=\mathrm{SLR_f}\times\mathrm{SLR_s}\times\mathrm{SLR_c} \tag{5-9}$$

式中，SLR_f 为倒伏残茬的土壤流失比例；SLR_s 为直立残茬的土壤流失比例；SLR_c 为作物覆盖的土壤流失比例。

5.4.2 生态用地变化对防风固沙功能的影响识别方法

参考不同类型土地利用变化生态贡献率的计算方法（Liu Y et al.，2014b），本研究构建了生态用地变化对防风固沙服务保有率变化的贡献率指数（EFI），并用以表征由生态用地变化造成的区域防风固沙价值变化，可以较好地反映区域防风固沙价值对生态用地类型转变的响应状况。

$$\mathrm{EFI}=(\mathrm{EF}_{i+1}-\mathrm{EF}_i)\times\mathrm{EA}/\mathrm{TA} \tag{5-10}$$

式中，EF_{i+1}和EF_i分别为2015年和1990年的防风固沙服务保有率；EA为研究时段不同生态用地类型的转移面积；TA为塔里木盆地总面积。

5.5 塔里木盆地生态用地变化对防风固沙功能的影响结果

5.5.1 塔里木盆地生态用地空间分布及时空变化

5.5.1.1 生态用地空间分布

应用构建的干旱区生态用地分类体系和提取方法，本研究得到了2015年塔里木盆地生态用地的空间分布（图5-3），发现局部不同区域的生态用地结构差异明显。2015年，塔里木盆地生态用地面积为75 327km²，占全区土地总面积的15.41%。非生态用地中荒漠和人工绿洲的面积分别为369 610km²和43 963km²，面积占比分别为75.60%和8.99%。就不同生态用地子类型而言，荒漠植被型生态用地的面积最大，为43 393km²，占生态用地总面积的57.61%，主要分布在塔里木河干流、和田河流域和车尔臣河诸小河等区域。人工绿洲型生态用地面积为12 110km²，主要分布塔里木盆地北部人类活动密集的区域，包括塔里木河干

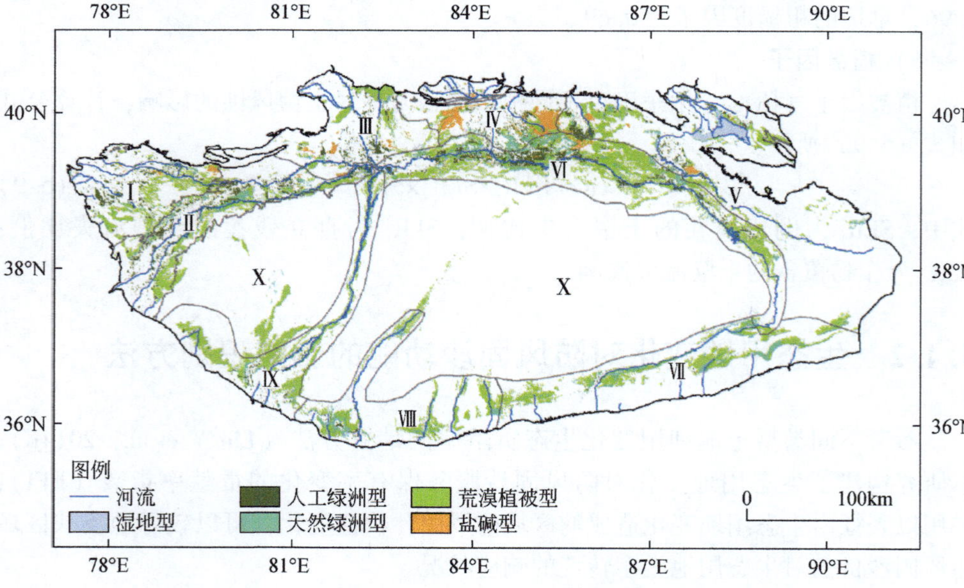

图5-3 2015年塔里木盆地生态用地的空间分布

流、叶尔羌河流域、喀什噶尔河流域、开都-孔雀河流域和阿克苏河流域等区域。天然绿洲型生态用地面积略低于人工绿洲型生态用地面积，为10 523km²，集中在塔里木河干流、车尔臣河诸小河、克里雅河诸小河和叶尔羌河流域等区域。湿地型生态用地面积达到了5160km²，主要分布在开都-孔雀河流域、和田河流域和塔里木河干流等区域，其中开都-孔雀河流域内分布着中国最大的内陆淡水湖——博斯腾湖。盐碱型生态用地面积最小，仅占生态用地总面积的5.50%。

5.5.1.2 生态用地时空变化

1990~2015年，塔里木盆地呈现荒漠和人工绿洲“双扩张”与生态用地“一缩小”的局面（图5-4）。荒漠和人工绿洲面积分别增加1248km²和14 996km²，生态用地面积净减少16 252km²，荒漠植被型、天然绿洲型、人工绿洲型、盐碱型和湿地型生态用地的净减少面积分别占净减少总面积的82.19%、10.47%、4.98%、1.92%和0.44%。

从生态用地与非生态用地的转移情况［图5-4（a）］来看，生态用地转为人工绿洲的面积最大，为13 789km²，主要分布在喀什噶尔河流域、叶尔羌河流域、阿克苏河流域和塔里木河干流等区域，以人工绿洲型转出为主；其中生态用地转为耕地的面积达到13 375km²，人口增加以及棉花等作物种植规模的扩大，使得大量生态用地转为耕地。生态用地转为荒漠的面积达到8036km²，以荒漠植被型生态用地转出为主，占该类转移面积的75.78%，主要分布在阿克苏河流域、塔里木河干流、克里雅河诸小河和和田河流域等区域。在生态用地转入方面，荒漠转为生态用地的面积达到了4701km²，主要集中在渭干河流域、塔里木河干流等区域，其中转为盐碱型和荒漠植被型的面积占该类转移总面积的比例分别达到50.95%和33.77%。人工绿洲转为生态用地的面积达到872km²，以转为人工绿洲型生态用地为主。

从生态用地的内部转移情况［图5-4（b）］来看，荒漠植被型转为其他类型的面积最大，为6442km²，转为人工绿洲型和天然绿洲型的比例分别为63.70%和24.72%，绿洲外围的土地开发是绿洲荒漠过渡带萎缩的原因之一。天然绿洲型转为其他类型生态用地的面积为2263km²，其中76.31%的天然绿洲型转为人工绿洲型，人类活动加剧是天然绿洲萎缩的主要原因。盐碱型转出面积为887km²，转为荒漠植被型和人工绿洲型的比例分别为57.19%和30.40%，集中分布在喀什噶尔河流域和叶尔羌河流域。湿地型转出面积为568km²，转为人工绿洲型、荒漠植被型和天然绿洲型的比例分别为38.34%、37.02%和23.33%。人工绿洲型分布于人工绿洲内部及边缘，转为其他类型的面积最小，为501km²。

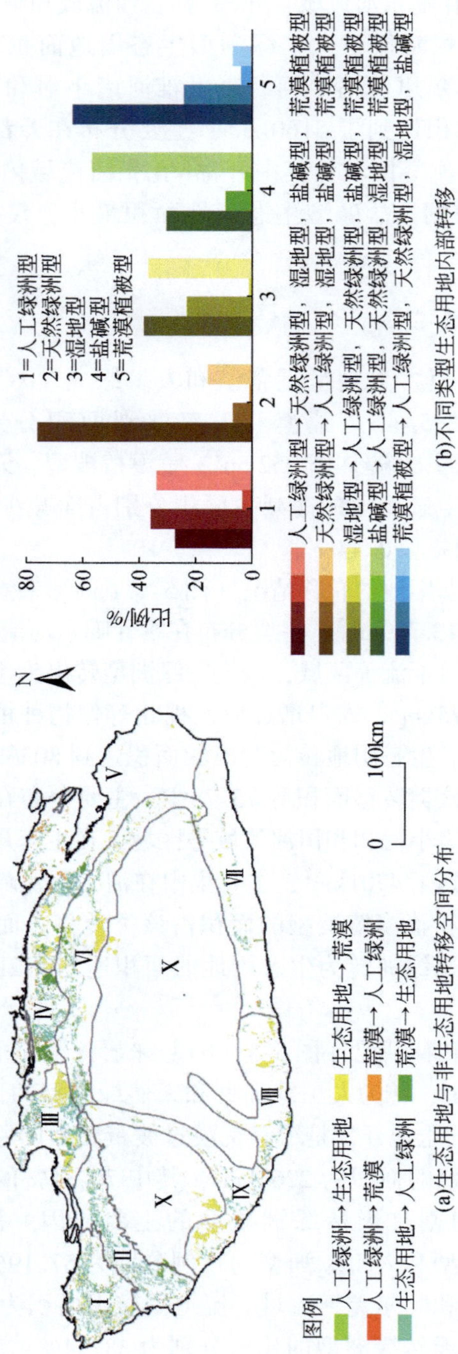

(a)生态用地与非生态用地转移空间分布

(b)不同类型生态用地内部转移

图5-4 1990~2015年塔里木盆地生态用地时空变化

5.5.2 塔里木盆地防风固沙功能变化

1990 ~ 2015 年，塔里木盆地防风固沙服务年均保有率为 34.82%，其中，上游绿洲区的保有率较高，喀什噶尔河流域、叶尔羌河流域、阿克苏河流域和渭干河流域的多年平均保有率分别达到 60.29%、58.63%、58.02% 和 56.17%。相比之下，塔克拉玛干沙漠和车尔臣河诸小河流域的年均保有率仅为 25.91% 和 24.98%，塔克拉玛干沙漠建群植物以超旱生低矮小灌木或半灌木为主，结构简单、稀疏，防风固沙功能较低；车尔臣河诸小河流域南缘与阿尔金山相连，区内绿洲面积较小，荒漠面积占全区总面积的 79%，植被盖度和防风固沙功能均较低。

从全域尺度看，1990 ~ 2015 年，塔里木盆地的防风固沙服务保有率呈波动增加趋势，平均保有率从 1990 年的 34.67% 上升至 2015 年的 36.09%，峰值出现在 2012 年 [图 5-5 (a)]。2003 年以来，塔里木沙漠公路防护林工程、退耕还林还草、流域综合治理等一系列工程的实施，为防风固沙服务价值的显著增加提供了良好的条件。从子流域尺度来看，各子流域防风固沙服务保有率均呈增加趋势，且不同子流域提升幅度存在明显的空间异质性 [图 5-5 (b)]。防风固沙功能提升幅度较大的为和田河流域、叶尔羌河流域和渭干河流域，保有率年均增长率分别为 0.154%、0.151% 和 0.138%。相比之下，保有率提升幅度较小的区域为塔里木河干流和开都-孔雀河流域，保有率年均增长率仅为 0.033% 和 0.026%。

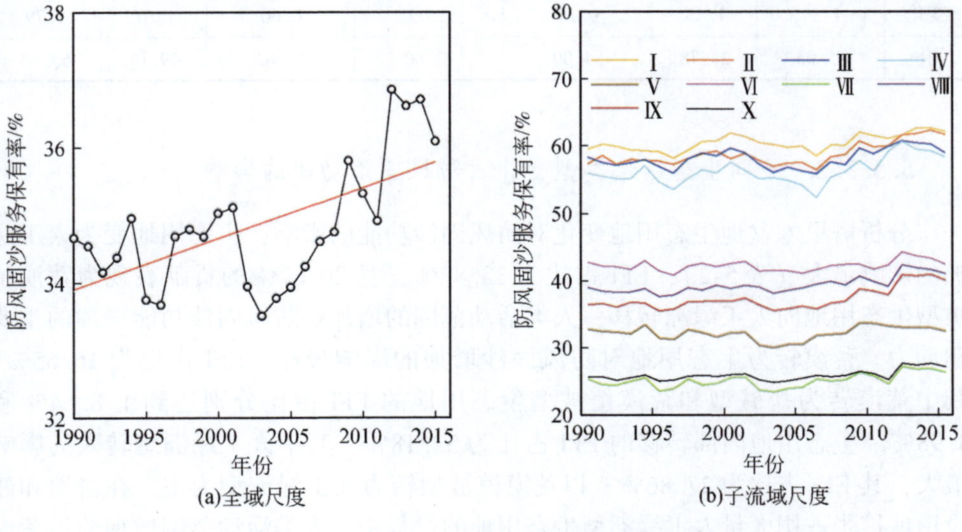

图 5-5 1990 ~ 2015 年塔里木盆地防风固沙服务保有率时间变化

5.5.3 生态用地变化对防风固沙功能的影响

5.5.3.1 不同生态用地类型的防风固沙功能

不同植被类型和盖度对风力削弱的作用不同，因此不同类型生态用地的防风固沙功能差异明显。通过叠加生态用地类型分布图和防风固沙服务保有率分布图，得到不同类型生态用地的防风固沙服务保有率（表 5-1）。从生态用地与非生态用地对比来看，防风固沙服务保有率大小比较依次为人工绿洲>生态用地>荒漠；在生态用地内部，不同类型生态用地的保有率大小比较依次为人工绿洲型>天然绿洲型>盐碱型>荒漠植被型。湿地型生态用地假设其不发生任何形式的风蚀，因此在排序中不予考虑，其所产生的防风固沙功能为与其他类型用地相互转化的结果。1990 ~ 2015 年，不同用地类型防风固沙功能均有所提升，且提升幅度差异明显。其中，人工绿洲型的防风固沙功能增幅最大，25 年增长了 2.09%；天然绿洲型的防风固沙功能增幅最小，仅增加 0.34%。

表 5-1　1990 ~ 2015 年塔里木盆地不同类型生态用地的防风固沙服务保有率（单位：%）

年份	非生态用地		生态用地				
	人工绿洲	荒漠	天然绿洲型	人工绿洲型	荒漠植被型	盐碱型	湿地型
1990	74.35	27.06	53.83	71.55	42.32	48.32	54.75
2015	75.74	28.49	54.17	73.64	42.92	49.99	56.54
变化	1.39	1.43	0.34	2.09	0.60	1.67	1.79
均值	75.05	27.78	54.00	72.60	42.62	49.16	55.65

5.5.3.2 不同生态用地类型变化对防风固沙功能的影响

分析塔里木盆地生态用地变化对防风固沙功能的影响，生态用地变为人工绿洲的影响最大（表 5-2），EFI 占比为 33.82%，且 20.67% 的贡献表现为荒漠植被型生态用地向人工绿洲转移，人类活动范围的增加是防风固沙功能增加的重要驱动力。荒漠转为生态用地对防风固沙增加的影响最小，EFI 占比为 16.65%，其中荒漠转为盐碱型和荒漠植被型生态用地的 EFI 占比分别达到了 8.64% 和 3.98%。生态用地内部转移的 EFI 占比为 32.18%，其中人工绿洲型转入的影响最大，其 EFI 占比为 27.86%，以荒漠植被型转为人工绿洲型为主。在耕地和建设用地扩张占用大量人工绿洲型生态用地的过程中，人类活动范围增加使得荒漠植被型和天然绿洲型生态用地转为农田防护林、护路林及防护绿地等人工绿洲型生态用地，为绿洲内部防风固沙功能的提高及生态环境质量的改善提供了良好的条件。此外，非生态用地内部转移的 EFI 占比为 17.35%。

表 5-2　塔里木盆地生态用地变化对防风固沙功能增加的影响

不同用地转移类型		贡献率指数（EFI）	比例/%
生态用地→人工绿洲	荒漠植被型→人工绿洲	0.2506	20.67
	天然绿洲型→人工绿洲	0.0662	5.46
	盐碱型→人工绿洲	0.0439	3.62
	人工绿洲型→人工绿洲	0.0365	3.01
	湿地型→人工绿洲	0.0128	1.06
	合计	0.4100	33.82
荒漠→生态用地	荒漠→盐碱型	0.1048	8.64
	荒漠→荒漠植被型	0.0482	3.98
	荒漠→人工绿洲型	0.0234	1.93
	荒漠→天然绿洲型	0.0141	1.16
	荒漠→湿地型	0.0114	0.94
	合计	0.2019	16.65
生态用地内部转移	荒漠植被型→人工绿洲型	0.2516	20.75
	天然绿洲型→人工绿洲型	0.0657	5.42
	荒漠植被型→天然绿洲型	0.0371	3.06
	盐碱型→人工绿洲型	0.0129	1.06
	湿地型→人工绿洲型	0.0075	0.62
	荒漠植被型→湿地型	0.0075	0.62
	荒漠植被型→盐碱型	0.0062	0.51
	盐碱型→天然绿洲型	0.0008	0.07
	天然绿洲型→湿地型	0.0005	0.04
	盐碱型→湿地型	0.0003	0.03
	合计	0.3901	32.18
非生态用地内部转移	荒漠→人工绿洲	0.2104	17.35
	合计	0.2104	17.35

另外，分析生态用地变化对防风固沙功能减少的影响，生态用地向荒漠转移的影响最大，EFI 占比高达 79.55%（表 5-3），表明荒漠化的发展是塔里木盆地防风固沙功能减少的主要原因。上述变化类型主要是荒漠植被型生态用地转为荒

漠，EFI 占比为 52.75%，干旱的脆弱环境加之盲目垦荒以及水资源的不合理利用，造成部分地区林草地退化，防风固沙功能随之降低。生态用地内部转移对防风固沙功能减少的影响次之，EFI 占比为 12.57%，以其他类型向荒漠植被型转入为主，EFI 占比为 8.87%，植被盖度降低导致防风固沙功能减弱。此外，人工绿洲向生态用地转移以及非生态用地内部转移的影响均较小，EFI 占比分别为 5.50% 和 2.38%。

表 5-3　塔里木盆地生态用地变化对防风固沙功能减少的影响

转移		贡献率指数（EFI）	比例/%
人工绿洲→生态用地	人工绿洲→荒漠植被型	-0.0079	2.26
	人工绿洲→天然绿洲型	-0.0049	1.40
	人工绿洲→人工绿洲型	-0.0028	0.79
	人工绿洲→湿地型	-0.0025	0.72
	人工绿洲→盐碱型	-0.0012	0.33
	合计	-0.0193	5.50
生态用地→荒漠	荒漠植被型→荒漠	-0.1850	52.75
	盐碱型→荒漠	-0.0666	18.99
	天然绿洲型→荒漠	-0.0120	3.43
	人工绿洲型→荒漠	-0.0106	3.01
	湿地型→荒漠	-0.0048	1.37
	合计	-0.2790	79.55
生态用地内部转移	人工绿洲型→荒漠植被型	-0.0104	2.96
	天然绿洲型→荒漠植被型	-0.0083	2.38
	盐碱型→荒漠植被型	-0.0068	1.93
	人工绿洲型→湿地型	-0.0062	1.76
	湿地型→荒漠植被型	-0.0056	1.60
	人工绿洲型→天然绿洲型	-0.0052	1.49
	人工绿洲型→盐碱型	-0.0008	0.23
	湿地型→天然绿洲型	-0.0004	0.13
	天然绿洲型→盐碱型	-0.0002	0.06
	湿地型→盐碱型	-0.0001	0.03
	合计	-0.0440	12.57
非生态用地内部转移	人工绿洲→荒漠	-0.0083	2.38
	合计	-0.0083	2.38

5.6 塔里木盆地生态用地变化对防风固沙功能影响的启示

5.6.1 干旱区生态用地变化的防风固沙效应

以往学者多数关注土地利用变化对生态系统服务的影响（Bryan，2013；Li and Xu，2019；Juanita et al.，2019；Rimal et al.，2019），而本研究从土地功能的视角，提出生态用地的概念，研究特定土地类型的作用。事实上，干旱区同一种土地利用类型分布的地理位置不同，受到的人类自然因素的影响不同，往往表现出生态功能的差异性和重要性（Mamat et al.，2019），如林地在本研究中可分为天然绿洲型、人工绿洲型和荒漠植被型生态用地，其中农田防护林（人工绿洲型）可有效防止风沙对农作物的危害，保障农作物稳产高产（Liu et al.，2018）；胡杨、柽柳等荒漠河岸林（天然绿洲型）可降低风速、减少风蚀量、维持绿洲内部的生态安全（Gao et al.，2018；Keram et al.，2019）；绿洲荒漠过渡带的林地（荒漠植被型）可固定沙丘，防止沙漠向绿洲“进军”（Zhao et al.，2008）。由于同一种土地利用类型的生态功能具有特定的效用，不同类型生态功能用地的变化对防风固沙服务的影响在以往常规土地利用变化研究中不能得到有效反映，难以服务于土地资源和生态系统管理。因此，本研究从生态用地的角度，在土地利用/覆盖数据的基础上，综合 NDVI、植被类型、地貌等诸多要素对生态用地进行分类和提取，探讨生态用地变化对防风固沙功能的影响，这是本研究与前人研究的不同之处（Rezaei et al.，2016；Du et al.，2017）。

为了验证本研究的可信度，通过野外定位的地面判别，在研究区内不同生态用地类型中选取 1326 个样点进行地类验证［图 5-6（a)］，结果表明生态用地提取总体精度为 81.07%。同时，本研究针对防风固沙服务的计算结果与 Gong 等（2014）在该区域的计算结果相对一致，总体趋势相关性较好［$R^2=0.918$，$P<0.01$，图 5-6（b)］，验证了本研究结果的可靠性。

1990～2015 年，塔里木盆地整体呈现荒漠和人工绿洲“双扩张”与生态用地“一缩小”的时空分布特征，这与前人的研究结果一致（Liu F et al.，2016）。此变化趋势意味着生态用地逐步向非生态用地转移，研究表明，该转移方式在防风固沙功能增加和减少中分别贡献了 EFI 总量的 33.82% 和 79.55%。在防风固沙功能增加方面，生态用地变为人工绿洲、生态用地内部其他类型向人工绿洲型转移合计贡献了 EFI 总量的 61.67%，可见绿洲规模的扩大是该区防风固沙功能

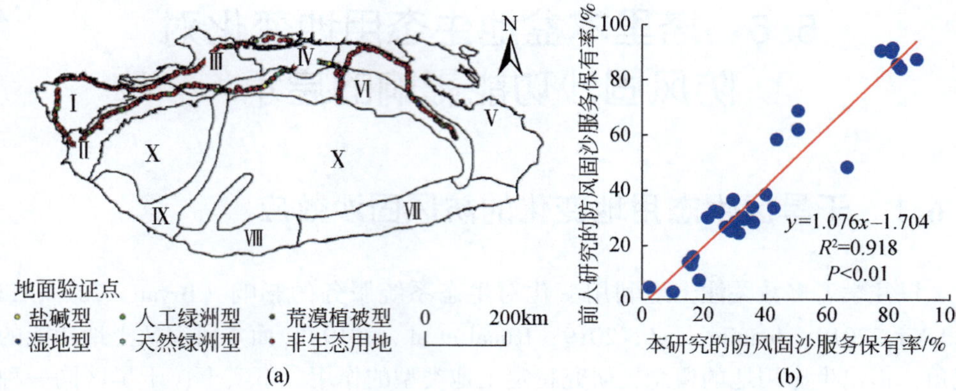

图 5-6　塔里木盆地（a）生态用地提取地面验证点空间分布和（b）本研究与前人研究防风固沙服务保有率的结果对比

增加的主要原因。1990～2015 年，塔里木盆地的人口密度从 1990 年的 10.20 人/km^2 增加至 2015 年的 18.66 人/km^2，地均 GDP 从 1995 年的 3.70 元/km^2 增加至 2015 年的 52.67 元/km^2（图 5-7），人口和经济的高速发展导致耕地和建设用地大幅扩张、人工绿洲规模持续扩大，当地政府和人民实施了提高防风固沙功能的多种政策与措施，以保持绿洲稳定，支撑社会经济的可持续发展。在防风固沙功能减少方面，生态用地转为荒漠、人工绿洲转为荒漠合计贡献了 EFI 总量的 81.93%，荒漠的扩张是防风固沙功能减少的主要驱动因素，这也和 Muyibul 等（2018）的研究相吻合。

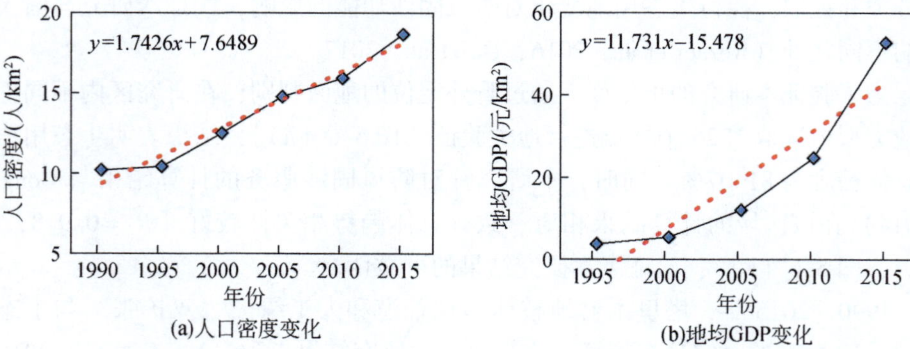

图 5-7　塔里木盆地 1990～2015 年人口密度变化和地均 GDP 变化

根据本研究的计算结果，人工绿洲（耕地等）的防风固沙功能要高于以林草地为主的天然绿洲型、人工绿洲型和荒漠植被型生态用地，这与 Li 和 Xu

(2019) 的结果相一致。在前人的研究中，耕地的生态功能也得到了进一步肯定，如 Costanza 等 (2014) 对林地、草地、湿地、沙漠、农田等 16 种生态系统提供的生态服务功能进行了重新估算，结果表明农田生态系统服务价值从 1997 年的 126 美元/($hm^2\cdot a$) 增加至 2011 年的 5567 美元/($hm^2\cdot a$)，高于林地的 3800 美元/($hm^2\cdot a$) 和草地的 4166 美元/($hm^2\cdot a$)。然而，耕地作为人工生态系统，其自我调节、修复和多样性维持能力不及自然生态系统 (Wu Y et al., 2017)。因此，虽然耕地具有较高的生态系统服务功能，但本研究并未将其纳入生态用地范围。

从不同区域来看，下游的和田河流域、车尔臣河诸小河流域、塔克拉玛干沙漠和克里雅河诸小河流域防风固沙功能受生态用地变化的影响较大，基于图 5-8 中柱状的弹性指标发现，1% 的生态用地变化分别引起 9.64%、9.10%、6.64% 和 5.75% 的防风固沙功能发生变化 (图 5-8)，这一结果应引起高度重视。近些年来，上游绿洲规模的迅速扩张使得进入中下游的来水量急剧减少 (Zhu et al., 2016)。20 世纪 50 ~ 90 年代，塔里木盆地上游平均用水量占总用水量的比例从 27.6% 增加至 45.7%，下游用水比例从 24.2% 减少至 5.8% (Xu et al., 2008)，中下游植被不断退化 (Aishan et al., 2013)，塔克拉玛干沙漠、克里雅河诸小河和和田河流域生态用地转为荒漠的面积分别占生态用地转出总面积的 99.81%、77.48% 和 59.12%，荒漠植被型和天然绿洲型生态用地大幅缩减。

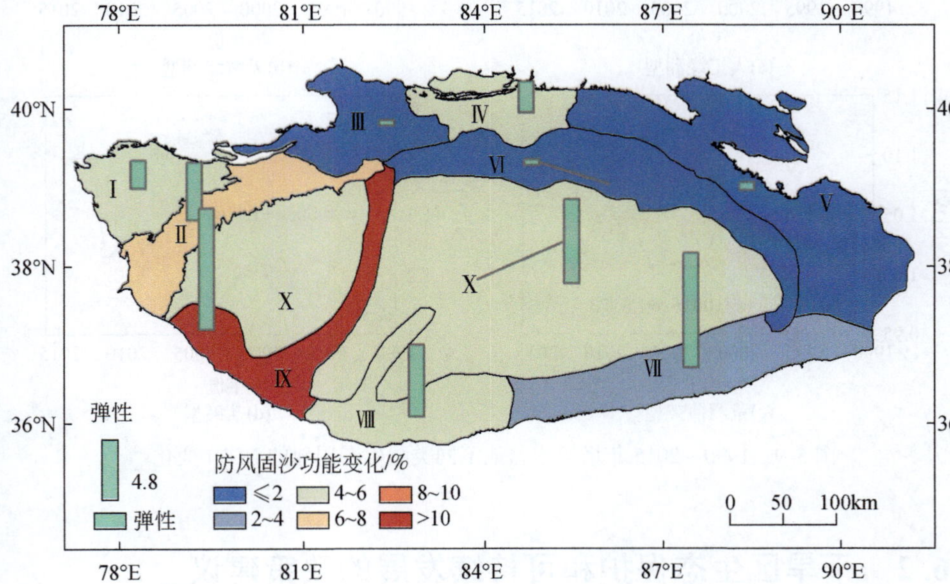

图 5-8 不同区域生态用地变化对防风固沙功能的响应

区域防风固沙功能的演变受气候、人类活动、政策等多种因素共同驱动，如塔里木盆地的年均风速呈降低趋势（Wang X et al.，2007），为防风固沙功能的提升创造了良好的气候背景；同时，生态治理也为防风固沙功能的提高奠定了基础（Ling et al.，2019），2001 年开始，中国投资 107.39 亿元开启塔里木河流域综合治理项目（Xu et al.，2008），截至 2015 年已完成生态输水 16 次，促进了流域内生态用地的有效修复。因此，虽然 1990～2015 年生态用地的数量呈减少趋势，但生态工程实施后不同类型生态用地的质量（植被盖度或 NDVI）均呈增加趋势（图 5-9），加之防风固沙功能较高的耕地增加，使得 1990～2015 年的防风固沙功能总体呈增加趋势，特别是 2003～2015 年塔里木盆地的防风固沙服务保有率增加了 2.59%［图 5-5（b）］。需要指出的是，本研究并非在多种驱动因素中分离出生态用地变化对防风固沙功能影响的相对作用，而是定量比较生态用地变化与防风固沙功能变化的差异，一定程度上，没有涉及气候等因素引起的区域差异。

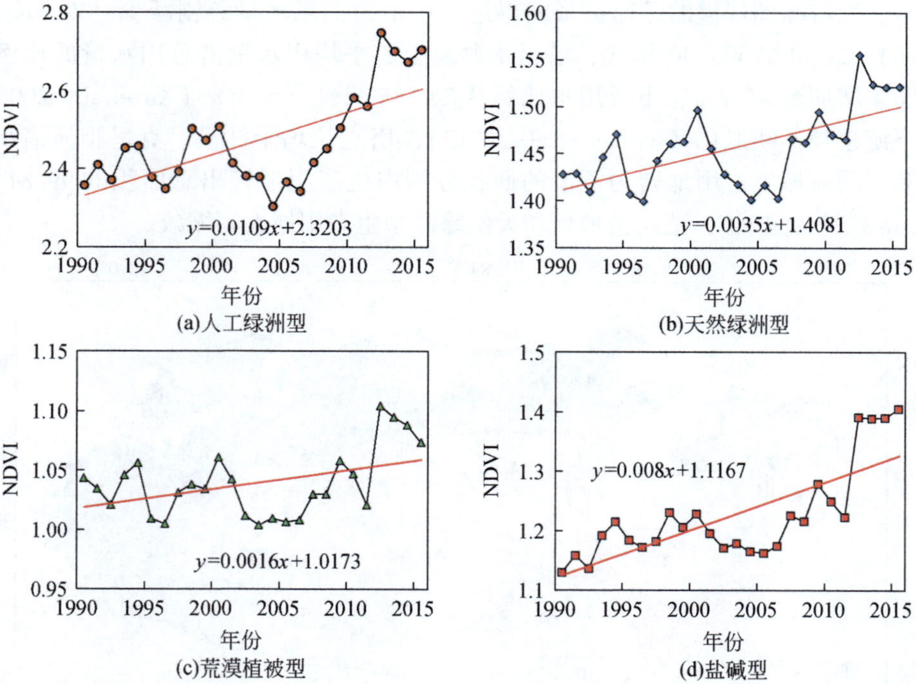

图 5-9　1990～2015 年塔里木盆地不同类型生态用地的 NDVI 变化

5.6.2　干旱区生态保护和可持续发展的政策建议

基于本研究结果，针对塔里木盆地生态用地保护、防风固沙服务价值提升以及经济社会的可持续发展提出以下政策建议。

第一，适量发展人工绿洲规模。本研究结果表明，塔里木盆地防风固沙功能的增加主要归因于人工绿洲的扩张，但盲目扩大绿洲规模来提高防风固沙功能的发展方式是不可持续的。事实上，人工绿洲的单位耗水量是天然植被的 2 倍，即每扩大 $1km^2$ 的人工绿洲就会使 $2km^2$ 的生态用地变为荒漠（石玉林等，2004）。因此，塔里木盆地应适量发展人工绿洲规模，减少棉花等高耗水作物的种植面积，在生态敏感区和地下水超采区实施退耕还林还草政策。

第二，确保生态用水有效供给。在气候条件相对平稳的条件下，天然绿洲型生态用地和荒漠植被型生态用地可有效防治沙丘活化、削弱风沙，对提升塔里木盆地防风固沙功能至关重要。然而，农业用水量居高不下，严重威胁了天然绿洲沙生植被的正常生长，如 Xue 等（2019）的研究表明 2005～2015 年塔里木盆地的用水总量从 $2.9\times10^{10}m^3$ 增加至 $3.4\times10^{10}m^3$，而生态用水却减少了 $8.15\times10^8m^3$。本研究建议塔里木盆地留出 30%～50% 的水量用于生态环境。

第三，建立健全生态用地补偿机制。生态用地本质上属于公共产品，保护生态用地不会给农民带来直接的经济收益，若不加以科学规划和政策引导，较易发生“公地悲剧”。因此，政府应综合考虑绿洲内外和流域的上、中、下游各段的相互影响，对为生态用地治理、修复及保护付出成本的个人或社会组织给予资金、政策或项目补偿，充分调动群众保护生态用地的积极性。

干旱区生态用地变化是防风固沙功能演变的重要原因，本研究以塔里木盆地为典型区，进行生态用地的分类提取，并基于 RWEQ 模型，定量核算了生态用地变化的防风固沙功能效应。结果表明，1990～2015 年，五种类型生态用地均呈减少趋势，其中荒漠植被型减少面积占比 82.19%。与此同时，生态工程实施后生态用地的质量明显增加，使得防风固沙功能在 1990～2015 年呈增加趋势。在防风固沙功能增加方面，人工绿洲和人工绿洲型生态用地的增加是主要原因。在防风固沙功能减少方面，生态用地转为荒漠和荒漠植被型生态用地是主要原因。本研究认为，应注重人工绿洲与人工绿洲型生态用地的同步发展，确保生态用地的水源供给。在未来的研究中，我们将进一步探讨不同时空尺度下生态用地变化对防风固沙功能的影响，以期为干旱区土地资源可持续利用提供科学参考。

第6章 喀斯特山地土地利用变化模拟及其对生态系统服务的影响

预测未来土地利用变化并评估其可能产生的生态环境效应，对服务土地利用规划和决策支持十分重要。以前的研究由于缺乏对土地利用变化尺度差异的认识，导致预测的不确定性增加，这在海拔变化显著的山地区域显得更为明显。为了量化土地利用变化在不同海拔梯度的差异，本研究提出了基于海拔梯度的分层策略，开发了分层土地利用变化模拟模型——SLUCS 模型。以黔桂喀斯特山地为典型区，进行模型的示范应用和精度校验。结果验证了 SLUCS 模型的有效性，与传统的全域模拟模型相比，其模拟结果与实际结果的空间一致性程度得到提升，模拟精度更高，尤其是在土地利用发生变化区域的预测能力明显优于传统模型。据此，预测了黔桂喀斯特山地 2020～2030 年三种土地利用发展优先次序的未来情景（历史趋势情景、发展规划情景和生态优先情景），三种情景在建设用地的迅速扩张、林地和湿地的恢复，以及农田和草地的减少等不同地类变化规模中明显不同。与历史趋势情景相比，在发展规划情景和生态优先情景下建设用地和林地分别表现出更快的增长速率。三种未来情景基于土地适宜评价结果进行了空间优化布局，使得各生态系统服务单位量均有一定程度的增加。在粮食生产、城镇发展和生态保护等多种需求的冲突下，耕地数量的减少使得粮食生产能力持续下降，生态用地的增加使得支持和调节生态系统服务功能得到提升。相比历史趋势情景，发展规划情景以更大规模的耕地减少，实现了建设用地的大量增加及生态功能的提升。生态优先情景更是实现了最大的水源涵养、土壤保持和固碳等生态系统服务价值增加，但需要以更大幅的粮食产量下降，以及更多的建设用地空间约束为代价。本研究提出的 SLUCS 模型可为决策提供不同土地利用管理策略的多情景预测，有利于实现土地资源的可持续利用。

6.1 土地利用变化模拟研究进展

不同经济增长、人口增长及生态恢复保护需求对土地资源利用的影响不同，在复杂的多种需求和冲突作用下，有必要对未来土地利用的变化过程进行多情景模拟和预测，以支持土地利用规划和政策的设计与实施。然而，以往研究的模型设计往往设定统一的土地利用转换规则，而欠缺对土地利用变化规律的空间细节和差异的考虑。因此，有必要在土地利用变化模拟过程中纳入区域特征的差异，以提升模型模拟的精度。为了更好地预测未来的土地利用变化，精确量化驱动因素对其的复杂影响是十分必要的。然而，不同地区的土地利用变化往往因驱动因素的差异而有显著的不同（Santé et al.，2010；van Asselen and Verburg，2012）。因此，全球尺度的评估很有可能与微观或中观尺度的模拟结果相冲突（Lambin et al.，2001）。这主要是由于不同的土地利用相关主体对土地资源的需求会有所不同，而这些需求对土地利用的影响往往具有不同的尺度差异。例如，农户个人行为因素往往造成了地块尺度的空间差异，社会经济政策的影响往往是大尺度范围的，但在局部地块的影响却是空间均质的。

为了考虑土地利用变化过程的尺度依赖性，在全球尺度的土地利用变化预测中，一般会对全球不同区域进行分区，采用分区模拟策略（van Asselen and Verburg，2012，2013）。然而，在区域尺度的土地利用变化研究中，很少有学者关注到这一尺度效应，这导致模拟的不确定性和尺度偏差。特别是，山区生态系统具有显著的地形和气候梯度变化，其土地利用变化也会呈现出不同海拔梯度的差异（Tovar et al.，2013）。气象变量、土壤性质和植被功能等众多因素随着山区海拔的升高而产生相应的变化（Lemenih and Itanna，2004；Zhang and Wilmking，2010），此外，人类活动和对土地利用的需求也呈现出不同海拔梯度的差异（Becker et al.，2007；Tovar et al.，2013）。以前的研究仅将海拔作为土地利用变化的驱动力之一，很少有研究尝试去测度不同海拔梯度下土地利用动态变化的差异。因此，迫切需要在模型设计中深入理解和刻画土地利用变化过程在不同区域的差异（Chen et al.，2013），以提高模拟的精度。鉴于此，本研究以海拔梯度作为分区约束，对土地资源的需求和土地利用功能定位进行空间差异的描述，通过分层策略进一步量化土地利用变化和驱动因素关系的区域差异。这将有助于更好地理解土地系统动态变化过程，并有望进一步提高模拟精度。

所谓“分层”，是一种简化地物空间异质性的有效方法，能够将环境变量的梯度差异分成若干个简洁单元。目前，与区域分层的策略如何应用到土地利用变化的预测中相关的研究相对有限，因此对其认知相对缺乏。这些划分的单元被认为是具有相对一致的环境特征的子区域（Jongman et al.，2006）。传统的分层方法主要包括主观的专家知识判断（Metzger et al.，2006）和基于环境变量的统计聚类（Zomer et al.，2014；Kieu and Zhang，2018）两类方法。然而，上述方法的分层结果的数量多具有随机性，如何形成一个合理的分层结果尚没有有效的评判依据。同时，面向对象的分割方法为遥感影像的分析提供了一种新颖的方法，即生成具有一组相似影像特征的分层单元（Luo et al.，2010；Blaschke et al.，

2014），这一方法有望在土地系统动态模拟的分层策略中加以应用。因此，本研究的目标为开发一个基于海拔梯度的分层土地利用变化模拟模型，应用该模型在典型区进行土地利用变化模拟，并验证其模拟性能。相比于现有的研究，该模型将有助于更好地刻画土地利用变化过程的局部差异，提高模拟精度；并将有助于加深对土地利用动态过程的理解，为土地利用规划决策提供更可靠的支持。

6.2 黔桂喀斯特山地土地利用及其驱动因素

本研究选择位于中国西南喀斯特地区的黔桂喀斯特山地作为典型区（图 6-1）。该区的海拔从西北到东南梯度逐渐减小，垂直地形特征影响研究区的土地利用变化（许尔琪和张红旗，2016）：研究区不同土地利用变化类型具有明显的垂直梯度差异，增加和减少的耕地在垂直分布上明显错位，减少的耕地主要分布于低海拔（0 ~ 200m）和缓坡（0° ~ 5°）区域，而增加耕地主要位于高海拔（600 ~ 1400m）和陡坡（8° ~ 25°）区域；建设用地的增加多位于低海拔（0 ~ 600m）和缓坡（0° ~ 5°）区域。因此，该地区是本研究提出的海拔梯度分层模拟策略研究的理想研究区。

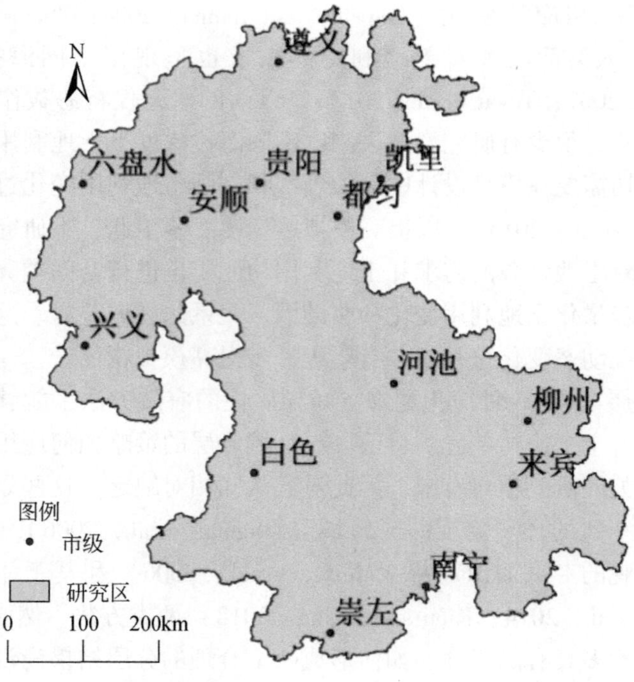

(a)研究区范围

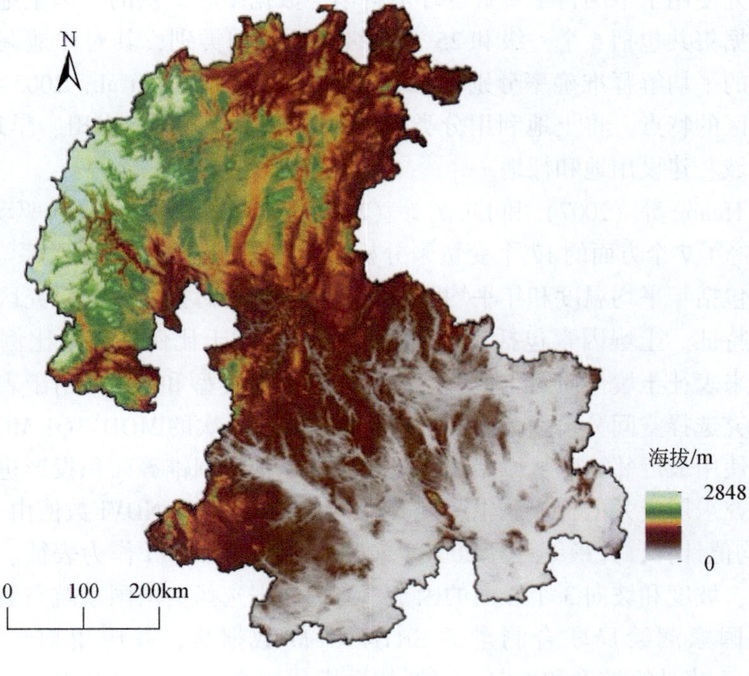

(b)海拔

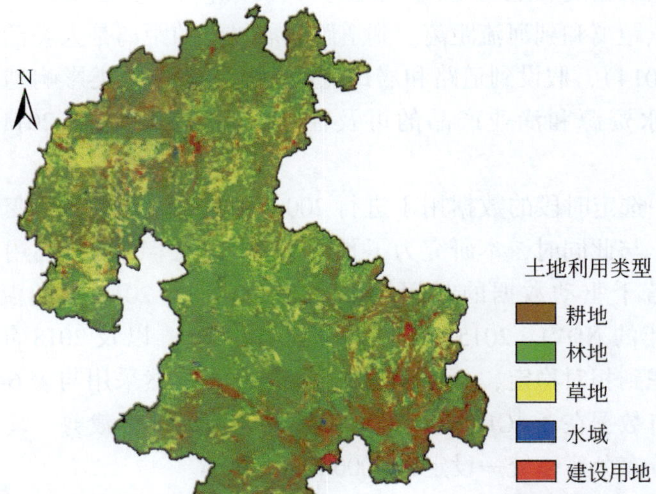

(c)土地利用类型

图 6-1　黔桂喀斯特山地范围、海拔及土地利用类型

本研究使用了中国科学院资源环境科学与数据中心提供的中国土地利用数据集。该数据集共包括6个一级和25个二级土地利用类别，其对样地调查和随机抽样调查的平均解释准确率分别为92.9%和97.6%（Liu et al., 2003）。本研究根据研究区的特点，将土地利用分类体系重新划分为七类：水田、旱地、林地、草地、水域、建设用地和裸地。

根据Huang等（2007）和Liu Z等（2017）采用的土地利用变化驱动因素，本研究共选择了7个方面的17个变量来分析它们与土地利用变化的关系（表6-1）。气候因素包括年平均温度和年平均降水量两项，随着海拔变化，研究区表现出明显的梯度特征。土壤因素包括土壤类型、质地（黏土比例、砂土比例）和有机质等，用来表征土壤性质对土地利用的影响。植被类型和NDVI用于表示植被因素，本研究选择空间分辨率为250m、每16天提供一次的MOD13Q1 MODIS NDVI数据，并使用最近邻算法从原始正弦投影到阿尔伯斯圆锥等面积投影进行重新采样。本研究采用最大值合成法生产月NDVI数据，每年的NDVI数值由12个月的NDVI平均值计算，并最终计算2001～2005年的平均NDVI作为表征。地形因素包括海拔、坡度和坡向3个方面的因子。海拔数据选择美国国家航空航天局和美国国防部国家测绘局联合测量的SRTM DEM数据集，并应用地形分析工具ArcGIS 10.1来计算坡度和坡向。喀斯特石漠化用来表征土地退化对土地利用变化的影响。人口密度和地均GDP被选为社会经济因素。位置因素包括到道路距离、到居民点距离和到河流距离。到道路和居民点的距离是人类活动分布的代表（Xu et al., 2014），假设到道路和居民点的距离越短，人类影响越大。到河流的距离反映了水资源和渔业产品的可及性（Southworth et al., 2011；Dong et al., 2015）。

表6-1中选定时段的数据用于进行2000～2015年土地利用变化模拟模型的率定和验证，与此同时，本研究为了预测未来2030年的土地利用，还从同一数据源更新了若干驱动数据的时间尺度，包括1995～2018年的温度和降水量、2011～2018年的NDVI、2015年的人口密度和GDP，以及2018年的道路分布。其他因素考虑到相对稳定，不会出现显著的变化，依然采用与表6-1中相同时段的数据。所有数据在ArcGIS 10.1中应用研究区边界进行裁剪、统一投影和重新采样，空间分布分辨率统一设定为1000m × 1000m。

表6-1　黔桂喀斯特山地土地利用驱动因子的数据来源及描述

类别	驱动因子	空间尺度	时间范围	数据来源
气候因素	年平均温度	0.1°×0.1°	1981～2000年	中国区域高时空分辨率地面气象要素驱动数据集
	年平均降水量	0.1°×0.1°	1981～2000年	

续表

类别	驱动因子	空间尺度	时间范围	数据来源
土壤因素	土壤类型	1km×1km	20 世纪 80 年代	中国科学院资源环境科学与数据中心
	黏土比例	1km×1km	20 世纪 80 年代	中国土壤特征数据集（Shangguan et al., 2013）
	砂土比例	1km×1km		
	土壤有机质含量	1km×1km	20 世纪 80 年代	中国土壤特征数据集
植被因素	植被类型	1km×1km	20 世纪 80 年代	中国科学院资源环境科学与数据中心
	NDVI	250m×250m	2001～2005 年	MOD13Q1 MODIS NDVI 数据
地形因素	海拔	90m×90m	2000 年	地理空间数据云
	坡度	90m×90m		
	坡向	90m×90m		
土地退化因素	喀斯特石漠化	100m×100m	2005 年	国家林业局（现国家林业和草原局），石漠化空间分布数据（2011 年）
社会经济因素	人口密度	1km×1km	2000 年	中国科学院资源环境科学与数据中心
	地均 GDP	1km×1km	2000 年	
区位因素	到道路距离	1km×1km	2000 年	中国科学院资源环境科学与数据中心
	到居民点距离	1km×1km	2000 年	
	到河流距离	1km×1km	2000 年	

6.3 基于海拔分层的土地利用变化模拟模型结构

本研究的新颖之处在于通过海拔分层策略建立一个改进的土地利用变化模拟模型——SLUCS 模型。SLUCS 模型由四个模块组成：海拔分层模块、非空间土地需求预测模块、土地利用适宜性分层预测模块和土地利用空间分配模块（图 6-2）。该模型首先生成与土地利用特征相关联的不同海拔梯度分层；然后，以这些不同分层约束相应区域的土地利用方向，并建立分层 Logistic 回归方法量化驱动因素与土地利用在不同区域的关系；最后，对土地系统动态变化进行分区预测。通过上述分层思路和设计，本研究建立的模型能够更好地吻合现实的土地利用动态过程，从而有效提高模型的模拟性能。在此思路下，首先，海拔分层模块会将研究区划分为多个空间连续的分层区域，以实现后续模块在分区框架中分别模拟相应分层的土地利用变化；其次，非空间土地需求预测模块通过情景设置预测研究区各分层不同土地利用类型的面积，并将其作为土地利用空间分配模块的输入数据；再次，土地利用适宜性分层预测模块量化了不同分层的土地利用和驱动因素之间的关系；最后，土地利用空间分配模块空间显式地预测和输出每个空间位置的土地利用类型。每个模块的关键参数和运算过程简要介绍如下。

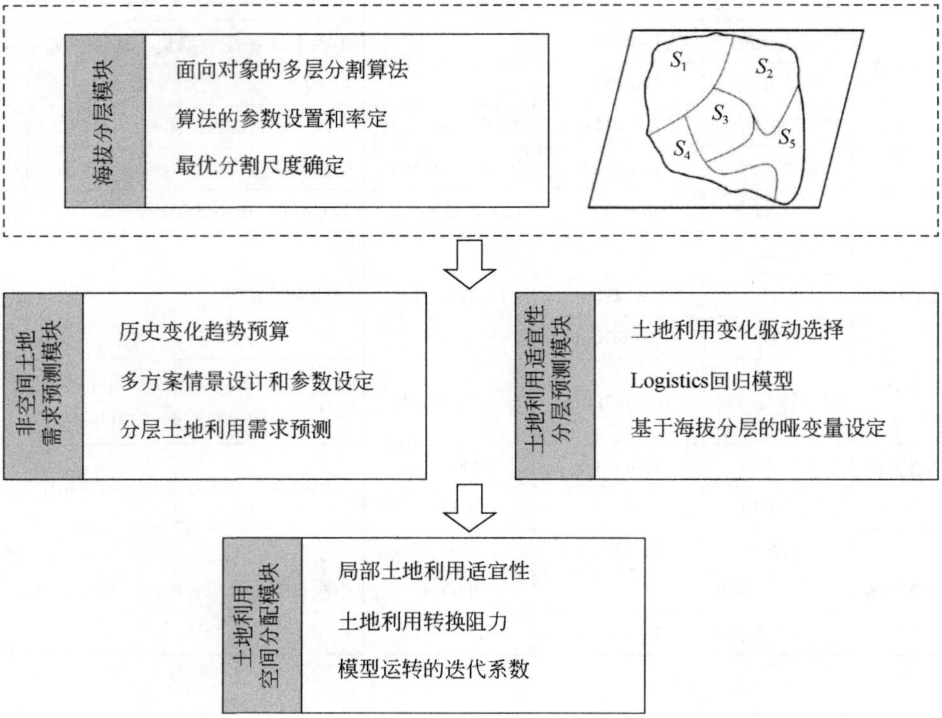

图 6-2　基于海拔分层的 SLUCS 模型结构

(1) 海拔分层模块应用面向对象的影像分割工具来确定不同海拔分层的划分。该模块使用了 eCognition 8.0 软件中的多尺度分割算法（Baatz et al., 2004），基于海拔数据进行面向对象的研究区分层单元划分。本研究基于不同分层的土地利用特征，建立了三个参数来评价不同分层的内部一质性、外部异质性及最优分割尺度，实现了研究区的海拔梯度分层。

(2) 非空间土地需求预测模块在没有空间维度的情况下，测算未来不同土地利用类型的面积。该模块应用统计方法和情景设定来估计土地利用需求总量。为了预测未来的土地利用变化，马尔可夫链模型（Gilks et al., 1995）被用来预测土地利用变化的历史趋势，并根据不同的土地利用类型优先次序和土地利用需求差异来设计不同情景。基于历史土地利用趋势的分层预测，将不同情景下整个研究区的土地利用需求预测结果进一步划分为不同分层的土地利用面积。

(3) 土地利用适宜性分层预测模块基于海拔分层模块输出的不同梯度分层来定量刻画土地利用和驱动因素之间的区域关系。考虑到土地利用动态变化的复杂性和不确定性，选择概率性规则而不是确定性规则来量化一个空间位置的地类转换潜力是可行的（Liao et al.，2016）。因此，本研究建立了一个带有哑变量的 Logistic 回归模型来区分不同分层的关系（Harrell，2015），以量化土地利用和驱动因素之间关系的区域差异。

（4）土地利用空间分配模块将每个空间位置模拟为具有最高转换潜力的土地利用类型，然后使用迭代过程使所有空间位置土地利用数量总和与非空间土地需求预测模块预测的面积结果一致。该模块采用了目前研究广泛应用的 CLUE-S 土地利用模拟模型中的空间分配策略（Verburg et al.，2002），根据不同土地利用类型转换的潜在可能性确定其空间分配。空间分配的转化潜力高低由三部分组成：局部土地利用适宜性、土地利用转换阻力和模型运转的迭代系数。

6.3.1 海拔分层模块

SLUCS 模型的海拔分层模块是根据 eCognition 8.0 软件中的面向对象的多层分割算法进行运算，该工具在以往的研究中已经成功地将遥感影像分割为不同的对象单元（Li X et al.，2014；de Almeida Furtado et al.，2016）。在本研究中，分割的“对象”与前文所述的“分层”具有相同含义，即区域内相对一致的对象。本研究采用 eCognition 8.0 软件中的多层分割算法，需要设置形状参数（Shape parameter）、紧凑度参数（Compactness parameter）和尺度参数（Scale parameter）三个参数。形状参数定义了影像分割对象的尺寸、长度和边缘复杂性的同质性程度（Myint et al.，2013），而紧凑度参数定义为分割对象边界长度和像元数量的平方根之比（Platt and Rapoza，2008）。根据以往的研究（Li X et al.，2014；de Almeida Furtado et al.，2016），在 eCognition 8.0 软件中将选定的形状参数和紧凑性参数分别设置为默认的 0.1 和 0.5。尺度参数将会显著影响分层数量的多少和面积的大小，数值越大，则分割对象越少（Myint et al.，2013）。本模型基于海拔数据和设定的不同尺度参数，生成多尺度分层结果。

为了确保分层结果不会过度分割或分割不足，需要建立评估规则来确定最优分割尺度。最优分割尺度被定义为最大化对象内部的同质性和不同对象之间异质性的尺度阈值（Johnson and Xie，2011）。本模型分割对象旨在实现每一个海拔梯度分层内部的土地利用结构具有较高的相似性，但不同分层之间土地利用结构和方向又有明显不同，因此采用过多或过少的分层都不足以有效地预测土地利用变化，甚至还可能导致尺度偏差。因此，通过粗略的试错法，本研究将尺度参数的数值变化设定在 0 ~ 10 000 的范围，以 500 为增加步长，最终产生多尺度的海拔分层结果。应用不同尺度参数生成的分层结果和土地利用图，可以分别计算每个尺度参数下各个分层单元内的土地利用结构，以此为依据，本研究提出了面积加权标准差、局部方差、最优分割系数三个评估指标，以寻找最优分割水平的尺度参数。

一方面，在最优分割尺度下，分层内部同质性应确保感兴趣的特征不被分到具有其他特征的另一个分层。为了防止这种情况，通过测度分层同质性的程度来寻找最优分割水平。同质性被定义为某一尺度参数下的每个分层的面积加权标准偏差之和，用以下公式进行计算：

$$\mathrm{ASD}_{\mathrm{intra}} = \frac{\sum_{i=1}^{N_i}(a_i \cdot s_i)}{\sum_{i=1}^{N_i} a_i} \tag{6-1}$$

式中，$\mathrm{ASD}_{\mathrm{intra}}$为面积加权标准差；$N_i$ 为分层的数量；a_i 为各个分层的面积；s_i 为每一分层中所有土地利用面积比例的标准偏差。较高的 $\mathrm{ASD}_{\mathrm{intra}}$ 表明所有分层的内部同质性较大。

另一方面，在最优分割尺度下，不同分层之间的外部异质性应确保每一分层的特征与其他分层的有显著不同。外部异质性程度可以通过局部方差来估计（Kim et al.，2008）。局部方差被定义为各分层的平均标准偏差（$\mathrm{LV}_{\mathrm{inter}}$），用以表征每个分割尺度水平的所有分层之间的外部异质性：

$$\mathrm{LV}_{\mathrm{inter}} = \frac{\sum_{j=1}^{N_j}\sqrt{\frac{1}{N-1}\sum_{i=1}^{N_i}(m_{ij} - \bar{m}_j)^2}}{N_j} \tag{6-2}$$

式中，$\mathrm{LV}_{\mathrm{inter}}$为局部方差；$N_j$ 为土地利用类型的数量（在本研究中 $N_j=7$）；j 为土地利用类型（如水田、旱地、林地、草地、水域、建设用地和裸地）；m_{ij}为第 i 个分层的 j 类土地利用比例；$\bar{m}_j$为所有分层 j 类土地利用比例的均值。较高的 $\mathrm{LV}_{\mathrm{inter}}$表明所有分层具有较高的外部异质性。

若在某一分割尺度下，分层结果具有较低的 $\mathrm{ASD}_{\mathrm{intra}}$和较高的 $\mathrm{LV}_{\mathrm{inter}}$，通常会被认为是一种较高质量的分割结果。为了使所有分层内部同质性和外部异质性的度量水平被同等地考虑，本研究通过式（6-3）将两者重新缩放到相似的范围：

$$X' = \frac{X - X_{\min}}{X_{\max} - X_{\min}} + 0.001 \tag{6-3}$$

式中，X'为归一化分值；X、$X_{\max}$和 $X_{\min}$分别为 $\mathrm{ASD}_{\mathrm{intra}}$或者 $\mathrm{LV}_{\mathrm{inter}}$的原始值、最大值和最小值。常数 0.001 是用于避免在最优分割水平估计时分母为零导致无法运算。

统一考虑分层的内部同质性和外部异质性，本研究应用 $\mathrm{ASD}_{\mathrm{intra}}$和 $\mathrm{LV}_{\mathrm{inter}}$确定

最优分割尺度，计算出最优分割系数，公式如下所示：

$$OSS = \frac{V(LV_{inter})}{V(ASD_{intra})} \tag{6-4}$$

式中，OSS 为最优分割系数；$V(LV_{inter})$ 和 $V(ASD_{intra})$ 为由式（6-3）确定的归一化 ASD_{intra} 和 LV_{inter}。假设所谓最优分割尺度是具有最高 OSS 数值的分割尺度，在这个分割尺度上，对于本研究，具体指的就是尽可能最大化不同分层土地利用结构特征的内部同质性和外部异质性。7 种土地利用类型的面积比例将被用于计算 ASD_{intra}、LV_{inter} 和 OSS。基于海拔和土地利用数据，将研究区域划分为最优分割尺度的海拔梯度分层。

6.3.2 非空间土地需求预测模块

为了预测土地系统的动态变化，SLUCS 模型利用过去的土地利用变化历史轨迹，通过马尔可夫链模型（Gilks et al.，1995）预测未来的土地利用数量变化。马尔可夫链模型目前已经被广泛用于历史趋势外推的分析研究中（Gabriel and Neumann，1962；Chen et al.，2013），该模型运算过程是纯粹基于系统的前一个历史状态（t_1）来预测其下一个状态（t_2）的概率。该模型计算了 t_1 和 t_2 两个时期的土地利用转换矩阵，并预测了下一阶段 t_3 的土地利用变化。本研究中，历史时间节点 t_1 和 t_2 分别为 2000 年和 2015 年，未来时间节点 t_3 为 2030 年。基于 2015 ~ 2020 年的土地利用变化历史趋势，可根据研究区的社会经济特征、不同土地利用类型优先次序及国家和区域规划目标来设计 2030 年不同的土地利用变化情景。

本研究设计了 2020 ~ 2030 年三种未来土地利用变化情景（表 6-2），即历史趋势情景、发展规划情景和生态优先情景。

以历史趋势情景作为基本情景，利用马尔可夫链模型和 2015 ~ 2020 年的土地利用转换矩阵，外推未来土地利用变化的趋势。在该情景中，2020 ~ 2030 年的土地利用需求、土地资源开发活动强度将保持与 2015 ~ 2020 年相似。

表 6-2　2020 ~ 2030 年不同情景设置下的土地利用转换目标　（单位：%）

土地利用类型	历史趋势情景	发展规划情景	生态优先情景	
	变化率	变化率	自然保护区的变化率	面积比例
水田	-1.3	-1.9①	0	
旱地	-1.5	-2.3①	0	
林地	0.6	1.1①		60.0③
草地	-3.3			

续表

土地利用类型	历史趋势情景	发展规划情景	生态优先情景	
	变化率	变化率	自然保护区的变化率	面积比例
水域	7.6	2.4②		
建设用地	17.4	24.5①	0	
裸地	-4.8	-4.8		

①按照《贵州省土地利用总体规划》和《关于调整广西壮族自治区土地利用总体规划（2006～2020年）有关指标的请示》相应土地利用类型的规划目标进行计算。

②按照《全国国土规划纲要（2016—2030年）》相应土地利用类型的规划目标进行计算。

③按照《贵州省“十三五”生态建设规划》和《广西林业发展“十三五”规划》的规划目标进行计算

发展规划情景强调经济优先和社会发展，是基于区域和国家土地利用规划的目标进行设计的。根据贵州和广西的土地利用规划，该情景增加了区域对建设用地的需求以加快城镇化进程，这导致建设用地的增长率高于历史趋势情景。同时，为了改善生态环境质量，上述两省（自治区）的土地利用规划还要求增加林地面积，使得该情景的林地增长率也高于历史趋势情景。因此，建设用地和林地面积的增加是以牺牲其他土地利用发展为代价的，使得耕地（水田和旱地）的减少率高于历史趋势情景。水域的增长率是根据《全国国土规划纲要（2016—2030年）》设定的，其增长率低于历史趋势情景。裸地的变化率与历史趋势情景保持一致。

生态优先情景侧重于保护生态环境之类，主要依据区域的生态和环境保护规划的目标进行设计。首先，参考《贵州省“十三五”生态建设规划》和《广西林业发展“十三五”规划》，林地比例设定2030年应达到研究区总面积的60%。其次，通过修改土地利用转换矩阵，将自然保护区范围（图6-3）内的土地利用变化进行特殊设置。在自然保护区内，生态优先情景将大规模实施生态保护和植树造林项目，限制其他地类向水田、旱地和建设用地的转换，同时，其他土地利用类型向林地的转换概率也被设置提高到25%。在自然保护区之外，生态优先情景限制城镇化的过快发展、防止其破坏生物栖息地，将其他土地利用类型向建设用地的转换概率降低25%，并按比例增加其他土地利用类型向林地的转换概率，使林地面积比例能够达到60%。

本研究提出的海拔梯度分层用于区分不同分层的土地利用需求差异，并作为不同情景设计下的土地利用变化模拟的分区约束。首先，SLUCS模型在历史趋势情景中，对每一分层分别进行未来土地利用变化模拟。然后，计算整个研究区的发展规划情景或生态优先情景的土地利用变化率与历史趋势情景之间的比值。然后，基于这些比值对整个研究区设定的土地利用规划目标数量进行不同分层的分解，并使用以下公式计算每个分层的土地利用变化率：

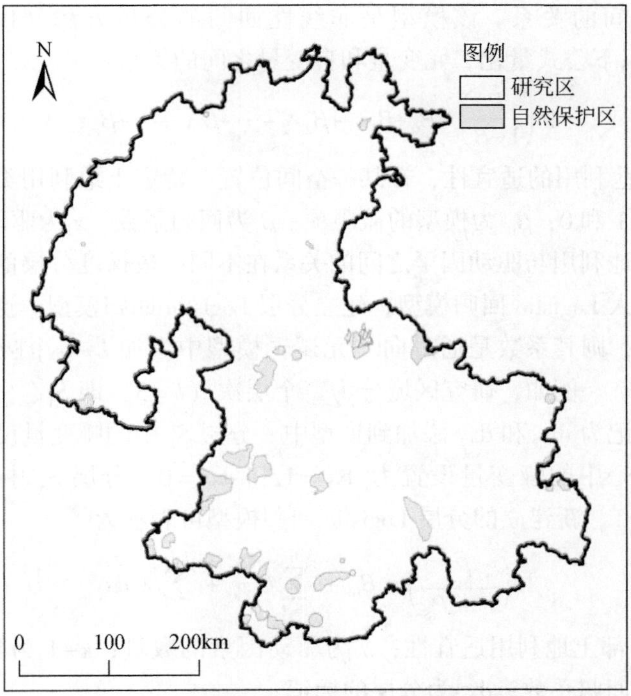

图 6-3 黔桂喀斯特山地自然保护区空间分布

$$\sum_{j=1}^{N_j} A_{ij}^{t} = \sum_{j=1}^{N_j} A_{ij}^{t+1} = \sum_{j=1}^{N_j} \alpha_j \times \left(1 + \frac{\mathrm{CR}_j^S}{\mathrm{CR}_j^H} \times \mathrm{CR}_{ij}^H\right) \times A_{ij} \tag{6-5}$$

$$\mathrm{CR}_{ij}^S = \alpha_j \times \frac{\mathrm{CR}_j^S}{\mathrm{CR}_j^H} \times \mathrm{CR}_{ij}^H \tag{6-6}$$

式中，A_{ij}^t和 A_{ij}^{t+1} 为初始时间（t）和预测时间（t+1）i 分层中的 j 类土地利用面积；j 为土地利用类型，包括水田、旱地、林地、草地、水域、建设用地和裸地；CR_j^S 为整个研究区发展规划情景或生态优先情景下 j 类土地利用的变化率；CR_j^H 为整个研究区历史趋势情景下 j 类土地利用的变化率；CR_{ij}^H 为历史趋势情景下 i 分层中 j 类土地利用的变化率；α_j 为分层调整参数，用于按比例调整所有土地利用类型变化率，使 i 分层中所有土地利用类型的总面积在 t 和 t+1 时相同；CR_{ij}^S为发展规划情景或生态优先情景下 i 分层中 j 类土地利用的变化率。

6.3.3 土地利用适宜性分层预测模块

SLUCS 模型在该模块中，应用土地利用变化模拟模型中的 Logistic 回归模型这一常用的方法（Lambin et al.，2001；Verburg et al.，2002），来量化土地利用和驱动因素之间的关系。该模型是非线性回归的分析方法（Hosmer Jr et al., 2013），通过以下公式量化二元变量和自变量之间的关系：

$$\ln\left(\frac{P}{1-P}\right)=\beta_0+\beta_1 x_1+\beta_2 x_2+\cdots+\beta_i x_i+\cdots+\beta_n x_n \tag{6-7}$$

式中，P 为土地利用的适宜性，在某一空间位置，特定土地利用类型的出现和消失分别编码为 1 和 0；β_0 为模型的截距项；β_i 为回归系数；x_i 为驱动因子。

考虑到土地利用与驱动因子之间的关系在不同海拔梯度分层的差异，将分层作为哑变量加入 Logistic 回归模型，建立分层 Logistic 回归模型。这一分层变量若分类为 k 分层，则其系数是通过向二元逻辑模型中添加 $k-1$ 个哑变量来拟合的（Harrell，2015）。例如，研究区域分为三个层次（$k=3$，即 S_1、S_2 和 S_3），则两个虚拟变量标记为 dx_1 和 dx_2 添加到模型中。分层 S_1 中的哑变量设置为 $dx_1=0$ 和 $dx_2=0$，分层 S_2 中的哑变量设置为 $dx_1=1$ 和 $dx_2=0$，分层 S_3 中的变量设置为 $dx_1=0$ 和 $dx_2=1$。新建立的分层 Logistic 回归模型可表示为

$$\ln\left(\frac{P_S}{1-P_S}\right)=\beta_0+\sum_{i=1}^{n}\beta_i x_i+\sum_{j=1}^{k-1}\lambda_j dx_j \tag{6-8}$$

式中，P_S 为局部土地利用适宜性；n 为驱动因素的数量；$k-1$ 为哑变量的数量；λ_j 为哑变量的回归系数；dx_j 为分层的标记。

6.3.4 土地利用空间分配模块

基于上述三个模块的输出，SLUCS 模型在该模块中，按照每个空间位置上土地利用类型的最高转换潜力，将非空间属性的土地利用需求预测数量进行一一的空间分配。遵循 CLUE-S 模型中的空间分配策略（Verburg et al., 2002；van Asselen and Verburg，2013），土地利用转换潜力等于局部土地利用适宜性、土地利用转换阻力以及模型运转的迭代系数的综合，计算公式如下：

$$P^j_{\text{cov}}=P^j_{\text{sui}}+P^j_{\text{res}}+P^j_{\text{com}} \tag{6-9}$$

式中，P^j_{cov} 为 j 类土地利用的转换潜力；P^j_{sui} 通过式（6-8）计算，为局部土地利用适宜性；P^j_{res} 为土地利用转换阻力，这里是将 j 类土地利用转换为另一种土地利用类型的成本衡量标准（Verburg et al., 2002；van Asselen and Verburg，2013）；P^j_{com} 为在模型运转的迭代系数。

P^j_{res} 的数值范围为 0（易转换）到 1（不可逆变化），表示土地利用转换成本和弹性，表征了转换的难易程度。P^j_{res} 越高，表示该土地利用类型的转换成本越高，转换弹性越低，意味着其空间格局越稳定，相应地，该土地利用类型不容易转换为其他土地利用类型，倾向于维持土地利用现状。例如，高资本投资的建设

用地很少转换为其他土地利用类型，因此其具有相对较高的 P^j_{res}。基于以往的研究（Huang et al., 2007; Sun et al., 2016; Liu Z et al., 2017），本研究分别对三种情景下各土地利用类型的转换阻力 P^j_{res} 进行设置（表 6-3）。建设用地的转换阻力设定为 1.0，表明转换成本最高。研究区水域的保护和恢复非常重要，因此将其转换潜力也设定为一个相对较高的数值。裸地往往会被开发利用作其他用途，因此，其转换成本相对较低，转换阻力值设置为最低值。此外，同一土地利用类型在不同情景中的 P^j_{res} 根据土地利用不同优先次序对相应类型需求的差异而略作调整。发展规划情景假定耕地转换为建设用地的规模更大，因此水田和旱地的 P^j_{res} 被设定为低于历史趋势情景中的数值。对水域的需求相对较低，其转换成本也相对较低，因此其 P^j_{res} 也设定为较低的数值。生态优先情景强调保护自然植被，该情景认为林地、草地和裸地等自然土地利用类型具有高转换成本，因此，将其 P^j_{res} 设置为较历史趋势情景中 P^j_{res} 更高的数值。

表 6-3　不同情景下各土地利用类型的转换阻力设定

土地利用类型	历史趋势情景	发展规划情景	生态优先情景
水田	0.8	0.7	0.8
旱地	0.8	0.7	0.8
林地	0.8	0.8	0.9
草地	0.8	0.8	0.9
水域	0.9	0.8	0.9
建设用地	1.0	1.0	1.0
裸地	0.5	0.5	0.6

土地利用空间分配模块通过循环的迭代过程逐步调整 P^j_{com} 的数值，进行土地利用的空间配置，以使得通过空间分配的每一种土地利用类型总面积与非空间预测的对应土地利用类型总面积保持一致。在迭代过程，将每种土地利用类型的初始 P^j_{com} 设定为相同的数值。然后，比较不同土地利用类型之间的竞争优势，并执行空间分配操作，将每个空间位置分配为具有最高 P^j_{cov} 的土地利用类型。接着，计算空间分配的每一土地利用类型的面积，并与非空间预测的每一土地利用类型的面积进行比较。如果空间分配的合计分配面积小于预测的非空间面积，则增大 P^j_{com} 值，否则，减小 P^j_{com} 值。通过循环迭代过程，动态调整 P^j_{com}，直到所有土地利用类型的空间分配总面积等于非空间预测的总面积，迭代过程停止。最后，将这个校准的特定 P^j_{com} 参数模拟的结果作为 SLUCS 模型输出的土地利用变化模拟的空间分布结果。

6.3.5 模型模拟精度评估

土地利用和驱动因素之间的分层 Logistic 回归模型的拟合优度是依据 ROC 指标来度量的（Pontius and Schneider，2001；Verburg et al.，2004b）。在 ROC 分析中，不同的概率阈值是将真阳性（即正确预测为相应土地利用类型的像元数）与假阳性（即错误预测为相应土地利用类型的像元数）进行对比。较高的 ROC 值表示较好的模型拟合优度，ROC = 1 表示完美拟合，ROC = 0.5 表示随机拟合。本研究使用 SPSS 18.0 计算 ROC 值。

依据随机分层抽样设计的样点对土地利用模拟结果的精度进行评价。随机分层依据土地利用类型确定，从 2015 年水田、旱地、林地、草地、水域和建设用地 6 种土地利用类型中各随机抽取 2000 个样点，同时，考虑到裸地面积极小，本研究仅从中随机抽取 21 个样点。因此，本研究最终共选取了 12 021 个样点，以 2015 年目视解译结果为参考，进行 SLUCS 模型模拟结果的精度评价，计算 kappa 系数（Congalton，1991；van Vliet et al.，2011）。通过空间叠置参考的土地利用图和模拟的土地利用图，本研究还计算了另外两个统计指标用于验证模拟的性能，包括 $K_{\text{Simulation}}$ 系数（van Vliet et al.，2011）和 Modified Lee and Sallee 指数（Jantz et al.，2004）。kappa 系数用于度量两个数据集之间的总体一致性。然而，土地利用变化的范围是有限的，即便发生变化的区域模拟错误，但是因为其余未发生土地利用变化的区域面积更大，所以仍然可能会计算得到一个较高的 kappa 系数（van Vliet et al.，2011）。这意味着 kappa 系数一定程度会过高估计土地利用变化范围较少结果的精度。因此，本研究又计算了 $K_{\text{Simulation}}$ 系数，该指标用于重点度量土地利用变化区域的精度。$K_{\text{Simulation}}$ 系数的数值范围为 -1 ~ 1，1 表示土地利用变化模拟结果与参考结果完全一致。为了评估模型的每一种土地利用类型的模拟精度，本研究对每一土地利用类型计算了度量两个数据集空间吻合度的 Modified Lee and Sallee 指数。该指标数值若高于 0.6，则表明 SLUCS 模型的模拟结果具有良好的空间拟合优度（Jantz et al.，2004）。

6.4 黔桂喀斯特山地土地利用变化模拟验证及结果

6.4.1 黔桂喀斯特山地 2000 ~ 2015 年土地利用变化

黔桂喀斯特山地林地、旱地、草地和水田 4 种土地利用类型的面积位列 7 种土地利用类型的前四位，分别占 2000 年和 2015 年研究区总面积的 97.86% 和

96.95%（表 6-4）。对比发现，2000～2015 年，林地、水域和建设用地面积呈现为净增加，而水田、旱地、草地和裸地面积为净减少。与相对较小的土地利用净变化面积相比，研究区不同的土地利用类型发生了剧烈的相互转换（图 6-4）。例如，林地净增加面积为 729km²，远低于林地与其他土地利用类型的转换面积，其中，林地转换输出为其他土地利用类型的面积为 1166km²，转换输入为林地的面积为 1895km²（图 6-4）。基于 2000～2015 年的土地利用变化区域，计算基于马尔可夫链模型的转移概率矩阵作为 SLUCS 模型输入（表 6-5）。

表 6-4　黔桂喀斯特山地 2000 年和 2015 年土地利用特征

土地利用类型	2000 年面积/km²	2015 年面积/km²	变化面积/km²	变化率/%
水田	22 716	21 933	-783	-3.45
旱地	33 970	33 185	-785	-2.31
林地	121 071	121 800	729	0.60
草地	31 787	30 685	-1 102	-3.47
水域	1 986	2 291	305	15.36
建设用地	2 580	4 218	1 638	63.49
裸地	23	21	-2	-8.70

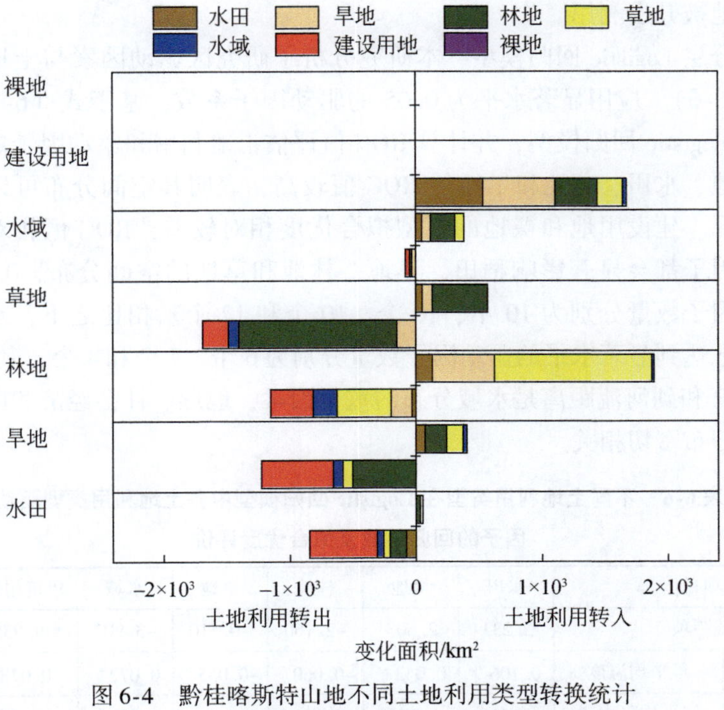

图 6-4　黔桂喀斯特山地不同土地利用类型转换统计

裸地数量太少，图中无法显示

表 6-5　基于马尔可夫链模型的 2000～2015 年黔桂喀斯特山地土地利用转移概率

土地利用类型	水田	旱地	林地	草地	水域	建设用地	裸地
水田	0.9637	0.0033	0.0057	0.0023	0.0023	0.0227	0.0000①
旱地	0.0003	0.9644	0.0145	0.0023	0.0022	0.0163	0.0000①
林地	0.0001	0.0014	0.9907	0.0037	0.0013	0.0027	0.0000①
草地	0.0003	0.0046	0.0383	0.9468	0.0032	0.0069	0.0000①
水域	0.0023	0.0176	0.0091	0.0042	0.9584	0.0084	0.0001
建设用地	0	0	0	0	0	1	0.0000①
裸地	0.0219	0.0471	0.0219	0.0227	0.0227	0.0185	0.8452

①马尔可夫转移概率小于 0.0001 但大于 0

大量耕地由于建设用地扩张被占用，退耕还林工程使得耕地被恢复为林地，耕地占补平衡使得林地和草地又被开垦为耕地，其中，大部分土地被开垦为旱地，很少被开垦为水田。规模最大的土地利用类型转换发生在林地和草地之间。随着生态修复工程的实施，林地面积显著增加，其主要来源包括草地和耕地，同时也有部分的林地会退化为草地。2000～2015 年，以耕地（主要来源）、林地和草地为来源，建设用地大规模扩张，其变化率较高，增加率高达 63.49%。水域和裸地的转换面积则相对较小，少部分耕地、林地和草地转变为水域，同时，还有少量裸地被开发利用。

通过分层 Logistic 回归模型，本研究分析了研究区驱动因素与土地利用的相关性（表 6-6）。应用显著水平为 0.05 的驱动因子系数，基于式（6-8）建立最终的分层 Logistic 回归模型，并计算 ROC 值评估土地利用和驱动因子之间的拟合优度。林地、水田、草地和旱地的 ROC 值较高，表明其空间分布可以用自变量来充分解释。建设用地和裸地的模型拟合优度相对较差，ROC 值相对较低。几乎各类别因子都会显著影响稻田、旱地、林地和草地的空间分布，0.05 显著水平的驱动因子数量分别为 10 个、10 个、10 个和 12 个。相比之下，水域、建设用地和裸地达到显著水平的驱动因子数量分别为 6 个、7 个和 4 个，其中，气候、地形、GDP 和到河流距离是水域分布的重要因素，地形、社会经济和区位因素与建设用地分布密切相关。

表 6-6　不同土地利用类型在 Logistic 回归模型中各土地利用类型驱动因子的回归系数及拟合优度评价

项目		水田	旱地	林地	草地	水域	建筑用地	裸地
截距项		2.234	2.603	−2.160	−0.510	−3.902	−9.955	−4.530
气候因素	年平均温度	0.106*	0.043*	−0.060*	−0.055*	0.072*	0.028	0.105
	年平均降水量	0.125*	−0.175*	−0.031*	0.156*	0.083*	0.007	−0.414*

续表

项目		水田	旱地	林地	草地	水域	建筑用地	裸地
土壤因素	土壤类型	0.001	0.004	0.001	−0.131*	0.012	0.001	0.041
	黏土比例	0.057*	0.003	0.001	−0.002	−0.027	0.015	−0.022
	砂土比例	−0.068	0.014*	−0.002	0.002	−0.032	0.005	−0.010
	土壤有机质含量	0.043	0.010	−0.002	−0.024	−0.015	0.073	0.026
植被因素	植被类型	−0.067*	−0.045*	0.151*	−0.036*	−0.010	−0.058	−0.111
	NDVI	−0.039	−0.044	0.072*	−0.148*	−0.068*	−0.017	−0.039*
地形因素	海拔	0.122*	0.011	−0.090*	0.070*	−0.095*	−0.109*	0.138
	坡度	−0.196*	−0.116*	0.070*	0.001	−0.058	−0.090*	−0.058*
	地势	−0.004	−0.001	0.001	0.005*	−0.002	−0.007	0.011
土地退化因素	喀斯特石漠化	−0.156*	−0.065*	0.025	0.088*	−0.108	−0.125*	0.061
社会经济因素	人口密度	−0.012	0.047*	−2.020*	−1.050*	−0.012	0.230*	−2.512
	地均 GDP	−0.111*	−0.268*	−0.154*	−0.007	−0.170*	0.593*	−2.782
区位因素	到道路距离	−0.074*	−0.038*	0.036*	−0.019*	0.008	−0.117*	0.026
	到居民点距离	−0.548*	−0.188*	0.139*	0.066*	0.070	−0.716*	−0.425*
	到河流距离	0.007	−0.007	0.009	−0.039*	−0.228*	−0.013	−0.244
ROC 统计量		0.85	0.81	0.88	0.83	0.77	0.78	0.75

* 表示 Logistic 回归模型的系数达到 95% 以上信度的显著性水平

6.4.2 基于海拔的梯度分层结果

设置不同的尺度参数，基于海拔数据进行多尺度分割生成相应的分层。图 6-5 为四个特定尺度参数下的海拔梯度分层结果的示例。若尺度参数等于 10 000，研究区将被划分为具有明显不同海拔范围的少量分层，体现了研究区海拔从西北向东南递减的梯度变化。若设置较小的尺度参数，则会产生更多数量的分层结果，可以进一步描绘局部地形变化的更多细节。

统计不同尺度参数下的各分层内土地利用数量的结构特征，进一步计算判定最优分割尺度的 ASD_{intra}、LV_{inter} 和 OSS 共 3 个指标。在形状参数和紧密度参数设置为 0.1 和 0.5 时，尺度参数的增加步长为 500，应用 eCognition 8.0 软件生成分层的尺度参数范围为 0 ~ 10 000（图 6-6）。结果显示，随着尺度参数的增大，ASD_{intra} 和 LV_{inter} 的降幅相似，但 LV_{inter} 变化的波动幅度相对更大。随着尺度参数的增加，ASD_{intra} 和 LV_{inter} 在初始阶段表现为显著下降，随后下降幅度趋缓慢。不同的是，LV_{inter} 在波动下降的过程，会在个别尺度参数突然增加。

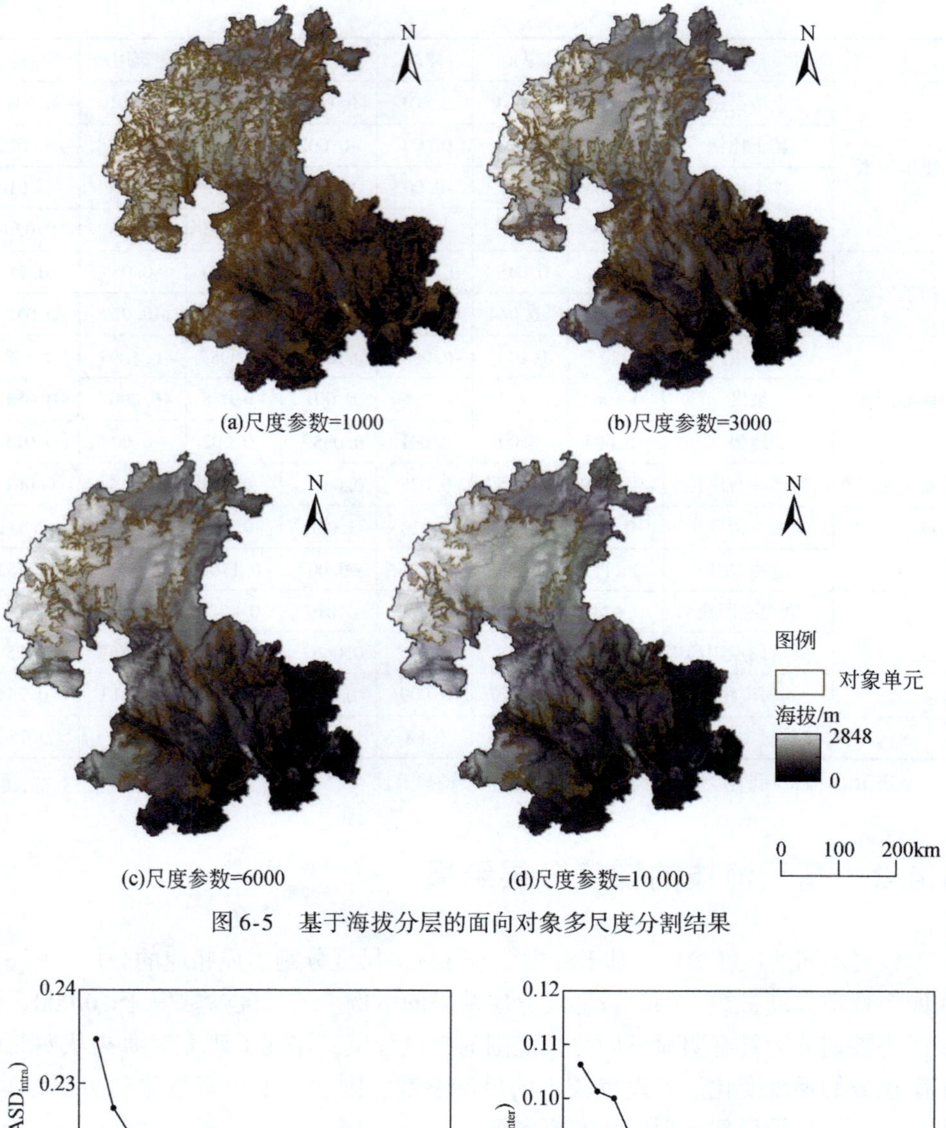

图 6-5　基于海拔分层的面向对象多尺度分割结果

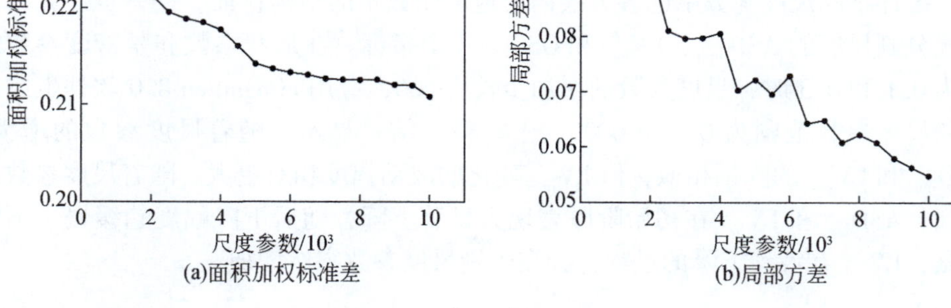

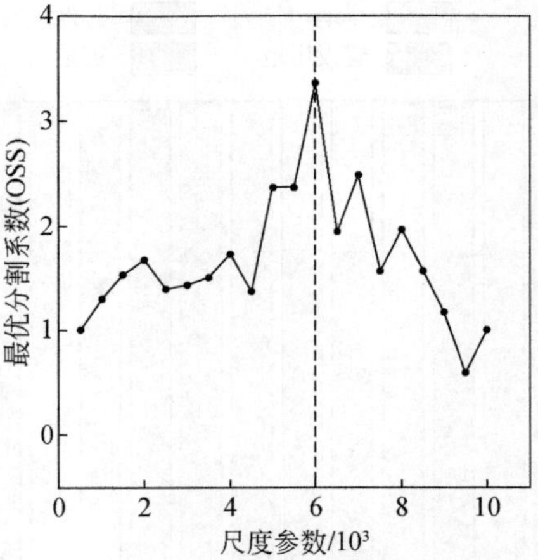

(c)最优分割系数

图 6-6　面向对象多尺度分割过程的最优分割尺度率定
eCognition 8. 0 软件参数设置：形状参数（shape）= 0. 1，紧凑度参数（compactness）= 0. 5

两者的这一变化表明，随着尺度参数的增加，总体性分层内部的同质性增加，但分层外部的异质性减少。这一结果表明，分割过程不能同时实现内部同质性和外部异质性的最大化。为了兼顾这两个目标，本研究进一步建立了 OSS 来确定最优分割尺度。OSS 显示，随着尺度参数的增加，OSS 先增加后减少，在尺度参数为 6000 时达到最大值，此时，模型分割生成的海拔梯度分层数量为 18 个［图 6-5（c）］。该尺度参数下，分割分层面积的平均值、最小值和最大值分别为 11 744km^2、2856km^2 和 29 374km^2。然后，17 个用于标记分层的哑变量被添加到分层 Logistic 回归模型。在这 18 个海拔梯度分层中，平均海拔最高的达到了 1732m，平均海拔最低的为 144m，刻画了研究区海拔从西北向东南递减的梯度格局。进一步分析显示，18 个分层内各土地利用类型的面积比例存在显著差异(图 6-7)。例如，在位于研究区南部包含有广西南宁在内的低海拔分层中，建设用地的最高面积比例为 6. 37%。相比之下，在位于研究区西北部的高海拔分层中，建设用地面积比例低于 0. 1%。该尺度参数下生成的海拔梯度分层结果被认定为最优分割尺度水平，并用作 SLUCS 模型分层模拟的基本边界。

6. 4. 3　SLUCS 模型精度评估

为评估 SLUCS 模型的模拟精度，本研究模拟了 2015 年的土地利用图，并将 2015 年目视解译的土地利用图作为参考，进行对比（图 6-8）。SLUCS 模型直接

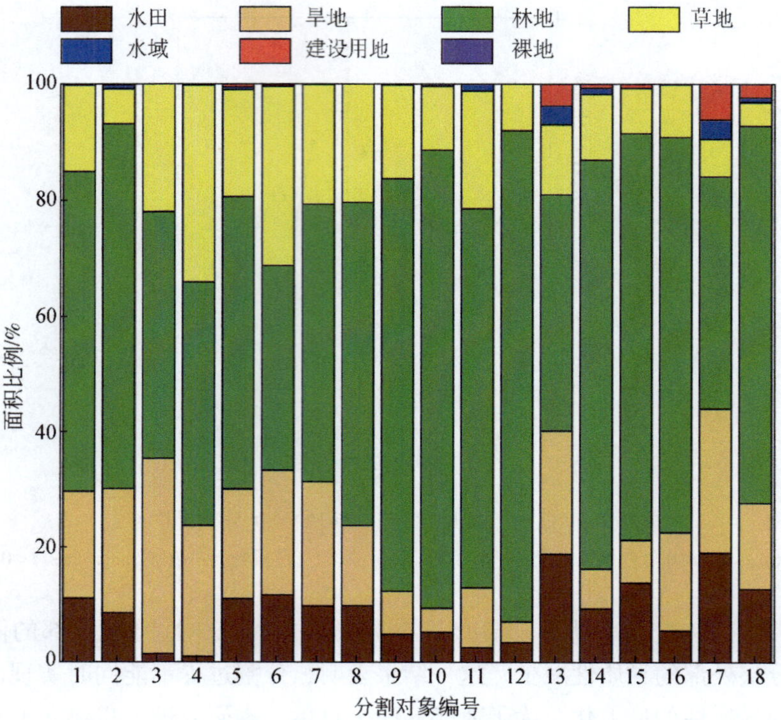

图 6-7　基于海拔分层不同分割对象的土地利用组成结构比较

应用了 2000～2015 年的实际变化量作为这一时期土地利用需求量来运转。基于海拔梯度分层结果［图 6-5（c）］，SLUCS 模型计算了分层的土地利用需求、土地利用分布与驱动因素的关系，并进行了各土地利用类型的空间分配。同时，为了验证 SLUCS 海拔分层策略的效果，本研究还采用了传统模拟模型将整个研究区域作为唯一的一个分层，模拟具有相同土地需求的土地利用图，进行精度评估和比较。直观从视觉效果上比较整个研究区和三个放大窗口的参考结果与模拟结果的差异可以发现，参考和模拟的土地利用图总体上在许多方面较为相似。通过放大窗口，本研究重点考察分析 SLUCS 模型在土地利用变化区域中的模拟效果。

作为研究区主要的土地利用变化类型，建设用地的扩张显著改变了地表，增加了不透水面面积，成为人们关注的焦点。第一个放大窗口位于贵州贵阳，在研究时段，该区域经历了快速、大规模的建设用地扩张。可以看出，除了微小的建设用地扩张区域外，SLUCS 模型模拟结果与参考结果之间具有良好的空间一致性，而传统模拟模型的模拟结果则与参考结果之间存在一定程度的差异。与参考结果相比，传统模型模拟的建设用地空间分布更为分散，低估了贵阳这种城市化

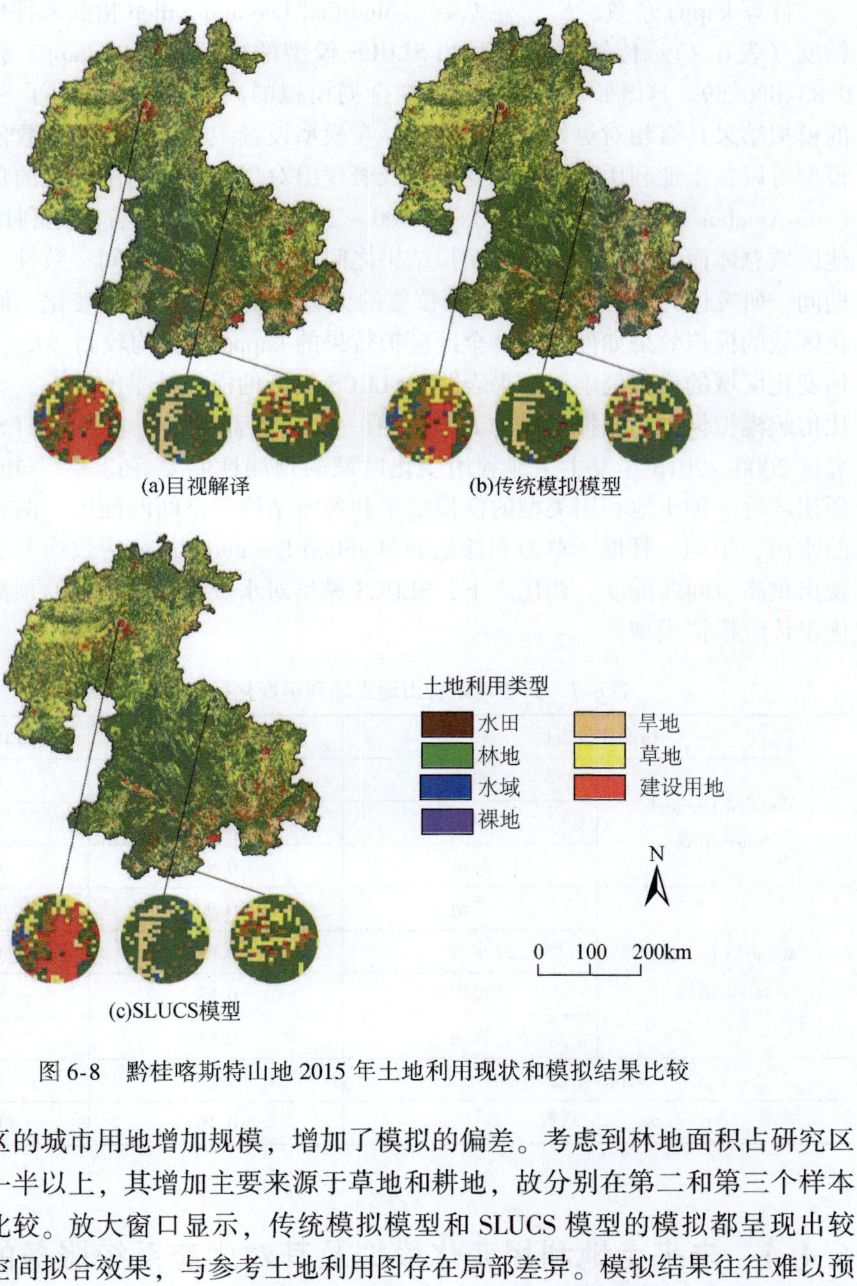

图 6-8　黔桂喀斯特山地 2015 年土地利用现状和模拟结果比较

进程较快区的城市用地增加规模，增加了模拟的偏差。考虑到林地面积占研究区总面积的一半以上，其增加主要来源于草地和耕地，故分别在第二和第三个样本窗口进行比较。放大窗口显示，传统模拟模型和 SLUCS 模型的模拟都呈现出较好的全局空间拟合效果，与参考土地利用图存在局部差异。模拟结果往往难以预测空间零星分布的少量土地利用变化的斑块，呈现出比参考结果空间更为连续的效果。相比之下，传统模拟模型的输出结果显示出更大的空间连续性和更少的零星斑块分布，这将导致模拟结果的偏差。

计算 kappa 系数、$K_{Simulation}$系数和 Modified Lee and Sallee 指数来评估模型模拟精度（表 6-7）。传统模拟模型和 SLUCS 模型的模拟结果的 kappa 系数分别为 0.83 和 0.89。这既验证了两种模型在全局模拟的高性能，也表明了 SLUCS 模型的模拟结果具有相对更好的模拟效果。在模型设置中，转换阻力参数使得 SLUCS 模型可以在土地利用没有发生变化区域表现出对现有土地利用类型的良好继承性（van Asselen and Verburg，2013）。2000 ~ 2015 年，对于没有土地利用变化的其他区域总体而言，参考结果和模拟结果之间呈现出良好的空间一致性。由于在此期间，研究区约只有 2.4% 的空间位置的土地利用类型发生了变化，所以不管变化区域的模拟效果如何，评估全区模拟效果的 kappa 系数均较高。$K_{Simulation}$用于评估变化区域的模拟精度，结果表明，SLUCS 模型的模拟结果的 $K_{Simulation}$值（0.52）比传统模拟模型的模拟结果的 $K_{Simulation}$值（0.19）高得多，表明 SLUCS 模型在研究区 2000 ~ 2015 年发生土地利用变化区域的预测性能要好得多。同时，本研究还比较每一种土地利用类型的模拟结果和参考结构的空间匹配度，两种模拟模型的水田、旱地、林地、草地和裸地的 Modified Lee and Sallee 指数均大于 0.90，呈现出很高空间匹配度。相比之下，SLUCS 模型对水域和建设用地的预测性能明显优于传统模拟模型。

表 6-7　黔桂喀斯特山地土地利用变化模拟精度评价

精度评价指标		传统模拟模型	SLUCS 模型
Modified Lee and Sallee 指数	水田	0.92	0.95
	旱地	0.92	0.94
	林地	0.96	0.97
Modified Lee and Sallee 指数	草地	0.90	0.92
	水域	0.61	0.73
	建设用地	0.53	0.67
	裸地	0.91	0.91
kappa 系数		0.83	0.89
$K_{Simulation}$系数		0.19	0.52

6.4.4　未来土地利用变化模拟及其对生态系统服务的影响

基于设置的三种未来土地利用变化情景，本研究应用 SLUCS 模型对黔桂喀斯特山地 2030 年的土地利用空间分布进行预测（表 6-8 和图 6-9）。三种情景在 2020 ~ 2030 年的土地利用变化趋势呈现出与 2000 ~ 2015 年相一致的特征，即林地、水域和建设用地面积增加，而水田、旱地、草地和裸地面积减少。但是，每种土地利用类型的变化幅度有明显的不同，历史趋势情景中各土地利用类型的变化率相对较低，而发展规划情景和生态优先情景分别预测建设用地、林地和水域等土地利用类型面积将大幅增加，其他土地利用类型面积将大幅减少。

表 6-8　不同情景设置下黔桂喀斯特山地 2020～2030 年的土地利用变化比较

土地利用类型	基本情景（2020 年）	历史趋势情景（2030 年）		发展规划情景（2030 年）		生态优先情景（2030 年）	
	面积/km^2	面积/km^2	变化率/%	面积/km^2	变化率/%	面积/km^2	变化率/%
水田	21 427	21 153	−1.28	21 020	−1.9	20 240	−5.54
旱地	32 868	32 367	−1.52	32 112	−2.3	30 590	−6.93
林地	122 472	123 186	0.58	123 847	1.12	128 472	4.90
草地	29 892	28 906	−3.3	28 418	−4.93	26 444	−11.53
水域	2 539	2 733	7.64	2 599	2.36	2 770	9.10
建设用地	4 914	5 768	17.38	6 117	24.48	5 597	13.90
裸地	21	20	−4.76	20	−4.76	20	−4.76

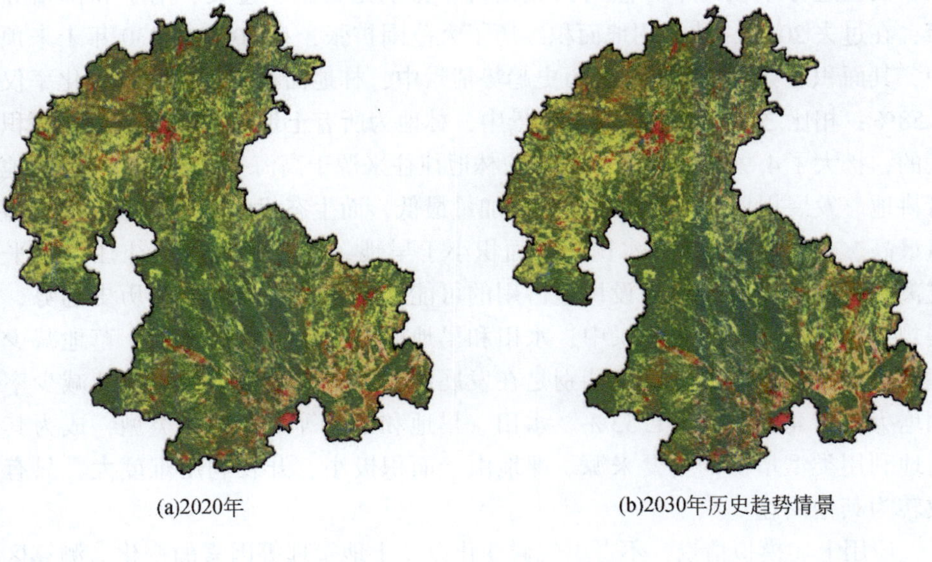

(a)2020年　　(b)2030年历史趋势情景

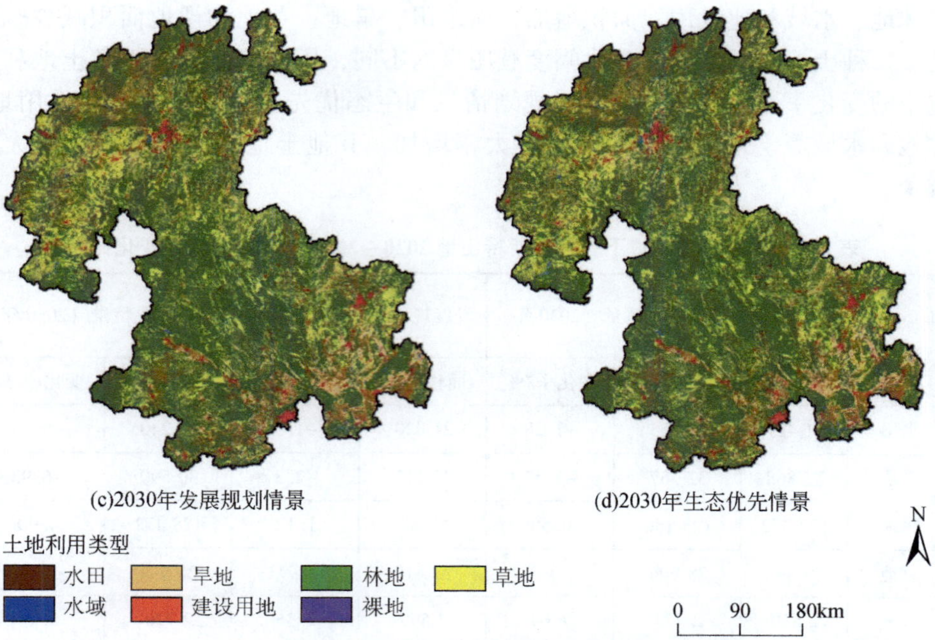

图 6-9　不同情景设置下黔桂喀斯特山地土地利用图

在历史趋势、发展规划和生态优先 3 种情景下，建设用地的变化率均为最大，分别为 17.38%、24.28% 和 13.90%。建设用地不仅在大都市周围显著扩张，而且还分布在几个分散的大城镇群。特别是贵阳、遵义、南宁和柳州等城市，在过去 20 年，建设用地面积经历了大范围扩张，在 2020 ~ 2030 年未来预测中，其面积还会继续增加。在历史趋势情景中，林地面积增加很小，变化率仅为 0.58%；相比之下，在生态优先情景中，林地为所有土地利用类型中变化面积最大的，扩大了 4.90%。这些新增加的林地往往来源于高海拔的零散分布的草地或者耕地。发展规划情景的水域面积增加量最低，而生态优先情景的水域面积增加量最高。在三种情景中，水田减少面积小于旱地，这是因为水田往往位于平地且离建设用地较近，被建设用地占用的可能性和面积均较大。在历史趋势、发展规划和生态优先三种情景中，水田和旱地的减少率在依次增加，草地减少的幅度也显示出类似的趋势，特别是在发展规划和生态优先情景，草地减少率分别增大到了 4.93% 和 11.53%。水田、旱地和草地等土地利用类型，成为其他土地利用类型增加的主要来源。裸地由于面积极小、开发利用难度大，只有少数转为其他用途。

应用上述模拟情景，不考虑气候变化以及土地管理等因素的变化，测算区域相应情景的生态系统服务价值变化。与三种土地利用变化趋势相同、变化幅度不同的情况一致，在三种情景下，各生态系统服务价值呈现相同的变化特征，即粮食生产服务价值下降，而水源涵养、土壤保持和固碳等生态系统服务价值上升。同时，SLUCS 模型的未来模拟基于土地适宜评价结果进行了空间优化布局，使得各项生态系统服务的单位量均有了一定程度的增加。在不考虑其他因素对未来粮食单位产能的作用时，尽管通过耕地生产布局优化，有效提高了粮食生产的单位量，但是单位面积耕地面积减少直接导致了种粮面积减少、粮食生产供给总量下降。尽管减少了建设用地对优质耕地的占用，又通过生态退耕促进了生态恢复，该情景实现了最大的粮食单产增加，但可种植粮食面积的大幅减少导致了粮食产能的大幅下降。历史趋势、发展规划和生态优先 3 种情景的粮食生产总量分别下降了 1.16%，1.85% 和 6.06%，历史趋势、发展规划和生态优先 3 种情景的水源涵养服务价值的增加幅度分别为 3.44%、3.55% 和 4.79%，明显高于土壤保持和固碳（表 6-9），尤其是土壤保持服务价值的增加幅度最大也仅为0.35%。可见，相比历史趋势情景，发展规划情景以更大幅度的粮食生产能力下降，实现了更大幅度的建设用地空间扩张（两种情景的建设用地增加比例分别为 24.48% 和 17.38%）以及一定幅度的生态功能提升；生态优先情景尽管实现了最大幅度的调节和支持等生态系统服务价值增加，却是以粮食产能的大幅下降为代价。

表 6-9　不同情景设置下黔桂喀斯特山地 2020～2030 年的生态系统服务价值变化比较

生态系统服务		基本情景（2020 年）	历史趋势情景（2030 年）	发展规划情景（2030 年）	生态优先情景（2030 年）
粮食生产	单位量/（kg/hm^2）	4441.77	4455.44	4455.70	4460.89
	总量/万 t	2411.66	2383.59	2367.14	2265.55
	总量变化幅度/%		−1.16	−1.85	−6.06
水源涵养	单位量/[$m^3/(hm^2 \cdot a)$]	2538.06	2625.47	2628.24	2659.62
	总量/（亿 m^3/a）	543.48	562.2	562.79	569.51
	总量变化幅度/%		3.44	3.55	4.79
土壤保持	单位量/[$t/(hm^2 \cdot a)$]	605.18	606.61	606.75	607.27
	总量/（亿 t/a）	129.59	129.9	129.92	130.04
	总量变化幅度/%		0.24	0.25	0.35
固碳	单位量/[$kg/(hm^2 \cdot a)$]	2387.6	2407.78	2407.49	2413.2
	总量/（万 kg/a）	511.26	515.58	515.52	516.75
	总量变化幅度/%		0.84	0.83	1.07

6.5 SLUCS 模型的应用前景

本研究建立的 SLUCS 模型的新颖之处在于它使用了基于海拔梯度的分层策略来更好地拟合土地利用动态变化过程。海拔梯度变化反映了气象条件、土壤性质和植物功能等众多因素的差异（Lemenih and Itanna，2004；Zhang and Wilmking，2010），并会进一步影响区域土地利用的功能定位以及人类对土地资源的需求和利用活动（Becker et al.，2007；Tovar et al.，2013）。基于海拔梯度分层，SLUCS 模型建立了非空间土地需求预测模块和土地利用适宜性分层预测模块来更好地量化分层的土地利用需求、土地利用分布和驱动因素的区域差异，以提高模型模拟的性能。与以往研究中使用的主观划分方法（van Asselen and Verburg，2012，2013）不同的是，SLUCS 模型基于面向对象的影像分割方法，开发了一种将研究区划分为多个海拔梯度分层的定量方法。基于本研究提出的 ASD_{intra}、LV_{inter} 和 OSS，综合考虑不同海拔梯度内土地利用特征的内部同质性和外部异质性，以实现最优分割尺度确定并生成相应的分层。

基于海拔分异策略，本研究产生了与不同自然和社会经济因素空间模式相关的海拔梯度分层，可以更好地表征土地利用变化过程的空间差异，并更好地模拟其变化。设置不同分层，可以确保宏观尺度的非空间预测结果在区域尺度实现有效的空间分配（van Asselen and Verburg，2013）。与边界固定的行政单元分区相比，SLUCS 模型根据海拔梯度和土地利用特征将整个研究区灵活地划分为多个分层。例如，若应用 16 个单元组成的市域边界被用来计算土地利用特征之间的外部异质性，则计算得到的 LV_{inter} 仅为 0.048，这比 SLUCS 模型中基于海拔分层计算的 LV_{inter}（0.074）低了近三分之一，这是因为基于海拔分层范围的土地利用特征的空间变化大于基于市域边界范围的土地利用特征的空间变化。在基于海拔分层模块生成的不同分层中，相应的土地利用特征和历史变化均互不相同，表明不同分层在土地利用方向上的空间差异（图 6-7）。例如，在位于研究区西北部的平均海拔分别为 1732m 和 1714m 的两个高海拔分层中，林地面积增长率较高，分别为 3.02% 和 2.75%，远高于整个研究区的平均值 0.60%。相比之下，2000 年位于研究区西南的平均海拔（144m）最低的分层的建设用地面积比例在各分层中最高，为 6.37%，2000 ~ 2015 年该分层的建设用地增加面积也是最高，为 $486km^2$。因此，非空间土地需求预测模块将更好地考虑不同海拔梯度分层土地利用活动的空间差异，预测各分层的土地利用需求，并为模拟土地利用设定分区限制（Liao et al.，2016）。同时，土地利用适宜性分层预测模块能够更好地量化驱动因素与土地利用关系在不同分层的差异，这将大大提高土地利用变化的模拟精度（Veldkamp and Lambin，2001；Verburg et al.，2002）。通过使用哑变量来表示 Logistic 回归模型中的不同分层，可以揭示驱动因素对土地利用影响的区域差异（Santé et al.，2010）。可见，基于海拔梯度分层的土地适宜性估计可以提供关于土地利用变化的新空间信息，提高模型的性能。

SLUCS 模型在研究区的应用结果验证了其对预测土地利用空间分布变化的有效性（图 6-8 和表 6-7）。与传统没有分层的方法相比，SLUCS 模型的分层策略表现出比参考土地利用分布更好的空间一致性和更高的精度评估。以往的研究验证了传统模拟方法能够很好地解释土地利用的继承性，可以有效模拟没有发生土地利用变化的区域（van Vliet et al.，2011；van Asselen and Verburg，2013；Liu Z et al.，2017）。2000～2015 年，研究区仅有 2.4% 的区域发生了土地利用类型变化，这使得传统模拟方法和分层模拟方法都表现出较高的 kappa 系数。然而，上述两种方法计算的 $K_{\mathrm{Simulation}}$ 系数结果表明，在经历土地利用变化的区域，分层模拟方法的表现比传统模拟方法更好（van Vliet et al.，2011）。特别是，分层模拟方法产生了比参考土地利用图更好的空间可视化拟合效果（图 6-8）和更高的建设用地 Modified Lee and Sallee 指数数值（表 6-7）。我国不同行政单位内部严格的规划和管理约束着各自城市的发展（Deng et al.，2009）。因此，城市化率存在明显的空间差异，不同区域之间表现为明显的城市化进程差异（Liu J et al.，2012）。传统模拟方法无法充分模拟城市化进程的区域差异，因而预测的建设用地空间分布更为分散。相比之下，分层模拟方法的优势在于分层考虑了区域城市化进程和建设用地扩张的差异。综上，SLUCS 模型在土地利用变化预测上的改进效果将为决策提供更可靠的支持。

在一定程度上，本研究建立的 SLUCS 模型还存在一定的局限性，其在部分土地利用变化区域的模拟能力相对有限。精度评估结果表明，建设用地的模拟精度仍然低于其他土地利用类型，并且与参考土地利用相比，在地类变化的零散区域会存在更大的空间差异。与以往预测城市增长的研究中 ROC 值在 0.85 左右（Hu and Lo，2007；Vermeiren et al.，2012）的结果相比，本研究建立的 Logistic 回归模型中的建设用地 ROC 值为 0.78，相对较低。这表明该回归模型尚不能完全解释建设用地的空间变异性，并将进一步影响 SLUCS 模型的模拟性能。土地利用变化是由驱动因素相互作用决定的，不同空间分辨率的数据也会影响模拟结果，并可能会增加不确定性。社会经济等统计汇总数据在大尺度上可能会掩盖局部变异性，难以刻画精细尺度的空间特征（Veldkamp et al.，2001）。不同的生物物理过程和社会经济活动往往在不同的尺度影响土地利用（Serrano-Tovar and Giampietro，2014），因此，对于土地利用系统，往往没有一个绝对的最优分割尺度（Jackson and Fahrig，2015）。数据源决定了基础的分析像元大小（Veldkamp et al., 2001), 考虑到本研究大部分驱动因子的空间分辨率为1000 m × 1000 m, 其他因子均以相同的像元大小进行重采样, 而这将使得在这一尺度上很难量化精细的社会经济过程。并且, 土地利用规划和政策等信息也很难量化, 这会严重影响建设用地的扩张模拟 (Wu et al., 2011)。因此, 本研究只能描述不同分层的土地利用政策和规划所驱动的土地利用需求。此外, SLUCS 模型在定量刻画人类对土地资源需求和利用活动方面也存在困难 (Wang et al., 2006; Lauf et al., 2012)。因此, 本研究使用了几个替代性指标 (表6-1), 尽管这在以往的研究中被证明是可以接受的, 但仍将一定程度上影响模型模拟在局部的性能。由于只有7 个显著水平为0.05 的独立变量被用于构建拟合建设用地分布的分层 Logistic 回归模型, 融入空间精细的社会经济因素信息将有助于在未来的研究中提高模型对土地利用变化的模拟性能。

此外, 本研究假设最优分割尺度是多尺度分割过程中具有最高 OSS 数值的分割尺度, 以此, 应用17 个哑变量来标记生成的分层结果, 并添加到模型中建立分层 Logistic 回归模型。在分层 Logistic 回归模型的参数拟合中, 若自变量数量较多, 过多参数的估计可能增加模型拟合的难度, 也可能增加统计的不确定性 (Liu, 2007)。可以将 SLUCS 模型应用在其他研究领域, 以产生不同数量的分层, 并验证分层策略对模型模拟性能的改善效果。此外, 本研究仅采用海拔数据进行分层, 以表征海拔梯度对土地利用的影响。在未来研究中, 还可以选择和测试其他环境参数, 以生成具有多个环境变量的分层结果 (Zomer et al., 2014; Kieu and Zhang, 2018)。考虑到数据的可获得性, 本研究仅更新了 2000 ~ 2015 年变化明显的部分驱动因子来模拟2030 年的土地利用 (图6-9), 其他未更新的驱动因素若有量化手段或者数据源, 可以在未来的研究中更新, 以更好地预测土地用途。

SLUCS 模型可以预测不同土地利用情景下的未来土地利用变化空间格局。由于经济发展、粮食安全和生态保护方面的多重需求的联合作用, 不同土地利用类型之间经常发生竞争和冲突 (DeFries et al., 2004)。在本研究设计的三种情景下, SLUCS 模型的输出结果显示了未来潜在的土地利用变化和与不同土地利用优先策略的竞争关系。与我国大多数地区的情况一致 (Peng and Wang, 2012), 该模型表明, 黔桂喀斯特山地未来粮食安全面临更大的威胁, 所有情景均预测耕地将继续减少, 粮食危机将会在发展规划情景和生态优先情景中进一步加高。发展规划情景预测了更加分散的建设用地空间分布模式, 这意味着山区有限的平地资源将限制城市附近建设用地的扩张, 未来部分县的新增建设用地将不得不分散在更加适宜的区域, 远离原有城镇区域, 形成更为分散的空间格局。山区过度城镇化容易破坏生态系统 (Zhang et al., 2004), 这意味着我们需要更加科学地规划本研究区的城镇化发展。生态优先情景表明，以降低建设用地增长率、提高耕地和草地减少率为代价，方可实现林地的大幅增加。多情景的模拟结果比较表明，在决策过程中应统筹考虑对生态保护的投资力度和对社会经济的牺牲程度（Davis et al., 2011; Xu et al., 2014）。

在喀斯特山区，生活和生产适宜性较高的土地资源数量有限，将加剧不同需求土地利用活动的冲突（许尔琪和张红旗，2016），亟须在不同土地利用类型之间进行权衡，以支持土地利用规划和管理。本研究提出的 SLUCS 模型预测了土地利用变化轨迹，可视化了未来土地系统动态过程。对于不同的目标土地利用情景，可应用 SLUCS 模型来预测土地利用变化的区域，并应用该模型来评估其变化产生的潜在影响，如粮食生产、土壤保持、水源保护和生物多样性保护等不同系统服务价值（Lambin et al., 2001; Foley et al., 2005; Tscharntke et al., 2012; Zhou et al., 2013）。土地利用转换潜力高的区域应成为土地利用规划的重点。例如，按照模型模拟的结果，在建设用地占用的高产耕地中，在考虑社会经济发展的情况下，应重点实施耕地保护政策（Lichtenberg and Ding, 2008）。比较三种土地利用变化情景，其他土地利用类型转变为林地的区域将是植树造林工程实施的优先地区，因为这些区域具有很高的林地适宜性。综上，为了协调多种相互冲突的土地利用类型，SLUCS 模型模拟的不同土地利用变化轨迹信息可为土地资源可持续利用提供潜在的选择和规划依据。

为了量化不同海拔梯度内土地利用变化的区域差异，本研究提出了海拔分层策略，建立了一个新颖的分层土地利用变化模拟模型——SLUCS 模型。更好地理解和预测土地系统动态，将能够有效支持土地利用规划和政策的设计和实施。基于不同海拔梯度，SLUCS 模型可对不同分层土地利用方向的模拟进行分区约束，并量化驱动因素与土地利用关系在各分层的差异，有助于更好地模拟土地利用动态过程。该模型包括四个模块：海拔分层模块、非空间土地需求预测模块、土地利用适宜性分层预测模块和土地利用空间分配模块。第一个模块建立了一种海拔梯度分层方法，综合考虑了土地利用特征各分层的内部同质性和外部异质性，利用 ASD_{intra}、LV_{inter} 和 OSS 生成最优分割尺度的分层。第二个模块通过历史趋势分析和情景设置，预测了不同分区的未来土地利用需求。第三个模块建立了基于海拔分层的 Logistic 回归模型，引入哑变量表示不同的分层，以揭示驱动因素与土地利用之间关系的区域差异。第四个模块整合上述三个模块，通过迭代过程，实现了分层土地利用的空间分配。以黔桂喀斯特山地为典型区，本研究开展了模型应用和验证。

本研究结果进一步验证了 SLUCS 模型在预测土地利用变化轨迹和空间分布方面的有效性。与没有分层的传统模拟方法相比，分层策略表现出比传统方法更好的模型性能，分层模拟结果实现了与参考土地利用图更好的空间一致性和更高的精度效果。特别地，SLUCS 模型可以在土地利用变化区实现更好的模型性能，尤其是其 $K_{\text{Simulation}}$（0.52）明显高于传统模拟模型的 $K_{\text{Simulation}}$（0.19），此外，基于 Modified Lee and Sallee 指数，SLUCS 模型对水域和建筑用地等的模拟具有更高的模拟精度。本研究根据不同的土地利用优先程度和管理战略，设计了 2015 ~ 2030 年的历史趋势、发展规划和生态优先 3 种土地利用变化情景，应用 SLUCS 模型预测了未来潜在的土地利用变化，并可视化了不同土地利用类型之间的竞争。与 2000 ~ 2015 年的历史变化趋势一致，三种情景呈现出类似变化趋势，但变化幅度明显不同。历史趋势情景根据过去 15 年的变化预测了未来土地利用的变化趋势。发展规划情景预测了最大建设用地增加量，生态优先情景模拟了最大林地增长规模，但代价是建设用地面积的低增长以及农田和草地面积的高减少。比较 SLUCS 模型模拟的不同的土地利用情景，可对土地利用类型提出不同的管理和权衡策略。此外，本研究提到的 SLUCS 模型的局限性和可能的改进可在未来的研究中进一步尝试，以便更好地解释和预测土地利用变化过程，服务规划和决策。

第7章 干旱区生态退耕背景下的土地利用优化配置

干旱区耕地大规模扩张导致水资源超载、生态问题频发，亟须退地还水。因此，探索水资源约束下的生态退耕空间优化配置方案，可为干旱区生态保护、农业可持续发展，以及土地利用规划决策提供参考。目前，对生态退耕方案产生的不同生态和经济效益之间的矛盾和权衡关系的量化尚且不足，有鉴于此，本研究建立生态退耕空间优化配置及权衡分析模型，以新疆奇台县为研究区，进行模型应用示范。首先，构建干旱区耕地水热平衡估算模型，探讨不同情景下耕地适宜规模及其超载程度；然后，据此设计水资源约束下的保有耕地优先和保护生态优先两个方向的优化配置方案群，利用蚁群优化算法实现生态退耕的空间配置模拟与优化。结果表明，研究区耕地规模过度开发、严重超载。为保障一定数量的生态用水，耕地面积在保有耕地优先情景中将减至99 390hm^2，在保护生态优先情景中将减少到69 550hm^2。从保有耕地优先情景到保护生态优先情景，河道内生态用水占水资源总量的比例从10%增加到30%，防风固沙量由713.22万t增加至816.59万t，经济效益则由34.86亿元下降至24.75亿元。比较单位经济效益的减少可产生的生态效益的增加比例，最终确定耕地面积退至83 490hm^2是权衡生态和经济效益下的生态退耕最优方案。本案例区中，退耕还草主要发生在奇台县耕地集中区的东北、西北及西南部边缘，有利于北部的沙漠化防控和南部的水源保护。本研究实现干旱区水资源约束下生态退耕方案的空间模拟和优化，对农业经营和生态保护具有重要参考意义。

7.1 干旱区生态退耕及其效应的研究进展

水资源是制约干旱区社会经济发展和生态保护的关键因素（王静等，2019；武庆彬，2019）。一方面，干旱区资源型缺水现象普遍存在，水资源空间分布不均，需依靠水资源调控工程满足基本的用水需求（惠泱河等，2002）；另一方面，由配置失衡导致的生产用水挤占生活和生态用水的矛盾愈发激烈，直接影响居民生活、经济发展和生态安全（张治，2014；王文辉等，2018）。同时，这一区域热量充足，促进了植被快速蒸腾、陆地和水体表面大量蒸发，导致可以被有效利用的水资源更加短缺，生态系统的稳定几乎完全受到水分限制（高红贝，2015），因此水资源的合理配置显得尤为重要（Tan et al.，2017；Li et al.，2019）。随着耕地快速扩增，农业成为各产业中最大的用水产业（曹雪等，2011；王志成等，2019；柯映明等，2020），有限的水资源难以同时满足生产、生活和生态用水需求（方创琳和李铭，2004），导致农业用水挤占其他产业用水、生态用水（曹雪等，2011；柯映明等，2020）。因此，坚持“以水定地”原则（陈小兵等，2008），在水资源约束下控制并减少耕地规模（赵爱栋等，2016），制定生态退耕空间优化方案，对干旱区农业发展和生态保护具有重要意义（Zhang，2001；曹雪等，2011）。

干旱区耕地的来源多为草地（汪洋和安沙舟，2018），这一土地利用变化容易削弱生态系统服务支撑和调节功能（杜国明等，2017；戴路炜等，2020），同时这些耕地往往存在众多限制因素，制约农业可持续生产。生态退耕则是以生态建设或恢复为目标，通过人为干预的方式将耕地转变为林草地的过程（邱扬等，2008）。国内外关于生态退耕的研究主要集中在退耕的时空分异（王秀红和申建秀，2013；刘栩如等，2016）、驱动因素（曹银贵等，2008；杜新波等，2013）、对粮食安全保障（刘贤赵和宿庆，2006；唐亚平，2014）及生物多样性的影响（谷长磊等，2013；Lipsey et al.，2015）等方面。近年来，干旱区退耕涉及的生态问题得到广泛关注（贾晓娟，2008；杜国明等，2016a），尤其是对退耕过程中耕地与其他土地利用类型转换产生的生态系统服务变化（杜国明等，2016b；司慧娟等，2016；钟莉娜，2018；Geng et al.，2020），以及各生态系统服务之间的权衡与协同关系的研究愈发深入（Xu et al.，2014；李鹏山，2017；戴路炜等，2020）。

受水资源、气候、土壤等自然环境因素，以及节水灌溉技术、田间管理水平等人为因素的影响，干旱区耕地适宜规模必定存在一个阈值（陈小兵等，2008；张莹等，2019），若超过这一阈值，会造成生产用水挤占生态用水，水土资源匹配失衡（耿庆玲，2014；Yang et al.，2019），土壤盐渍化和沙化加剧（缑倩倩等，2011；赵玉田，2016）。因此，生态退耕的前提和依据就是在保障区域一定生态用水需求的前提下，进行耕地适宜规模的合理调控。耕地适宜规模的研究方法包括数学模型与经验模型相结合的线性规划法（曹雪等，2011）、水足迹法（李啸虎等，2015），考虑到耕地是绿洲生态系统的一部分，水热平衡法、水量平衡法也被尝试用于耕地规模的评估中（陈小兵等，2008；郝丽娜和粟晓玲，2015；阿布都热合曼·哈力克等，2019），但应用过程中未能很好地突出不同作物生长期耕地与绿洲整体下垫面性质的差异，同时直接赋值的参数实际意义不够明确，因此尚有较大改进空间。

此外，在生态退耕过程中，生态效益增加与经济效益损失的矛盾无法避免。统计资料与农户调查（兰紫橙等，2020）、基于土地利用变化的生态系统价值估算（郝梦雅等，2017）、生态系统服务量化评估模型（冉圣宏等，2010）等方法逐渐应用到对生态效益和经济效益的权衡分析中。有研究表明，大尺度区域生态效益的增加往往以局部地区农户收入明显减少为代价（Wang C M et al., 2007）；同时，一些生态退耕工程中存在地块选择不当问题，使得经济效益的损失没有充分转化为生态效益的增加，导致退耕工程难以为区域经济-生态协调发展提供动力（岳耀杰等，2014），成为当前生态退耕过程中亟待解决的科学问题。

有鉴于此，本研究以近年来耕地扩张显著，导致灌溉用水大量挤占生态用水的新疆奇台县为例，在水资源总量约束下，模拟耕地适宜规模区间内的生态退耕空间优化方案群，并量化解析各方案经济和生态效益的权衡关系，寻找权衡关系中的关键拐点，用以筛选兼顾经济效益和生态效益的空间优化配置方案，为区域土地利用规划和决策提供参考。

7.2 干旱区典型县概况

奇台县位于新疆天山北坡地区，昌吉回族自治州（简称昌吉州）东部，属大陆性半荒漠干旱气候，年平均温度5.5℃、降水量269.4mm，面积1.93万km^2。根据中国科学院资源环境科学与数据中心的土地利用数据显示，2018年，该县未利用地面积占比高达62.64%，主要分布在中北部地区，为大面积沙地、戈壁及裸岩石质地；其他主要土地利用类型包括草地和耕地，面积占比分别为22.32%和11.57%，几乎全部集中在研究区南部（简称耕地集中区），而林地、水域和建设用地占比之和仅为3.47%（图7-1）。昌吉州农作物播种面积定案资料（数据来源：昌吉州农业农村局）显示，近20年来，奇台县耕地大规模扩张，从2000年的73 530hm^2增加到了2018年的119 190hm^2，增长了62.10%，而通过奇台县土地利用图可知，新增耕地主要源于对中低盖度草地的侵占（图7-1）。

耕地的大规模扩张导致灌溉用水量急剧增加，《昌吉州水资源公报》显示，2017年奇台县总供水量6.41亿m^3，其中农田灌溉用水量5.25亿m^3，占比高达81.90%，而生态环境补水量仅为0.07亿m^3；另外需注意的是，奇台县地下水供水量占总供水量比例高达64.98%，长期依靠大量地下水补给，不仅导致奇台县平原绿洲内所有泉水河枯竭消失，还导致草地面积急剧下降，地表植被盖度降低，绿洲-荒漠交错带出现土壤荒漠化问题。因此，实施退耕还水、还草政策，优化耕地空间布局，是奇台县亟须解决的生产生态问题。

图7-1包括新疆生产建设兵团辖区，但其不在本研究的研究范围内，本章其

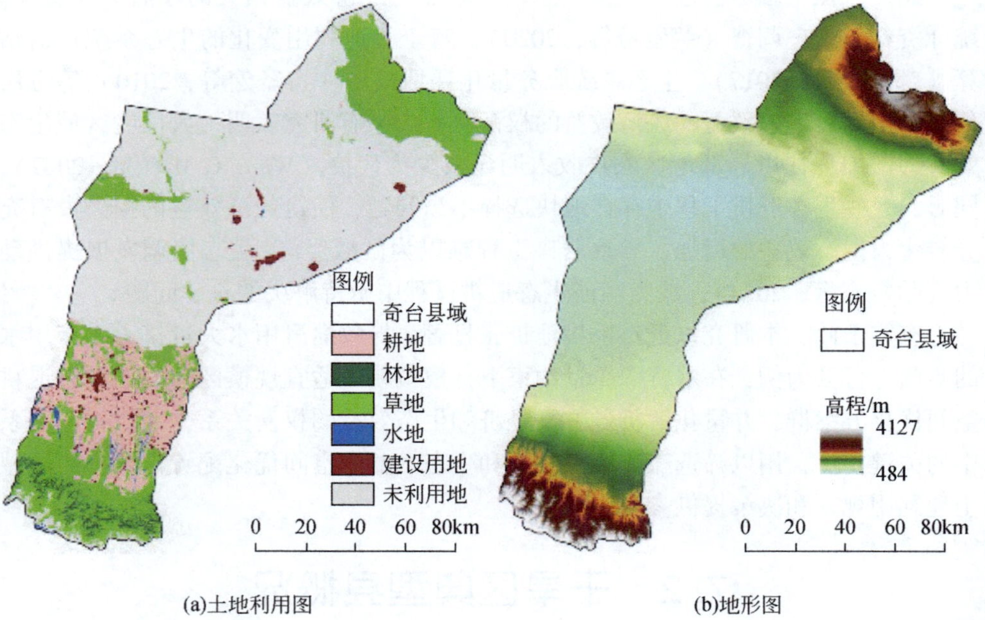

图 7-1 奇台县土地利用及地形图

余涉及研究区空间范围的图均将新疆生产建设兵团辖区去除。

7.3 生态退耕空间优化配置及权衡分析方法

7.3.1 生态退耕背景下的土地利用优化配置数据来源

昌吉州农作物播种面积定案资料来自昌吉州农业农村局，水资源量相关数据来自昌吉州水利局。气候数据包括月均温度、降水和风速等，来自国家地球系统科学数据中心。土地利用、DEM、NDVI、人口密度和气候生产潜力数据来自中国科学院资源环境科学与数据中心。其中，土地利用类型包括耕地、林地、草地、水域、建设用地和未利用地六大类，并根据研究区土地利用类型组成情况，将草地细分为高、中和低覆盖草地，除土地利用和 DEM 数据空间分辨率为 30m×30m 外，其余数据分辨率均为 1km×1km。NPP 数据为 MOD17A3HGF 数据产品，来自美国国家航空航天局，空间分辨率为 500m。灌溉保证率数据来自昌吉州农业农村局，土壤质地、土壤含盐量和土壤有机质含量的栅格图为昌吉州土肥站实测点位数据进行插值的结果。

7.3.2 生态退耕空间优化配置及权衡分析模型介绍

本研究构建的生态退耕空间优化配置及权衡分析模型主要由 4 个模块组成（图 7-2），分别为：①水资源约束下的耕地适宜规模分析，通过核算除种植业用水外的各产业生产用水、生活用水，以及保有耕地优先和保护生态优先两种情景下的生态用水，分析种植业适宜用水量范围，以此进一步估算耕地适宜规模范围；②耕地-草地适宜性评价，分别选取干旱区耕地和草地适宜性的关键影响因子进行适宜性评估，为耕地和草地的空间优化配置提供基础参考；③耕地-草地空间优化配置，基于蚁群优化模型，在耕地适宜规模范围内，对耕地-草地空间格局进行优化配置，形成生态退耕空间优化方案群；④经济-生态效益最优方案权衡分析，根据退耕过程中经济效益每减少 1% 所能置换的生态效益增加比例的关键拐点，寻找方案群中介于保有耕地优先情景和保护生态优先情景的经济-生态效益权衡最优方案。

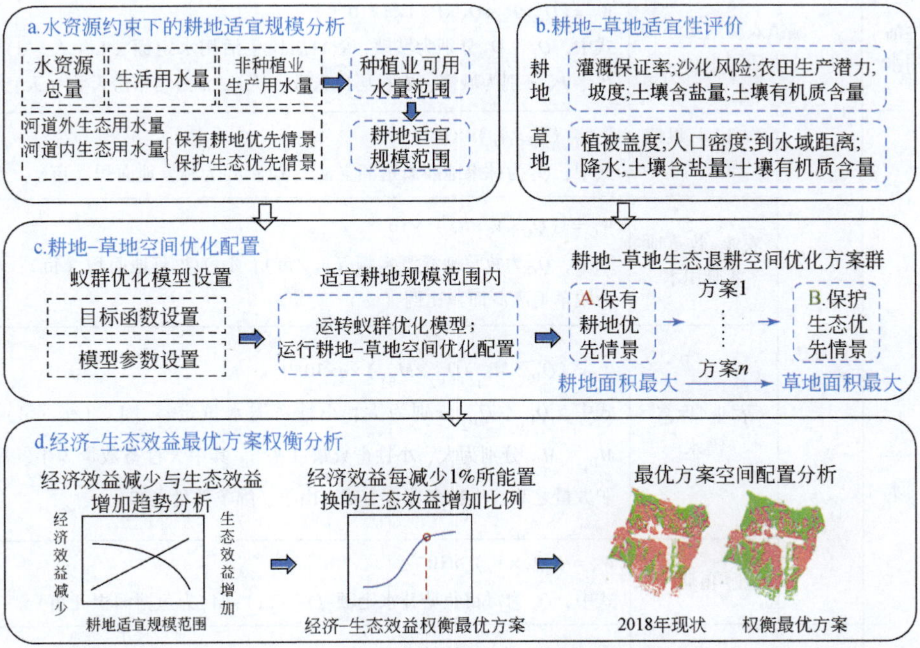

图 7-2　干旱区生态退耕空间优化配置及权衡分析模型的技术框架图

7.3.2.1 区域用水量测算方法

地区用水量分为生活、生产和生态用水。其中，生活用水包括城镇、农村居民生活用水；生产用水包括农业、工业生产用水和城镇公共用水，其中农业生产用水又包括种植业、林业、牧业及渔业用水；生态用水包括河道内、外生态用水。水资源总量减去生活用水、非种植业生产用水及设定的可保障生态用水，即种植业可用水量，公式如下：

$$W_P = W_R - (W'_P + W_L + W_E) = W_R - (W'_P + W_L + W_{E_1} + W_{E_2}) \tag{7-1}$$

式中，W_R 为地区用水量；W_P、W'_P、W_L 和 W_E 分别为种植业用水量、非种植业生产用水量、生活用水量和生态用水量；W_{E_1} 和 W_{E_2} 分别为河道外生态用水量和河道内生态用水量（亿 m^3）。W'_P、W_L 和 W_{E_1} 分别依据统计年鉴中各项的用水规模和对应的用水标准进行核算，W_{E_2} 通过情景设置来确定，即一定比例的水资源总量，比例越高意味着生态流量保障程度越高。除种植业外的“三生”用水测算方法详见表 7-1。

表 7-1　除种植业外的“三生”用水测算方法

用水项			计算方法
生活用水	城镇农村居民生活用水		$W_L = (Q_C \times P_C + Q_X \times P_X) \times n \times 10^{-11}$ 式中，Q_C、Q_X 分别为城镇、农村居民生活用水定额［L/(人·d)］；P_C、P_X 分别为城镇、农村居民人数（人）；n 为当年份天数（天）
生产用水	农业生产用水	农业-林果地灌溉用水	$W_F = (Q_F \times A_F) \times 10^{-8}$ 式中，Q_F 为林果地灌溉定额（m^3/亩）；A_F 为林果地面积（亩）
		农业-牧草地灌溉用水	$W_G = (Q_G \times A_G \times R_G) \times 10^{-8}$ 式中，Q_G 为牧草地灌溉定额（m^3/亩）；A_G 为牧草地面积（亩）；R_G 为牧草地灌溉面积比例（%）
		农业-牲畜需水	$W_D = (Q_{D_1} \times M_{D_1} + Q_{D_2} \times M_{D_2}) \times n \times 10^{-11}$ 式中，Q_{D_1}、Q_{D_2} 分别为大、小牲畜需水量定额［L/（头·d)］；M_{D_1}、M_{D_2} 分别为大、小牲畜数量（头），其中大牲畜数量为牛、马、驴数量之和，小牲畜数量为猪、山羊、绵羊数量之和
		农业-鱼塘补水	$W_Y = (Q_Y \times A_Y) \times 10^{-8}$ 式中，Q_Y 为每亩鱼塘补水定额（m^3/亩）；A_Y 为鱼塘面积（亩）
	工业生产用水		$W_I = (Q_I \times V_I) \times 10^{-4}$ 式中，Q_I 为万元工业增加值用水量（m^3/万元）；V_I 为当年工业增加值（亿元）
	城镇公共用水		$W_C = (Q_P \times P_C) \times n \times 10^{-11}$ 式中，Q_P 为城镇公共用水定额［L/（人·d)］

续表

用水项		计算方法
生态用水	河道外生态用水	$W_{E_1}=(Q_E \times A_E \times R_E)\times 10^{-8}$ 式中，Q_E 为园林绿地灌溉定额（m^3/亩）；A_E 为园林绿地面积（亩）；R_E 为园林绿地面积有效灌溉比例（%）
	河道内生态用水	$W_{E_2}=W \times i$ 式中，i=10% 或 30%，分别为预留 10% 或 30% 水资源总量的河道内生态用水量（亿 m^3），即临界耕地适宜规模和最佳耕地适宜规模下的河道内生态用水量

注：1 亩≈666.7m^2

种植业需水量通过区域降水量和作物蒸散 ET_c 进行测算，ET_c 直接影响作物对水分的需求，根据不同作物、不同生育期的生长情况，可对参考作物蒸散 ET_0 进行校正（Shahrokhnia and Sepaskhah，2013），计算公式如下：

$$ET_{cij}=\sum_{i=1}^{n}\sum_{j=1}^{m}(ET_{0ij}\times K_{cij}) \tag{7-2}$$

式中，ET_{cij} 为作物 i 在生育期 j 内的作物蒸散（mm）；ET_{0ij} 为与作物 i 的生育期 j 同时期内的参考作物蒸散发（mm）；K_{cij} 为作物 i 在生育期 j 内的作物系数。ET_{0ij} 使用 Penman-Monteith 公式（Smith et al.，1992）进行计算。本研究选择联合国粮食及农业组织开发的 ETo Calculator 软件，筛选出最高气温、平均气温、最低气温、平均相对湿度、平均风速和日照时数 6 个气象观测指标进行逐日计算，再根据作物 i 的 j 生育期时段，将逐日 ET_0 汇总为 ET_{0ij}。作物 i 在生育期 j 的起止日期，以及作物 i 在生育期 j 内的作物系数 K_{cij} 均参考物候数据集搜集计算。

根据昌吉州实际情况，昌吉州西部以种植棉花为主，东部以种植小麦和玉米为主，其他种植面积占比较小的作物分布较为分散，故棉花各生育期参数以昌吉州西部的 4 个气象观测站数据计算结果的均值表示，小麦和玉米各生育期参数用昌吉州东部的 4 个气象观测站数据计算结果的均值表示，而全州 8 个气象观测站数据得出的 ET_{cij} 平均值用于计算其他作物各生育期参数。

7.3.2.2 水资源约束下的耕地适宜规模分析

本研究通过约束种植业总需水量来保障生态用水量，通过设计生态退耕空间优化方案群来寻找研究区耕地适宜规模。由于新疆水利厅提出保留 30% 的河川径流量用于维护河流生态环境的稳定，同时考虑研究区实际水资源开发利用情况，根据《昌吉州水资源公报》计算可知，2017 年水资源实际开发利用率已接近 90%，故本研究中种植业适宜水资源规模的计算涉及两种情景：①临界耕地适宜规模情景，即仅预留 10% 的河道内生态用水（河道内生态用水红线）时的种植业耕地最大规模，若超过这一规模，种植业用水超载势必导致生态用水无法得到保障，生态安全面临威胁；②最佳耕地适宜规模情景，即预留 30% 的河道内生态用水时的种植业耕地适宜规模，其也是综合考虑农业可持续发展和生态安全的水资源配置方式，可为保护生态优先情景下种植业发展模式的适宜耕地面积评估提供参考。

因此，本研究将水资源总量的 10% ~30% 作为河道内生态用水量 $\mathrm{W}_{\mathrm{E}_2}$ 的合理范围，其中设置 10% 水资源总量的河道内生态需水情景（即保障生态流量的下限）为保有耕地优先情景，此时种植业可用水量最高、耕地适宜规模最大；设置 30% 水资源总量的河道内生态需水情景（即保障生态流量的上限）为保护生态优先情景，此时河道内生态用水量最高、耕地适宜规模最小。以此分别计算相应的种植业用水 W_{P} 及耕地面积，并作为耕地适宜规模的上限和下限。由于缺少县级水资源总量数据，本研究先计算昌吉州的 W_{P}，并估算水资源约束下的适宜耕地面积，再依据奇台县耕地占昌吉州总面积的比例，来折算奇台县耕地适宜规模。计算得到 W_{P} 后，根据研究区种植结构、不同生长期内作物系数等自然因素，以及灌溉保证率、地膜覆盖情况等管理因素，应用改进的水热平衡法计算不同作物的需水量，最终得到不同生态用水保障程度下相应的耕地适宜规模。

王忠静等（2002）根据生态学中的水热平衡原理提出干旱区绿洲适宜规模的估算方法，计算公式为

$$A_c = \frac{W - W'}{(\mathrm{ET}_0 - r) \times K_{\mathrm{P}} \times H_0^*} \tag{7-3}$$

式中，A_c 为绿洲面积；W 为绿洲区域内水资源总量；W' 为对植被生长无贡献的水资源消耗（如工业用水等）；ET_0 为参考作物蒸散；r 为区域年降水量；K_{P} 为绿洲综合植物系数，为主要植物类型的植物系数加权平均值；H_0^* 为绿洲整体绿度。

7.3.2.3 耕地-草地适宜性评价

耕地和中低盖度草地的相互转换是奇台县开垦和退耕的主要土地利用类型转换方式，同时，考虑到土地利用类型转换成本及可行性，本研究假设林地、水域、建设用地、未利用地和高盖度草地短期内不发生变化，仅在 2018 年耕地和中低盖度草地中进行土地适宜性评价和多情景的空间优化配置模拟。

结合奇台县情况（张紫昭等，2015；饶品杰，2016）并对比已有研究（唐秀美等，2011；孙梨萍，2014），选择灌溉保证率、坡度、沙化风险、农田生产潜力、土壤含盐量和土壤有机质含量 6 个指标建立耕地适宜性评估指标体系（表 7-2），并选取植被盖度、人口密度、到水域距离、降水、土壤含盐量和土壤有机

质含量 6 个指标建立草地适宜性评估指标体系（表 7-3）。按照 90m 分辨率进行数据重采样，并进行归一化计算。

表 7-2　奇台县耕地适宜性评估指标体系

指标	计算方法	归一化方法
灌溉保证率	矢量转栅格	—
坡度	基于 DEM 数据和 ArcGIS 10.2 地形分析工具计算坡度	$x'=\frac{90-x}{90}$
沙化风险	基于土地利用数据和距离分析工具，计算任一耕地单元到最近沙漠的距离	$x'=\frac{x}{\max(x)}$
农田生产潜力	直接获得	$x'=\frac{x}{\max(x)}$
土壤含盐量	直接获得	$x'=\frac{\max(x)-x}{\max(x)-\min(x)}$
土壤有机质含量	直接获得	$x'=\frac{x}{\max(x)}$

注：x 为任一指标原始数据，x'为归一化数值（下同）

表 7-3　奇台县草地适宜性评估指标体系

指标	计算方法	归一化方法
植被盖度	利用 NDVI 和下式计算：$C=\frac{\text{NDVI}-\text{NDVI}_a}{\text{NDVI}_b-\text{NDVI}_a}$ 式中，NDVI、NDVI_a 和 NDVI_b 分别代表任一栅格 NDVI、裸地 NDVI 和区域 NDVI 最大值	—
人口密度	直接获得	$x'=\frac{\max(x)-x}{\max(x)-\min(x)}$
到水域距离	基于土地利用数据和距离分析工具，计算到水域的距离	$x'=\frac{\max(x)-x}{\max(x)-\min(x)}$
降水	直接获得	$x'=\frac{x}{\max(x)}$
土壤含盐量	直接获得	$x'=\frac{\max(x)-x}{\max(x)-\min(x)}$
土壤有机质含量	直接获得	$x'=\frac{x}{\max(x)}$

基于建立的土地适宜性评价体系，对耕地和草地适宜性分别进行加权评估，公式如下：

$$S_j=\sum_{i=1}^{n}(w_i\times s_i) \tag{7-4}$$

式中，j 为土地利用类型，本研究可为耕地或草地；S_j为土地适宜性值；n 为土地利用类型 j 的适宜性评估指标总数；w_i为第 i 个指标的权重；s_i为第 i 个指标的归一化数值。结合干旱区农业水资源和荒漠化防治的重要性，耕地适宜性评价中灌溉保证率和土壤含盐量权重设置为 0.2，其余因子权重均设置为 0.12；草地适宜性评估重点考虑自然植被覆盖和人类活动因素的影响，设置植被盖度及人口密度权重为 0.2，其余因子权重均为 0.12。

7.3.2.4 耕地-草地空间优化配置

蚁群优化模型源于对蚂蚁觅食路径的分析，是一种结合分布式计算、正反馈机制和贪婪式搜索的算法，具有很强的全局搜索能力，能够快速寻找最优解（Li et al., 2011）。该优化模型在求解复杂优化问题方面具有优越性，近年来被逐渐应用到土地利用优化配置研究中（Garcia et al., 2009；Liu X P et al., 2012；Tang et al., 2020）。本研究利用改进后的蚁群优化模型，可以在多因子约束下寻找面向研究区全局的耕地-草地空间最优配置格局。蚁群优化模型主要由设置参数设置和目标函数设置两部分组成，模型参数设置包括蚂蚁数目、适宜性和紧凑性因子权重、信息强度、挥发素数、启发权重、信息权重等，其中蚂蚁数目的数值与耕地适宜规模的栅格数相同，适宜性和紧凑性因子权重依据 Li 等（2011）研究分别设置为 0.7 和 0.3，其余参数概念及设置亦参考 Li 等（2011）。目标函数设置则包括土地适宜性和空间紧凑性两方面。

土地适宜性是空间优化配置的基础，为区域土地利用实现更高的经济和生态效益，本研究结合生态退耕的要求，以及耕地和草地的适宜性分布，设置土地适宜性目标函数。由于实际耕地扩张过程中侵占仅适宜草地或耕地、草地均不适宜区域的情况普遍存在，故优化过程中应尽可能将耕地优先分配在耕地适宜性较高但草地适宜性较低区域，公式如下：

$$S_e = \sum_{i=1}^{N} [(S_{iA} - 0.5 \times S_{iG}) \times X_{iA} + S_{iG} \times X_{iG}] \tag{7-5}$$

式中，S_e为土地适宜性目标值；i 为任一栅格；N 为进行空间优化的栅格总数；S_{iA}和 S_{iG}分别为第 i 个栅格的耕地和草地适宜性；X_{iA}为耕地判别函数，当第 i 个单元为耕地时，$X_{iA}=1$，否则为 0；X_{iG}为草地判别函数，当 i 个栅格为草地时，$X_{iG}=1$，否则为 0。

空间紧凑性用于优化土地利用斑块格局。考虑景观特征及管理等因素，结合耕地和草地要有一定的景观聚集效应，空间紧凑性目标函数设置如下：

$$P_c = \frac{\sqrt{A}}{L} \tag{7-6}$$

式中，P_c为景观紧凑性；A 为耕地和草地总面积（m^2）；L 为两者所有斑块边长之和（m）。

结合土地适宜性和空间紧凑性目标函数的设置及其权重因子，最终目标函数设置为

$$\text{maximize} U = 0.7 \times S_e + 0.3 \times P_c \tag{7-7}$$

式中，U 为目标函数效用值；S_e和 P_c依据式（7-5）和式（7-6）计算。将模型参数及目标函数输入算法，设定算法的基本参数及目标函数并给定水资源约束下的不同耕地适宜规模作为蚁群数量，即可模拟相应的耕地-草地空间优化方案。

7.3.2.5 经济-生态效益最优方案权衡分析

1）经济效益空间化

通过农户调研获取奇台县小麦、玉米及瓜类三种主要作物每公顷利润的平均值、最高值和最低值，利用播种面积加权求和，得到种植业利润的平均值、最高值和最低值。结合耕地适宜性空间分布，进行耕地经济效益空间化：

$$M_i = \overline{M} \times \frac{S_i}{\overline{S_i}} \tag{7-8}$$

式中，M_i为第 i 个栅格耕地每公顷利润（元）；$\overline{M}$ 为奇台县耕地每公顷利润平均值（元），农户调研均值为 22 005 元/hm^2；S_i 为第 i 个栅格耕地适宜性；$\overline{S_i}$ 为研究区 2018 年耕地适宜性均值。以栅格化 M_i图层的平均值为界，分为高值和低值两部分，分别进行直方图最小-最大值线性拉伸，使低值部分最小值和高值部分最大值与调研的每公顷利润最小值和最大值对应，合并两部分即为耕地经济效益的空间分布。

依据理论载畜量计算草地经济效益，公式如下：

$$Z_t = \frac{B_g \times G_u \times C_u \times E_u}{L_e \times d} = \frac{\text{NPP}'}{S_{bn} \times (1 + S_{un})} \times \frac{G_u \times C_u \times E_u}{L_e \times d} \tag{7-9}$$

式中，Z_t为草地理论载畜量（羊单位）；B_g 为年内单位面积干草产量（t/km^2），依据 NPP 换算；NPP′为每一栅格单元草地年总净初级生产力（gC/m^2）；S_{bn}为生物量换算成 NPP 的转换系数，为 0.45g/gC（王琪等，2019）；S_{un}为地下与地上部分生物量比例系数，温性荒漠草原取值为 7.89（王琪等，2019）；G_u、C_u和 E_u分别为不同草地类型的牧草利用率、草地可利用率和草地可食牧草比例，结合已有研究和实地调研，分别取值为 40%、80% 和 80%（王琪等，2019）；L_e为一个羊单位的日食量，取值为 1.2kg；d 为草地放牧时间（天），d=365 天。将奇台县养殖羊利润（约为 350 元/只）与草地载畜量相乘后即可得到草地经济效益的空间化。

2）生态效益空间化

沙漠化是干旱区主要生态问题之一，本研究选择防风固沙作为生态效益的标

准，根据风力侵蚀方程 RWEQ 分别计算无植被覆盖情况下的潜在风蚀量及实际风蚀量，两者差值即防风固沙量（戴路炜等，2020），公式如下：

$$\mathrm{SL_{PV}}=\mathrm{SL_P}-\mathrm{SL_V}=\frac{2z}{S_\mathrm{P}^2}\times Q_{\mathrm{Pmax}}\times \mathrm{e}^{-\left(\frac{z}{S_\mathrm{P}}\right)^2}-\frac{2z}{S_\mathrm{V}^2}\times Q_{\mathrm{Vmax}}\times \mathrm{e}^{-\left(\frac{z}{S_\mathrm{V}}\right)^2} \tag{7-10}$$

式中，$\mathrm{SL_{PV}}$为防风固沙量（kg/m^2），$\mathrm{SL_P}$为无植被覆盖情况下的潜在风蚀量（kg/m^2），$\mathrm{SL_V}$为实际风蚀量（kg/m^2）；z 为距离上风向长度（m），S_P和 S_V分别为潜在和实际关键地块长度（m）；Q_{Pmax}为潜在风力最大输沙能力（kg/m^2），Q_{Vmax}为实际风力最大输沙能力（kg/m^2）。参数计算如下：

$$Q_{\mathrm{Pmax}}=109.8\times(\mathrm{WF}\times\mathrm{EF}\times\mathrm{SCF}\times K) \tag{7-11}$$

$$Q_{\mathrm{Vmax}}=109.8\times(\mathrm{WF}\times\mathrm{EF}\times\mathrm{SCF}\times K\times C) \tag{7-12}$$

$$S_\mathrm{P}=150.71\times(\mathrm{WF}\times\mathrm{EF}\times\mathrm{SCF}\times K)^{-0.3711} \tag{7-13}$$

$$S_\mathrm{V}=150.71\times(\mathrm{WF}\times\mathrm{EF}\times\mathrm{SCF}\times K\times C)^{-0.3711} \tag{7-14}$$

式中，WF 为气候因子（kg/m^2）（巩国丽等，2014），根据已有研究，耕地和草地起沙风速分别为 4.1m/s 和 6.5m/s（巩国丽等，2014）；EF 为土壤可蚀性因子（无量纲）；SCF 为土壤结皮因子（无量纲）；K 为地表粗糙度因子；C 为植被盖度因子（无量纲）（巩国丽等，2014）。

3）权衡经济–生态效益的生态退耕最优格局

以占水资源总量 10% 和 30% 的河道内生态用水量分别作为保有耕地优先和保护生态优先两个情景的边界，计算河道内生态用水量占水资源总量 10% ~30% 时相应的耕地适宜规模，在此耕地面积范围内模拟生态退耕空间优化方案群，并计算相应的生态效益和经济效益，权衡分析二者随生态用水保障程度变化的关系。以经济效益每减少 1% 所能置换的生态效益增加比例为参考，从模拟耕地–草地生态退耕空间优化方案群中筛选效率最优的方案。

7.4 生态退耕空间优化配置及权衡分析结果

7.4.1 生态退耕空间优化模型主要参数

7.4.1.1 种植业作物蒸散及灌溉量

作物系数影响单一作物各生育期及全生育期内蒸散，各作物生育期起止时间及对应的作物系数如图 7-3 所示。根据作物系数对参考作物蒸散进行校正，得到作物蒸散量（图 7-4）。从时间序列来看，四种作物在全生育期内的平均蒸散量最低值出现在 2010 年，为 551. 41mm；最高值出现在 2018 年，达 700. 44mm，比 2010 年高出 27. 03%。

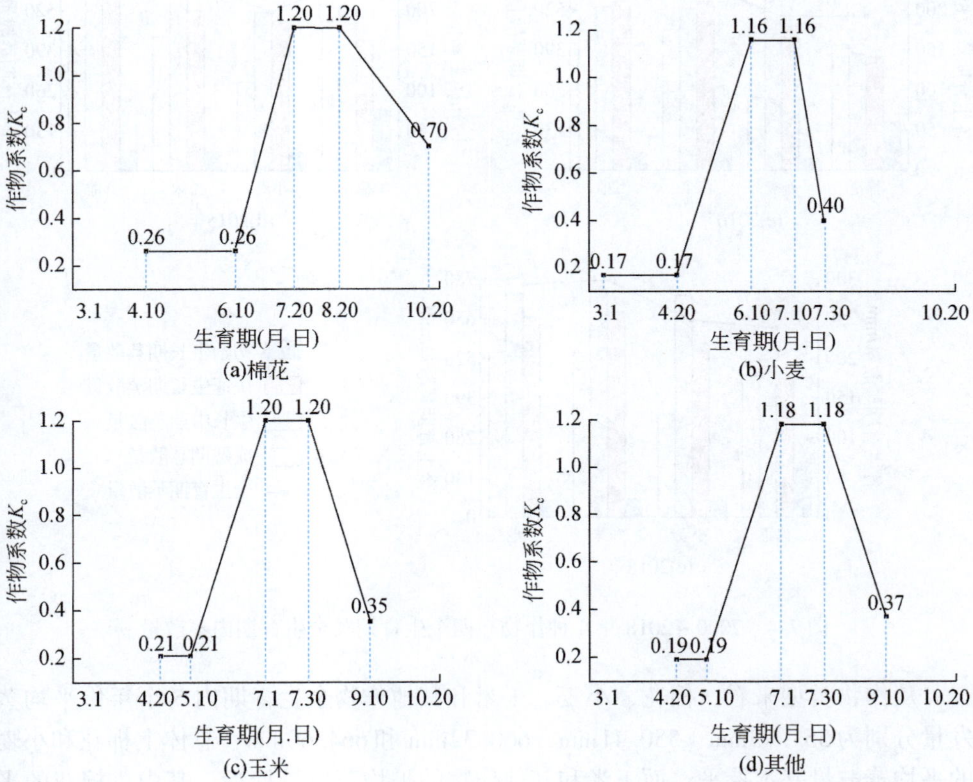

图 7-3 四种作物各生育期对应的作物系数

图中 5 个时间节点组成的 4 个生育期分别为初始生长期、快速生长期、生长中期和成熟期

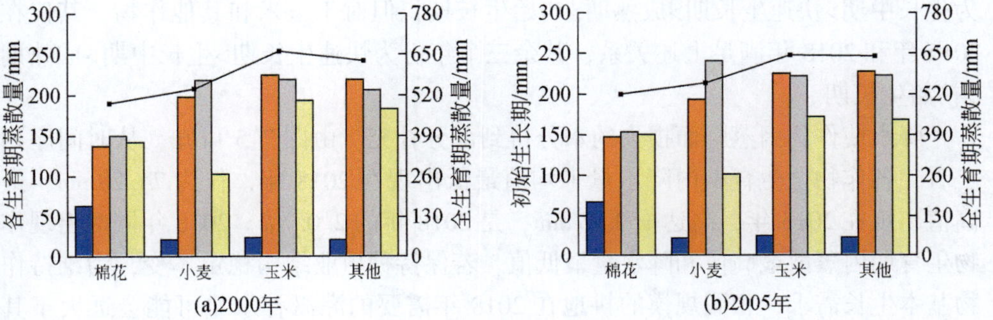

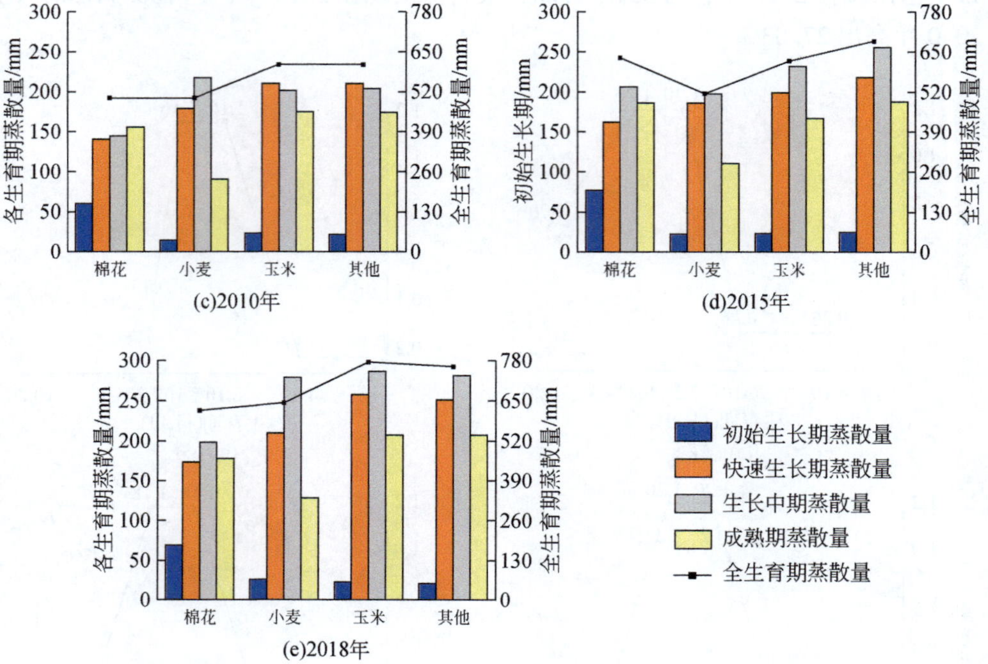

图 7-4　2000 ~ 2018 年 4 种作物在四个生育期及全生育期内蒸散量

从作物类型来看，棉花、小麦、玉米和其他作物全生育期内 5 个年份平均蒸发量分别为 551. 75mm、550. 41mm、660. 32mm 和 664. 60mm，总体上棉花和小麦的平均蒸散量基本持平，而玉米和其他作物的平均蒸散量接近。其中，棉花的平均蒸散量较低主要归因于覆膜作用使其全生育期蒸散降低 26. 65%，若不考虑覆膜，棉花在 5 个年份的平均蒸散量为 752. 22mm，是全生育期蒸散量最高的作物。

从作物不同生育期来看，棉花和小麦在四个生育期内蒸散量的相对大小通常为生长中期>快速生长期>成熟期>初始生长期；但对于玉米和其他作物，其仅在 2015 年和 2018 年满足上述关系，其余三个年份为快速生长期>生长中期>成熟期>初始生长期。

降水使作物因蒸腾而损失的水分得到部分补充。由图 7-5 可知，从时间序列上看，各作物全生育期内降水量平均值最低出现在 2018 年，仅为 74. 28mm，最高值出现在 2015 年，高达 150. 87mm，是 2018 年的 2. 03 倍。2018 年同时出现作物生育期内蒸散最高值和降水量最低值，若保持种植业结构稳定不变，为维持作物基本生长需求，相同规模的耕地在 2018 年需要的灌溉补水量可能会远大于其他年份。

从作物类型上看，棉花、小麦、玉米和其他作物在全生育期内 5 个年份的降水

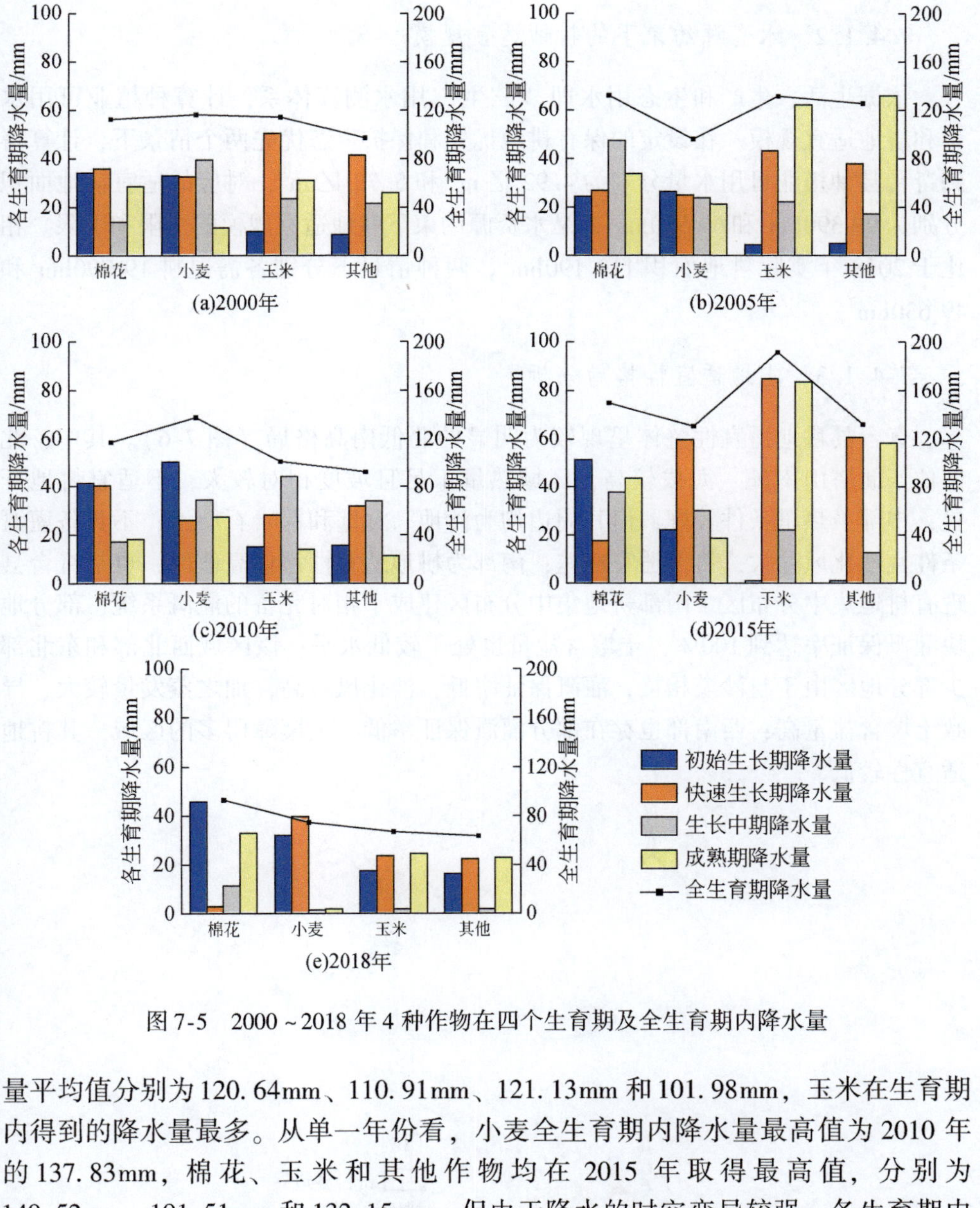

图 7-5　2000 ~ 2018 年 4 种作物在四个生育期及全生育期内降水量

量平均值分别为 120. 64mm、110. 91mm、121. 13mm 和 101. 98mm，玉米在生育期内得到的降水量最多。从单一年份看，小麦全生育期内降水量最高值为 2010 年的 137. 83mm，棉花、玉米和其他作物均在 2015 年取得最高值，分别为 149. 52mm、191. 51mm 和 132. 15mm。但由于降水的时空变异较强，各生育期内的降水量并无显著变化趋势。

作物全生育期蒸散量与降水量之差可视为需通过人为方式补充的水量，这也是影响耕地适宜规模的重要因素。经计算可知，棉花、小麦、玉米和其他作物这一差值分别为 431. 11mm、439. 50mm、539. 19mm 和 562. 62mm，表明在其他因素相同的情况下，当棉花和小麦在种植结构中占比较高时，耕地适宜规模较大。

7.4.1.2 水资源约束下的耕地适宜规模

依据生活、生产和生态用水即“三生”用水测算体系，计算种植业可用水量和耕地适宜规模。在设定的保有耕地优先和保护生态优先两个情景下，计算得到奇台县种植业可用水量分别为 4.92 亿 m^3 和 5.79 亿 m^3，对应的适宜耕地面积分别为 99 390hm^2 和 69 550hm^2，是水资源约束下耕地适宜规模的上限和下限。相比于 2018 年实际耕地面积 119 190hm^2，两种情景下分别各需退耕 19 790hm^2 和 49 630hm^2。

7.4.1.3 土地适宜性格局分析

奇台县耕地适宜性整体呈现较为明显的北低南高格局（图 7-6）。其中，北部位于北塔山南麓，海拔较高，区域热量不足且坡度相对较大，不适宜耕地开垦；中部虽热量条件较好，但其周边均为沙地、戈壁和裸岩石质地，不具备灌溉条件且沙化风险大，耕地适宜性差；南部为耕地适宜性评估高值区，也是奇台县现有耕地集中分布区。南部耕地集中分布区建成了相对完备的灌溉系统，部分地块灌溉保证率达到 100%，土壤含盐量也处于较低水平；该区域西北部和东北部少部分地区由于与沙漠相接，灌溉保证率低，沙化风险高，加之蒸发量较大，导致土壤含盐量高；西南部也存在部分灌溉保证率低、土壤障碍多的区域，其耕地适宜性较低。

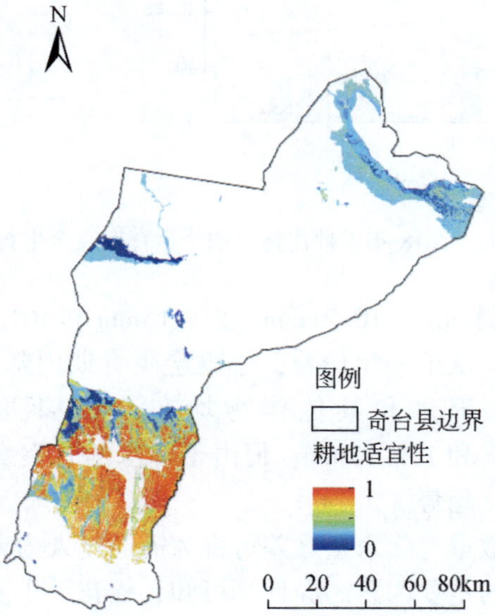

图 7-6　奇台县耕地适宜性空间格局

奇台县草地适宜性空间分布格局总体上与耕地类似（图 7-7），北部近山区、中部沙漠边缘以及南部北侧边缘区均为草地适宜性的主要低值区。不同的是，地形对草地适宜性的影响比耕地低，且越靠近山区降水量越高，故在区域最北部，草地适宜性适中，与耕地格局不同。同时，南部多以中值为主，其南侧反是高值区，这是由于草地生长主要靠降水而非灌溉，南部距离水源地较近，故靠近天山北坡的区域更适宜草地生长。

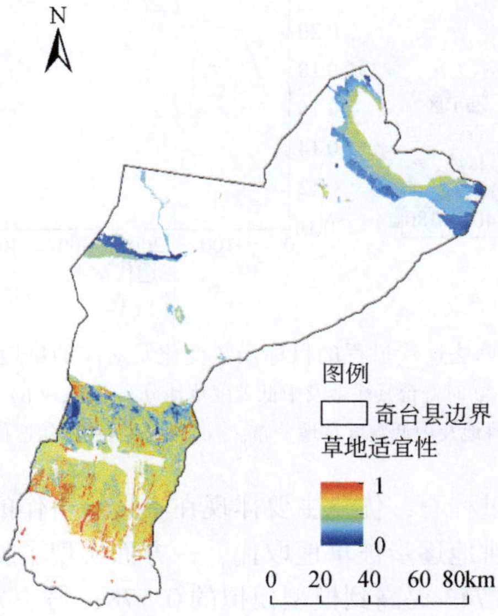

图 7-7　奇台县草地适宜性空间格局

7.4.2 土地利用空间优化方案群

在耕地适宜规模范围内，利用蚁群算法对耕地进行空间优化配置，形成土地利用空间优化方案群。其中，在保有耕地优先这一情景下（图 7-8），从目标函数值角度分析，随着迭代次数的增加，目标函数值呈近似对数函数增长，迭代 100 次后目标函数值基本平稳，本研究从精度考虑，最终选择迭代 500 次的目标函数值作为优化结果。算法首次运行时目标函数值为 0.102，迭代 500 次时目标函数值达到 0.228，说明该算法对于土地适宜性和景观紧凑性等目标函数提升较为显著；若以算法迭代 500 次后的优化结果为基准，迭代 100 次、200 次、300 次和 400 次分别与最终 500 次的结果相差 11.75%、4.73%、2.56% 和 1.03%，即迭代 200 次与 500 次基准值差异已小于 5%，说明该算法在用于耕地-草地优化配置时能够快速收敛，算法运行高效、时间成本低。

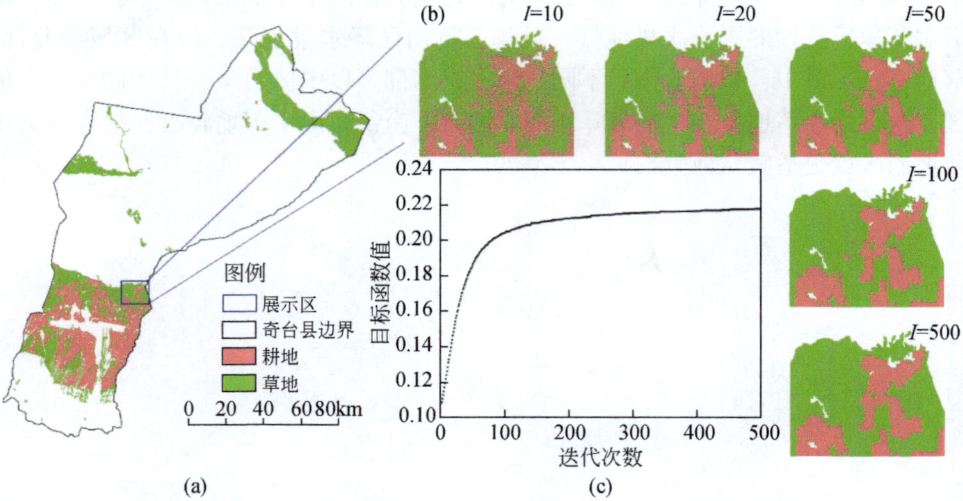

图 7-8　蚁群算法迭代过程的目标函数变化及对应的耕地空间分布情况

（a）迭代次数（*I*）为 500 时奇台县耕地及中低盖度草地分布情况；（b）迭代次数由 10 次增加至 500 次过程中展示区耕地及中低盖度草地分布；（c）目标函数值随迭代次数增加的变化趋势

从空间优化配置过程看，优化主要体现在不适宜耕作的北缘沙漠接壤区及南缘天山北坡接壤区，耕地逐步被草地取代，一方面实现了耕地质量的优化，适宜性均值由 2018 年的 0.743 提高到模型模拟的 0.778；另一方面南北两翼草地面积扩大也形成了缓冲带，缓解人类活动剧烈的耕地对南侧山区的影响，一定程度上降低北侧沙漠对耕地集中区的侵蚀。此外，受到耕地面积减少的影响，耕地空间紧凑性由 0.215 略降低至 0.213。

在土地利用空间优化方案群由保有耕地优先情景向保护生态优先情景转变的过程中，经济效益和生态效益呈现显著的线性变化（图 7-9）。经济效益由保有耕地优先情景下的 34.86 亿元下降至保护生态优先情景下的 24.75 亿元，分别为 2018 现状年效益的 85.43% 和 60.64%；同时，总生态效益即防风固沙量由保有耕地优先情景下的 713.22 万 t 增加至保护生态优先情景下的 816.59 万 t，相比 2018 年分别增加 8.60% 和 24.34%。考虑到两种情景为耕地–草地空间优化方案群中灌溉用水量最大和经济效益减少最高的两个极端情景，故需进一步寻找介于两者间的经济–生态效益权衡最优方案。

7.4.3　设定经济–生态效益的生态退耕最优方案

分析生态退耕空间优化方案群中经济和生态效益的关系，通过分段线性拟合

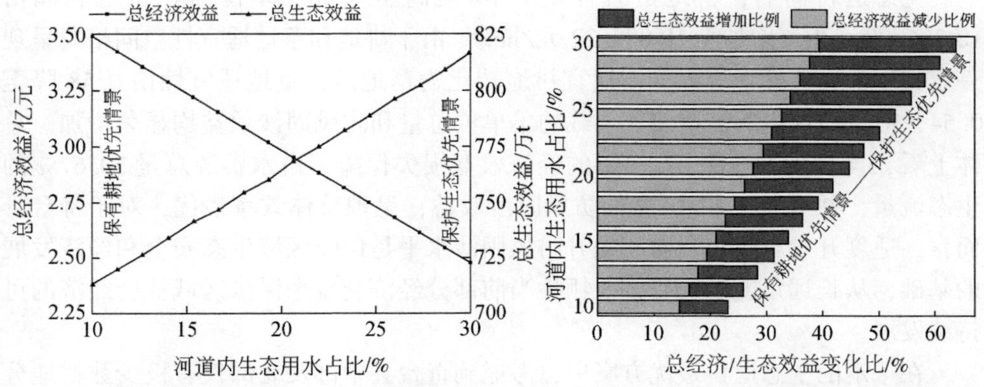

(a)区域总经济效益和总生态效益变化趋势　(b)总经济效益减少比例和总生态效益增加比例

图 7-9　不同效益随河道内生态用水增加的变化趋势

发现，随着河道内生态用水量的增加，经济效益每减少 1% 所能置换的生态效益比例（简称经济/生态效益比）呈现折点前快速增加、折点后趋于平缓的趋势（图 7-10）。遵循经济-生态效益最大化原则，当河道内生态用水量占比 20.67% 时，经济/生态效益比能够保证在尽可能少的经济效益损失情况下获取生态效益的高效增加，故选择该方案为最优方案。相比于 2018 年，该方案耕地面积为 83 490hm^2，减少了 35 690hm^2，退耕比例为 29.95%；同时，草地面积由 61 780hm^2 增加至 97 470hm^2。

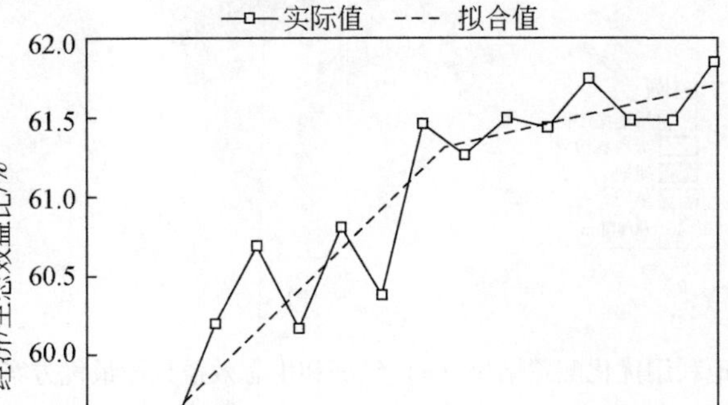

图 7-10　随河道内生态用水占水资源总量比例增加经济/生态效益比的变化

生态退耕前后，耕地适宜性由 0.74 提高至 0.80，单位面积耕地利润由 18 386.20元/hm^2增加至18 888.22 元/hm^2。由于耕地和草地适宜性空间格局呈现一定程度的相似性，故部分不适宜耕地转化为草地后，草地适宜性由 0.58 降至 0.54，但草地规模的扩增使其承载的羊单位总量和防风固沙效益均显著增加。总体上看，该最优方案中 27.70% 的经济效益损失保障了占水资源总量 20.67% 的生态流量，并增加了 17.02% 的防风固沙效益，呈现整体效率最优；对于奇台县而言，适度开发利用水资源和提升防风固沙水平是保障区域生态安全和经济发展的基础，从长远角度看，有必要牺牲当前部分经济利益来保障区域社会经济的可持续发展。

在选定的生态退耕最优方案中，考虑到奇台县中部及北部仅有极少数耕地分布，因此，本研究主要对南部耕地集中区进行分析（图 7-11）。与 2018 年耕地-草地的空间分布进行对比发现，退耕还草主要位于该区的东北、西北及西南部边缘地区，这将使耕地集中区与北部沙漠区、南部山区形成缓冲带，一方面有助于防治沙漠南侵，另一方面对主要人类活动区加以限制，有利于南部林地及水源区的生态环境保护。同时，生态退耕最优方案中还模拟有 2.07% 的新开垦耕地，为高耕地适宜性、低草地适宜性区，分布在 2018 年耕地范围的边缘。

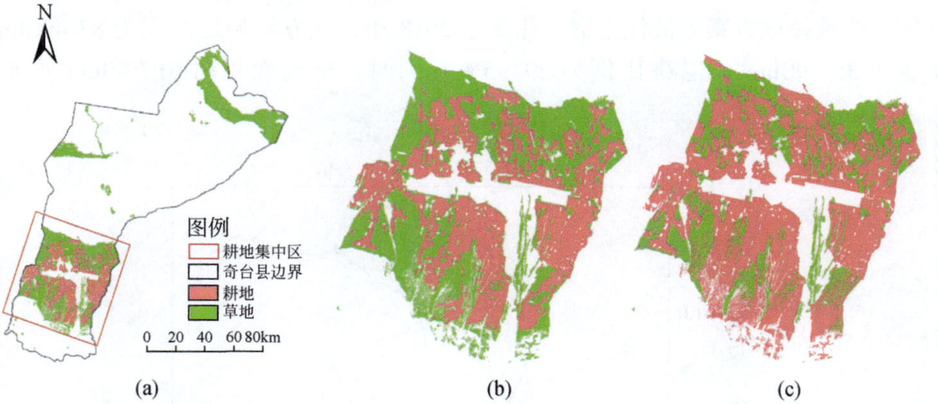

图 7-11 奇台县土地利用优化配置结果（a）经济和生态效益权衡最优方案空间格局；（b）权衡最优方案下耕地集中区的耕地-草地空间格局；（c）2018 年耕地集中区的耕地-草地空间格局

分析影响生态退耕区耕地适宜性的主要限制因子可知（图 7-12），灌溉保证率是面积占比最高的限制因子，达 41.66%，主要分布在耕地集中区靠近沙漠的北缘，该边缘地带本身远离主要径流区，基本依靠深井引水，另外农业灌溉设施不足，导致灌溉保证率低；耕地生产潜力和土壤有机质含量是排名第二、第三的因子，面积占比皆接近 20%，大部分位于耕地集中区南侧，这一区域靠近天山北坡，热量不够充足导致耕地生产潜力低、适宜性较差，同时西南部土壤质量较差、土壤有机质含量水平较低。沙化风险也是一大限制因素，面积占比为14.73%，主要位于东北和西南侧，东北部高沙化风险区的存在主要是由于该区域虽有一定的灌溉保障，但处于沙漠边缘的地理位置导致其沙化风险较高；西南侧则是由于存在零散分布的沙地或裸岩石质地。土壤含盐量和坡度的限制最小，面积占比分别仅为2.57%和1.63%。由于耕地集中区以外的耕地面积占比仅为0.16%，故整个研究区和耕地集中区各限制因素面积占比极为接近。

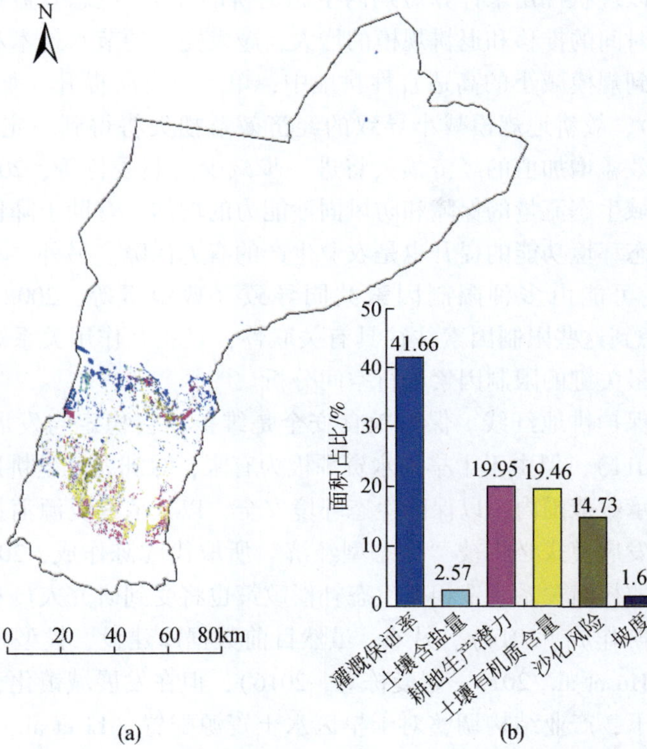

图7-12 奇台县（a）生态退耕区空间分布及（b）耕地适宜性主要限制因素分析

7.5 生态退耕空间优化配置及权衡分析模型的应用前景

水资源是干旱区社会经济发展的制约因素，本研究在水资源约束下基于种植业可用水量及耕地适宜规模的核算及蚁群算法的应用，建立了生态退耕空间优化配置及权衡分析模型，实现兼顾经济和生态效益的生态退耕最优空间配置。虽然种植业结构、作物生育期内的降水量、蒸发量等因素能够对种植业用水量产生影响，但耕地规模是决定当地种植业用水量及水资源超载程度的关键。因此，要保证农业和生态环境的可持续发展，必须坚持“以水定地”原则，保持适度的耕地开发规模。与已有研究相比（曹雪等，2011；杜国明等，2017；柯映明等，2020），本研究突出了干旱区生产和生态用水的相互制约，又考虑了退耕还草过程中的经济和生态效益的权衡关系，可为区域农业发展及政策调整提供科学参考。

本研究是以现状视角来计算短期内生态退耕的经济–生态效益权衡关系。对于耕地，随着时间的推移和退耕规模的增大，越发完善的节水技术和田间管理措施将集中应用到规模减小的高适宜性耕地中，单产将有所提升（鹿海员，2017；徐晨等，2020），故耕地规模减小导致的经济效益损失将得到一定程度的弥补，换取相同生态效益增加值的经济损失将进一步减少（赵爱栋等，2016）。尤其是生态退耕后区域生态流量的保障和防风固沙能力的增加，有助于降低沙漠化对耕地的威胁，生态环境功能的提升也是农业生产的有力保障。另外，在退耕区，耕地的低适宜性可能由多种限制因素共同导致（曹银贵等，2008；赵爱栋等，2016），但考虑到这些限制因素往往具有关联性，且相互作用关系难以剥离，故本研究仅提取最关键的限制因素进行空间分析。

在我国，保护耕地红线、保障粮食安全是维护社会稳定与发展的重要方针（赵其国等，2011），但由于干旱区水资源极为有限，绿洲尤其是耕地规模必须控制在水资源可承载范围内，以保障生态环境安全，以往依靠资源消耗换取经济增长的不可持续发展模式必将被“生态型经济”所取代（陈作成，2014），根据经济与生态效益的权衡关系制定相关生态补偿政策也将受到研究人员和政府决策者的持续关注（陈作成，2014）。另外，虽然目前数据库建设、模型发展等已经取得一定进步（Hu et al.，2015；赵爱栋等，2016），但在发展城镇化、现代化工业和服务业背景下，产业结构调整对干旱区水土资源配置（Li et al.，2019），以及各用水用地要素间的权衡或协同关系的量化（戴路炜等，2020），将是亟须深入研究的方向。

过去数十年，干旱区依靠耕地大规模换取经济增长的模式是不可持续发展的，区域用水必须兼顾生态和经济效益，将水资源利用控制在可承载范围内，以保障生态环境安全（杨宇等，2012）。在新疆，仅靠农业节水和农业种植业结构调整措施难以解决目前超用水量的问题，因此必须采取生态退耕等强力措施。然而，在我国，保护耕地红线和保障粮食安全是重要方针（赵其国等，2011）。因此，生态退耕涉及诸多方面，需要国家给予特殊的资金和政策支持，对新疆进行单独研究，统筹推进生态退耕，并对退减出来的土地进行专业化封育管理，作为后备耕地资源。

在干旱区极为有限的水资源的约束下，必须依据“以水定地”原则，严控耕地规模，以实现当地农业和生态环境的可持续发展。本研究基于耕地适宜规模测算体系和蚁群算法，建立了生态退耕空间优化配置及权衡分析模型，以奇台县为例展开模型应用，模拟生态退耕空间优化方案群及空间优化模式，权衡分析各方案中经济和生态效益的关系，并提出了干旱区生态退耕背景下的干旱区生态退耕最优方案。结果表明，在保有耕地优先和保护生态优先情景下，奇台县种植业可用水量分别为4.92 亿 m^3 和5.79 亿 m^3，对应的适宜耕地面积分别为99 390hm^2和69 550hm^2。本研究建立的生态退化空间优化配置及权衡分析模型收敛速度快，生态退耕优化方案可有效提高耕地适宜性并实现较好的空间紧凑性。随着生态退耕规模的增加，经济效益和生态效益分别呈现线性减少和增加的趋势。兼顾经济和生态效益、选取效率最优的生态退耕方案，本研究认为耕地面积退至 83 490hm^2时，每减少1%经济效益能够换取较高的生态效益增长，为经济-生态权衡过程中的最优方案。该方案以 27.70% 的经济效益损失保障了占水资源总量 20.67% 的生态流量，并增加了 17.02% 的防风固沙效益。退耕还草主要发生在奇台县耕地集中区的东北、西北及西南部边缘地区，灌溉保证率是面积占比最高的限制因子，达41.66%，土壤有机质含量、耕地生产潜力和沙化风险也是重要的限制因素。本研究实现了水资源约束下生态退耕空间优化方案群的模拟，并提出了效率最优的空间优化方案，对干旱区土地利用规划和生态保护具有重要参考意义。

第8章 权衡多主体权益的土地利用空间优化配置

为实现农业可持续发展，农地利用规划往往会优先支持发展能够提供高价值生态系统服务的特定作物。然而，这种特定的农地利用发展规划往往因其经济效益相对较低导致可行性较低，农户往往难以接受而总是失败。因此，规划部门向农户支付生态补偿费用将有效地促进其实施，但与此同时，支付费用成本的高低又成为规划部门需要重点考虑的内容。生态补偿政策的效果以及农户接受的意愿在以往的研究中多属经济学领域的范围，往往存在无法进行空间显式表达的局限性。鉴于此，本研究研发了一个权衡多主体权益的土地利用空间优化配置模型，即在生态补偿政策下进行空间显式的土地利用空间优化配置和规划。该模型将经济学的权衡分析方法集成到传统的土地利用空间优化配置方法中，首先，将土地利用类型基于经济效益最大化优化配置模拟初始的土地利用场景；其次，在生态补偿政策驱动下模拟农户改变作物种植方案的决策行为和权衡过程；最后，模拟不同生态补偿支付价格多情景土地利用空间优化配置图，并提供决策部门生态补偿费用和生态系统服务价值的权衡关系。本研究以位于新疆的伊犁新开垦区为典型区，进行模型应用，模拟了经济学领域的权衡分析曲线，在量化农户接受生态补偿政策、将其他种植作物类型更改为苜蓿（即特定的具有较高生态系统服务价值的作物类型）等空间分布的基础上，进行相应的土地利用配置方案的空间化表达。通过模型关键参数的敏感性分析，验证了本研究提出模型的稳健性。上述研究结果表明，本研究建立的权衡多主体权益的土地利用空间优化配置模型可为可持续土地利用规划提供更多的经济和空间信息。

8.1 土地利用优化配置研究进展

在全球耕地资源有限的情况下尽可能增加农业产量，对满足人口增长和粮食需求的增加将至关重要（Tilman et al., 2002；Godfray et al., 2010）。然而，农业生产活动将威胁区域景观完整性和生态安全，因此迫切需要减少农业系统对环境的不利影响（Godfray et al., 2010），并实现农业可持续发展（Tilman et al., 2002；Robertson and Swinton, 2005）。合理有效地进行农地利用的优化配置，成为土地资源利用规划的重要组成部分，也将对统筹经济发展、环境保护、资源高效利用和社会公平具有重要意义。它将确保以可接受的环境成本生产足够的食物和纤维（Tilman et al., 2002；Robertson and Swinton, 2005；Pretty, 2008）。

目前，学术界已经建立了众多土地利用空间优化配置方法，其中包括蚁群优化算法（Liu X P et al., 2012）、模拟退火算法（Santé-Riveira et al., 2008）、遗传算法（Cao et al., 2012；Gong et al., 2012）和多目标规划算法（Wang J et al., 2012）等。这些方法将社会、经济和环境等多种土地利用效益纳入模型标准和目标，将生态环境效应纳入土地利用空间优化配置模型的约束条件或目标方程中，从而为特定的具有较高生态系统服务价值的土地利用类型规划更大规模的面积，促进土地资源的空间优化配置和可持续利用（Cao et al., 2012；Gong et al., 2012；Wang S H et al., 2012）。然而，这一模拟优化过程并不能充分反映农户和其他土地利用利益相关者的经济利益，以及不同群体在土地利用规划中实施环境保护政策的潜在意愿。这些提出的土地利用空间优化配置方案往往具有强烈的理想色彩，属于政府制定的强制性规划，因缺乏实际的可操作性而不易被农户所接受。因此，为了增加区域生态系统服务的供给并促进农业可持续发展，政府或公共部门通过实施生态补偿政策，补偿农户并促进其转向选择经济价值低但生态效益高的土地用途（Tilman et al., 2002；Robertson and Swinton, 2005；Pretty, 2008）。

在生态补偿政策下，农户在原采用的土地利用类型和政策鼓励的特定土地利用类型中进行权衡和选择，同时，政府也需要权衡和评估获得的生态系统服务效益和付出的生态补偿成本。因此，预先分析上述土地利用效益的权衡关系，对于可持续土地利用规划和设计至关重要（Crissman et al., 1998；Antle et al., 1999）。通过建立不同土地利用方式环境和经济效用的权衡分析模型，可为农业可持续生产提供必要的决策支持信息（Antle et al., 1999, 2003；Stoorvogel et al., 2004）。通过建立权衡曲线可量化不同生态系统服务价值与生态补偿支付价格之间的关系，进而模拟农户采取生态补偿方案的意愿及其相应的土地利用空间分布变化，这将有助于实现农业土地资源的高效利用和可持续发展。所谓权衡曲线是以生态补偿支付价格为横坐标，农户采纳补偿政策的比例为纵坐标，量化上述两者的关系。

在以往的研究中，权衡模型运行（Antle et al., 1999, 2003；Stoorvogel et al., 2004）需要大量的高质量数据，这对于其在发展中国家的应用是一个挑战，因此迫切需要开发一种能够快速、低成本进行土地规划的事先评估方法（Antle and Valdivia, 2006；Immerzeel et al., 2008；Jack et al., 2009；Antle et al., 2010；Claessens et al., 2012）。目前，一种基于最小数据的权衡分析模型——TOA-MD

模型已经被提出，其可以及时、准确地提供信息来支持决策（Antle and Valdivia，2006；Immerzeel et al.，2008；Jack et al.，2009；Antle et al.，2010；Claessens et al.，2012）。与起初的权衡模型相比，TOA-MD 模型所需数据量小但可提供与权衡模型具有相似精度的权衡曲线（Antle and Valdivia，2006）。然而，上述模型均不能展示权衡曲线输出的空间变异性。特别是在土地利用规划中，权衡结果的空间分布差异会比汇总的统计数字结果更有利于决策需要（Stoorvogel et al.，2004）。在生态补偿政策下，这些模拟的土地利用规划空间信息将更有效地为决策提供支持。

有鉴于此，本研究的目的是研发一个空间显式且低成本的土地利用优化配置模型，该模型的主体策略是在空间维度上将权衡分析模型与传统的土地利用空间优化配置模型相结合，同时实现经济学分析和空间表达。一方面，该模型在不同的生态补偿支付价格设置下，通过计算农户选择不同土地利用方式机会成本的空间分布，以模拟农户对不同土地利用类型的权衡分析和决策行为，最终，该模型可模拟农户采取生态补偿政策并改变土地用途的区域。另一方面，政府通过支付农户的生态补偿费用，重新规划和优化配置土地利用的空间分布，该模型可模拟政府所需要支出的生态补偿成本和获得的生态效益。因此，该模型通过模拟和权衡多土地利用主体之间的权益，将为可持续土地利用规划与生态补偿政策的制定提供决策依据。

8.2 伊犁新垦区概况

本研究以新疆伊犁新垦区为研究区，其空间范围大致位于 80°22′14″N～83°3′54″E 和 43°22′37″N～44°8′22″N（图 8-1），是我国重要的土地资源潜力开发区域之一。该地区面积约为 5000km²，海拔范围在 661～1572m，地处温带大陆性半干旱气候区，年平均气温在 8～9℃，年平均降水量在 200～500 mm，年平均蒸发量在 1200～1900mm，是新疆水资源最丰富的地区。需要注意的是，本研究进行土地利用优化配置的区域不包括保护区、建设用地和已经成熟开发的农用地。同时，在农作物重新进行空间优化和分配过程中，牧场被排除在外。在本研究中，上述被排除的区域被标记为“非优化配置区”。

伊犁新垦区的大部分地区坡地面积较大，沙质土层较薄，土壤肥力较低，属于生态敏感性高的区域。不合理的土地利用选择和规划容易导致水土流失、土地沙漠化和土壤盐渍化等生态退化现象的发生，而合理的土地利用规划是防治生态退化的关键。本研究通过伊犁新垦区的权衡多主体权益的土地利用空间优化配置，将有望解决区域经济发展与生态保护之间的矛盾。

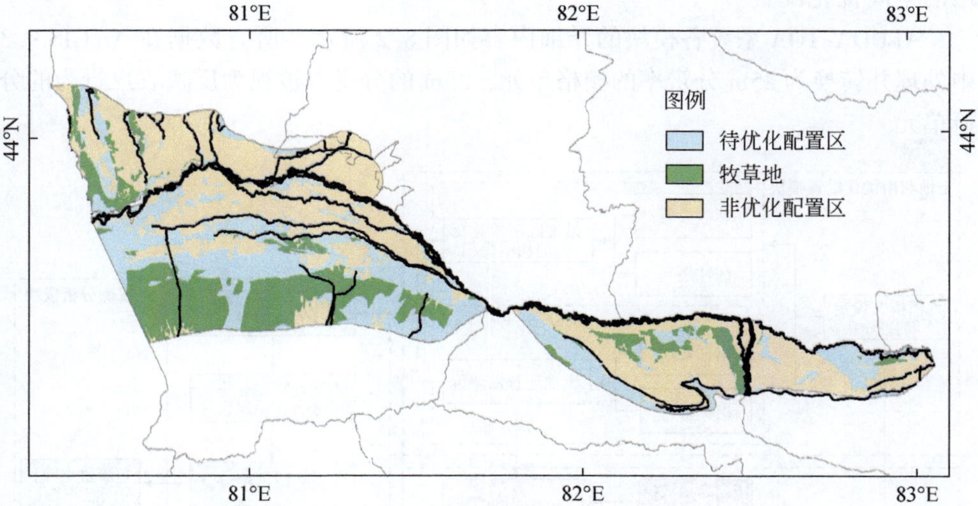

图 8-1　伊犁新垦区分布位置

8.3　权衡多主体权益的土地利用空间优化配置系统

图 8-2 显示了本研究开发模型的一系列关键步骤。ALUOA-TOA 系统主要分为三个模块：①土地利用优化配置模块；②转换模块；③权衡分析模块。第一个模块主要是采用农地优化配置系统——ALUOA 系统（Zhang et al.，2012）进行经济效益最大化的土地利用空间优化配置；第二个模块进行的空间机会成本计算是将权衡分析与 ALUOA 系统结合起来的中间阶段；第三个模块则是根据生态补偿政策多情景设计，模拟政府和农户的权衡过程和决策行为，并生成相应的土地利用空间优化配置，将整合改进后的模型称为 ALUOA-TOA 系统。

首先，ALUOA-TOA 系统利用 ALUOA 系统生成原始土地利用分配图，以经济收入最大化为目标，对农户不支付任何费用的采用具有现实意义。其次，通过计算潜在作物产量和纯收入，模拟不同土地用途在生态补偿政策下的机会成本，不同的支付价格导致农户选择和改变作物的机会成本不同。最后，ALUOA-TOA 系统模拟了农户与政府的权衡。在支付的经济激励下，农户对不同作物的经济收入进行权衡，决定是否采取生态补偿政策。政府将通过权衡环境补偿成本和生态系统服务收益的关系，评估并制定一个合理的生态补偿支付价格。在支付的经济激励下，农户对不同作物的经济收入进行权衡，决定是否采取生态补偿政策。据此，模拟不同支付价格下的作物变化区域，进行土地利用的空间优化配置。

ALUOA-TOA 系统各模块的详细内容如图 8-2 所示。所有数据在 ArcGIS 9.3 中处理并转换为 25m 分辨率的栅格单元，25m 的分辨率被视为反映农户行为的分析单元。

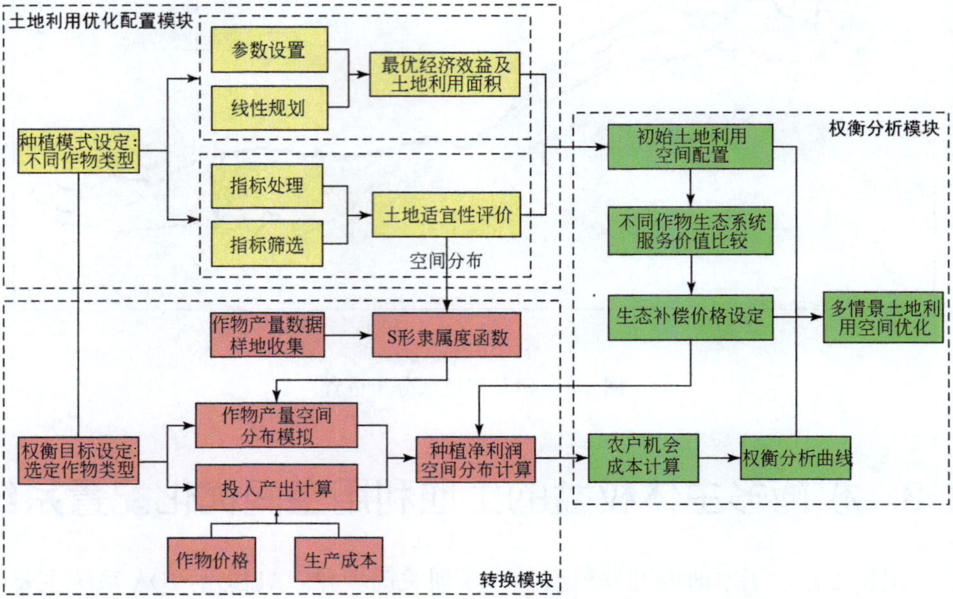

图 8-2　ALUOA-TOA 系统流程图

8.3.1　土地优化配置模块

ALUOA 模型由我们团队开发并已经成功应用于伊犁新开垦地区。它包括三个步骤：土地适宜性评价、土地利用面积优化和土地利用空间分配（Zhang et al., 2012），有兴趣的读者可以在 Zhang 等（2012）发表的论文中找到该模型的详细介绍内容。土地适宜性评价采用了线性加权线方法，对不同的评价指标进行求和，包括土壤质地、土层厚度、土壤有机质、沙丘起伏度等因素（表 8-1），以评估土地资源对作物生长需求的满足程度。在本研究中，根据伊犁新垦区的农作物种植结构，小麦、玉米、水稻、棉花、甜菜、油料、麻类作物、蔬菜水果和苜蓿等是土地利用规划和优化调整的目标作物类型。

表 8-1 伊犁新垦区土地适宜性评价指标数据来源及处理

评价指标	输入数据	数据来源	格式	处理过程
土壤质地	伊犁地区 1∶10 万土壤类型图	中国科学院资源环境科学与数据中心	矢量	格式转换
土层厚度	野外土壤采样	研究团队自行采样	点分布	克里金插值
土壤有机质	野外土壤采样	研究团队自行采样	点分布	克里金插值
沙丘起伏度	1∶5 万地形图和土地利用图	中国科学院资源环境科学与数据中心	栅格	依据土地利用图提取沙丘分布，并基于地形图计算其相对高度
土壤侵蚀（沟壑密度）	1∶5 万地形图	中国科学院资源环境科学与数据中心	栅格	基于地形图计算沟壑密度
水文与排水条件	中国 1∶100 万土地资源评价图	中国科学院资源环境科学与数据中心	栅格	栅格重采样
盐碱化程度	伊犁地区 1∶10 万土壤改良利用图和中国 1∶100万土地资源评价图	中国科学院资源环境科学与数据中心	栅格	依据土地资源评价图提取，对照区土壤改良利用分区图上盐土分布做调整
>10℃积温	伊犁地区 1∶100 万积温图	中国科学院资源环境科学与数据中心	栅格	格式转换

线性规划是依据种植作物经济效益最大化，根据各作物类型的限制条件和目标函数来确定各土地利用类型的最优面积。线性规划的目标函数和限制条件如下：

$$
\begin{cases}
x_1+x_2+x_3 \geqslant 0.5 \\
x_4+x_5+x_6+x_7+x_8 \geqslant 0.3 \\
x_1 \geqslant 0.2 \\
x_3 \leqslant 0.15 \\
x_4 \leqslant 0.15 \\
x_9 \geqslant 0.05 \\
\sum_{i=1}^{9} x_i = 1 \\
x_1, x_2, x_3, \cdots, x_9 \geqslant 0
\end{cases}
\tag{8-1}
$$

$$
\begin{aligned}
I = \max[(&4240x_1+8029x_2+9717x_3+11\ 849x_4+5195x_5 \\
&+6159x_6+4642x_7+26\ 934x_8+3000x_9)\times A]
\end{aligned}
\tag{8-2}
$$

式中，I 为土地资源经济收入总额（元）；x_1，x_2，x_3，…，x_9为分配面积中小麦、玉米、水稻、棉花、甜菜、油料、麻类作物、蔬菜水果、苜蓿的分配区域；A 为分配区域的面积（hm^2）。

该模块根据土地适宜性评价的空间分布和每种作物的最优面积，依据不同作物的土地适宜性评价结果，采用分层优化分配方法对每种土地利用类型进行分配，然后生成最终的土地利用空间分配图。其中，土地适宜性评价指标的分级标准见表 8-2，具体到每种作物，进一步按照作物种植要求、生长发育的立地条件、实地调查数据和专家知识，对单项限制因素的适宜种植程度给出相应评价因子的量化结果和权重调整，详见 Zhang 等（2012）。

表 8-2　伊犁新垦区土地适宜性评价指标的分级标准

指标	高适宜性	中适宜性	低适宜性	不适宜
土壤质地	壤土	中壤土、砂壤土	砂土、重黏土	砂土
土层厚度/m	>0.8	0.5～0.8	0.3～0.5	<0.3
土壤有机质/%	>4.0	2.0～4.0	0.5～2.0	<0.5
沙丘起伏度/m	无沙丘	<1	1～2	>2
土壤侵蚀/(km/km^2)	<0.6	0.6～1.0	1.0～1.2	>1.2
水文与排水条件	无积水或偶然积水、排水好	偶尔积水或季节性短期淹没、排水较差	季节性积水、排水差	季节性积水或季节性长期淹没、排水极差
盐碱化程度	无盐碱	轻、中度盐碱化	强度盐碱化或盐土	—
>10℃积温/℃	>3500	3400～3500	3200～3400	<3200

在前期研究中，我们设计了三个土地利用空间优化配置场景，其中，基本情景与伊犁地区现有的粮食作物、经济作物和饲料作物的种植结构基本一致，因此，本研究使用了基本情景图作为原始土地利用空间优化配置方案（图 8-3）。另外两种土地利用空间优化配置情景旨在调整农业结构和增加生态系统服务价值，以实现农业的可持续性。这两种方案认为伊犁地区合理的农业结构中畜牧业比例应调整为较高（石玉林，2008），然后规划设计了比基本方案更高的苜蓿面积比例。这是因为苜蓿是伊犁地区具有很好发展前景的牧草作物，其经济价值高于传统的牧草作物，尤其是具有较高的生态系统服务价值，有助于防治土地退化（石玉林，2008）。与其他仅能够在生长季节保持植被覆盖的作物相比，苜蓿作为多年生作物全年保持植被覆盖，可以有效保护地表和土壤，尤其是在春天，土壤很容易受到风力侵蚀的影响。因而，苜蓿在伊犁新垦区具有较高的防风固沙和水土保持等生态系统服务价值。然而，苜蓿的短期经济效益却低于许多的其他作物

类型，这使得上述两种方案并不容易被农户采用。这样的“规划”方案是为了保护环境和防治土地退化，是政府和专家制定的强制性的规划和政策目标。为有效实施可持续土地利用规划，促进土地利用优化配置，政府需要向农户提供生态补偿，使其转向经济效益较低的苜蓿，从而在区域范围内实现生态功能的提升。因此，本研究选择苜蓿作为生态补偿政策的目标作物进行权衡分析，进而模拟相应土地利用空间优化配置格局。

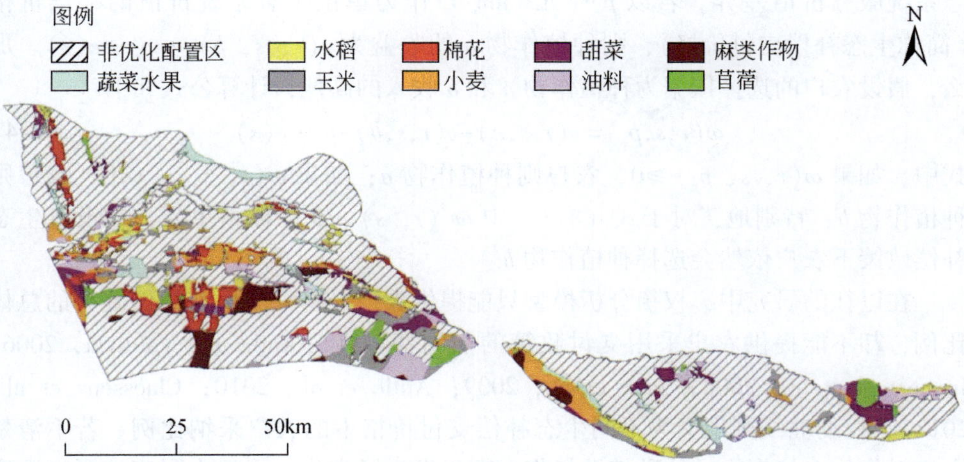

图 8-3　伊犁新垦区原始土地利用空间优化配置方案

8.3.2　权衡分析模块

本研究提出的 ALUOA-TOA 系统旨在将权衡分析与 ALUOA 系统进行集成，以为土地利用规划提供更多的信息。根据政府为农户提供的生态补偿报酬，权衡分析可以评估在特定的生态补偿支付价格下有多少农户会接受该政策，将种植作物变成苜蓿，同时，ALUOA-TOA 系统将进一步模拟和判别采用生态补偿政策的空间分布区域。

ALUOA-TOA 系统的权衡分析基于 TOA-MD 模型及其基本假设（Antle and Valdivia，2006；Immerzeel et al.，2008；Jack et al.，2009；Antle et al.，2010；Claessens et al.，2012），但根据土地利用优化配置模型，做出了部分修正。权衡分析假定农户做出的土地使用和管理是以最大限度地提高他们的经济福祉作为决策依据的，农户在两种相互竞争的土地利用方式（假定为 a 和 b）之间的选择结果将取决于机会成本（Antle and Valdivia，2006），具体如下：

$$\omega(r,s)=v(r,s,a)-v(r,s,b) \tag{8-3}$$

式中，ω 为机会成本；v 为选择某一土地利用方式（本研究中即为作物类型）获得效益的期望值，本研究将其定义为单位面积的纯收入（元/hm^2）；r 为某一土地利用方式的投入和产出的函数；s 为特定的空间位置（在本研究中 s 是一个栅格单元）；a 和 b 为该空间位置的两种土地利用方式。

进一步地，假设作物 b 提供比作物 a 更多的生态系统服务价值，因为这里的分析是基于作物 a 和 b 之间的差异，所以用参数 $e(s)$ 作为作物 a 和 b 之间的生态系统服务价值差异。若以 p_e（元/ hm^2）作为单位生态系统价值的补偿价格（简称生态补偿支付价格），则种植作物 b 的收益为 $v(r,\ s,\ b)\ +p_e \cdot e(s)$。那么，假设农户的选择依据为种植作物 a 和 b 收入的高低，计算公式如下：

$$\omega(r,s,p_e)=v(r,s,a)-v(r,s,b)-p_e \cdot e(s) \tag{8-4}$$

式中，如果 $\omega(r,\ s,\ p_e)\geqslant 0$，农户则种植作物 a；如果 $\omega(r,\ s,\ p_e)<0$，农户则种植作物 b；特别地，对于式（8-3）中 $\omega\ (r,\ s)\ <0$ 的栅格单元，在没有生态补偿政策下农户依然会选择种植作物 b。

在以往的研究中，权衡分析模型只能提供农户最终采用生态补偿政策的总体比例，却不能提供农户采用支付政策的空间变异性（Antle and Valdivia，2006；Immerzeel et al.，2008；Jack et al.，2009；Antle et al.，2010；Claessens et al.，2012）。权衡曲线则定义为不同生态补偿支付价格下的农户采纳比例。若不清楚农户对作物 b 与作物 a 的种植选择将在哪里发生了变化，将很大限度地影响政府决策和政策制定。为了弥补这个不足，本研究提出 ALUOA-TOA 系统的策略便是模拟机会成本的空间分布，从而进行空间显式的权衡分析。然后，我们可以重新分配基本的土地利用情景，根据对农户的支付，将作物 a 转变为作物 b，以模拟相应的土地利用空间优化格局。为了完成农户选择不同土地利用方式的机会成本，ALUOA-TOA 系统将以土地适应性评价结果的空间分布为基础，通过作物产量模拟、投入产出计算和机会成本计算的一系列空间测算步骤，来模拟权衡曲线中每个生态补偿支付价格下的机会成本空间分布（图 8-4）。

特别地，生态系统服务类型众多，政府制定生态补偿政策时往往会重点考虑区域特定的对生态安全具有重要价值的生态系统服务类型。考虑到伊犁新垦区土层厚薄不均匀，加之河谷的 V 形地形增加了水土流失风险，但农田水土保持措施又能起到防治水土流失的作用，因此，本研究中生态补偿政策所要实现的生态系统服务价值 $e(s)$ 目标就是减少不同作物所产生的土壤侵蚀量［t/(hm^2 · a)］。相比其他作物类型，苜蓿有更高的土壤保持能力，也就成为生态补偿政策的规划目标作物类型。本研究采用目前广泛应用的 RUSLE 方程（Renard et al.，1997）进行伊犁河谷的土壤水力侵蚀估算，其计算公式如下：

$$A=R\times K\times \mathrm{LS}\times C\times P \tag{8-5}$$

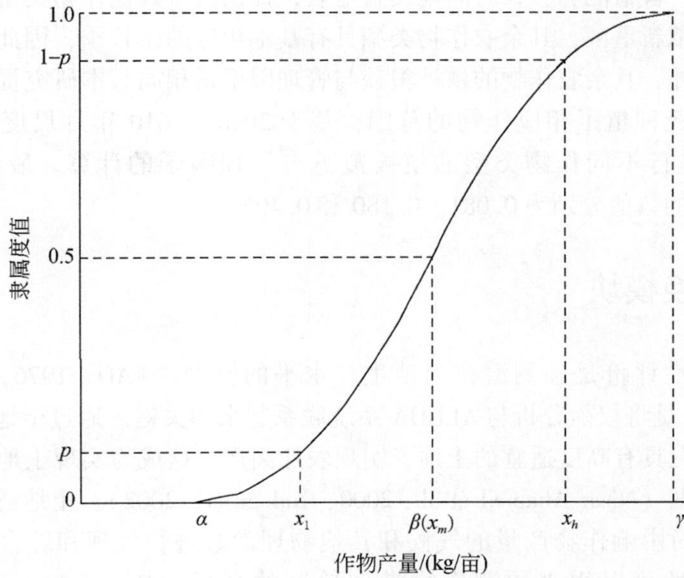

图 8-4　作物产量对土地适宜性评价数值的 S 形隶属度函数

式中，A 为年均土壤侵蚀模数 [t/(hm² · a)]；R 为降雨侵蚀力 [(MJ · mm)/(hm² · h · a)]；K 为土壤可蚀性因子 [(t · hm² · h)/(hm² · MJ · mm)]；LS 为坡长坡度因子（无量纲）；C 为植被覆盖与管理因子（无量纲）；P 为水土保持措施因子（无量纲）。

对于同一空间分布位置，R、K 和 LS 等土壤侵蚀方程的因子都是相同的，并且，在规划的事先评估中，不同作物类型的水土保持措施因子 P 也是一致的。因此，不同作物类型的土壤侵蚀差异体现为植被覆盖与管理因子 C 的差异，$e(s)$ [t/(hm² · a)] 的计算公式如下：

$$e(s)=\Delta A=R\times K\times \mathrm{LS}\times P\times (C_a-C_b) \tag{8-6}$$

式中，C_a 和 C_b 分别为作物类型 a 和 b 的植被覆盖与管理因子。

考虑到缺乏各作物类型植被覆盖与管理因子的实地测量数值，本研究采用遥感估计的方法（蔡崇法等，2000）进行该因子的测算，公式如下：

$$C=\begin{cases}1 & f=0\% \\ 0.6508-0.3436\lg f & 0\%<f\leqslant 78.3\% \\ 0 & f>78.3\%\end{cases} \tag{8-7}$$

$$f=\frac{\mathrm{NDVI}-\mathrm{NDVI}_{\min}}{\mathrm{NDVI}_{\max}-\mathrm{NDVI}_{\min}} \tag{8-8}$$

式中，f 为植被盖度，根据遥感估计的植被指数 NDVI 进行计算。

如上所述，苜蓿能够更长时间地覆盖地表，提供高于其他作物类型的土壤保持能力。在伊犁新垦区，其余农作物类型具有基本相近的生长季，因此，我们假定除了水稻之外，其余农作物的植被覆盖与管理因子是相同。本研究提取了目前伊犁新垦区已经种植了相应作物的范围，基于 2000 ~ 2010 年月尺度的 MODIS NDVI 数值，进行不同作物类型的植被覆盖与管理因子的计算。最终，$C_{苜蓿}$、$C_{水稻}$和 $C_{其他作物}$的数值分别为 0.081、0.180 和 0.405。

8.3.3 转换模块

土地适宜性评价是预测潜在土地生产水平的模型（FAO，1976；Rossiter，1996），其结果是将权衡分析与 ALUOA 系统联系起来的关键。通过土地适宜性评价可以优先开发具有高度适宜的土地，实现农业高产，这成为实现土地资源高效利用的重要依据（Nisar Ahamed et al.，2000；Kalogirou，2002）。土地适宜性评价是用数学方程对影响作物产量的气候和其他物理参数进行处理和综合计算。因此，土地适宜性可以用来预测作物潜在单产的高低（Dumanski and Onofrei，1989；Rossiter，1996）。以往的研究中，众多学者已经多次尝试使用模糊函数之一的 S 形隶属度函数来从土地适宜评价结果中预测作物产量，研究也表明该函数对连续型和离散型变量都是适用的且结果也是相对稳健的（Tang et al.，1991；Samranpong et al.，2009；Keshavarzi et al.，2011）。隶属度函数表示观测到的产量属于某一土地适宜性评价数值的可能性（Tang et al.，1991）。S 形隶属度函数假设土地适宜性评价数值高，作物产量亦高，即某一作物生长的高土地适宜条件将更大概率地实现作物的高产，但这一关系并非线性变化，而是随着土地适宜性评价数值的增加，作物产量的增加速率会受到其他因素的限制而减缓。

模型假设同一作物的输入和管理在每个空间位置中是相同的，这在模拟分析和事前评估中是可以被接受的，在此前提下，区域的潜在作物产量将主要由土地适宜性评价数值的高低来决定。ALUOA-TOA 系统使用 S 形隶属度函数，并结合大田实际调查作物产量数据，来估算每一空间分布位置的潜在作物产量。S 形隶属度函数将作物产量与特定的土地适宜性评价数值联系起来（图 8-4）（Tang et al.，1991；Samranpong，et al.，2009；Keshavarzi et al.，2011）。具体公式如下：

$$S(\alpha,\beta,\gamma)=\begin{cases}0 & x\in(-\infty,\alpha] \\ 2[(x-\alpha)/(\gamma-\alpha)]^2 & x\in(\alpha,\beta] \\ 1-2[(x-\gamma)/(\gamma-\alpha)]^2 & x\in(\beta,\gamma] \\ 1 & x\in(\gamma,\infty)\end{cases} \tag{8-9}$$

式中，S 为作物产量对土地适宜性评分的隶属度值；x 为作物产量；α 和 γ 分别为作物产量的最小值和最大值；β 为 $(\alpha+\gamma)/2$。α 和 γ 为当地条件下作物产量的理想阈值，它表征了在相同的投入和管理下的土壤质量、地形因素、供水条件、气候数据和社会区位因素所综合决定的土地适宜性条件。α 和 γ 分别属于最差和最好的土地适宜性评价数值，隶属度值分别为 0 和 1。

对于 S，则由标准化的土地适宜性评价数值计算，公式如下：

$$S=(l-l_{\min})/(l_{\max}-l_{\min}) \tag{8-10}$$

式中，l 为某一作物在空间位置上的土地适宜度得分；$l_{\min}$ 和 $l_{\max}$ 分别为整个研究区土地适宜度得分的下限和上限。

S 形隶属度函数的临界值（即 α 和 γ）通常很难确定，通常依据专家经验和判断来选择（van Ranst et al., 1996）。通过农业调查和统计数据收集区域作物产量的最高值、平均值和最低值（即 x_h、x_m 和 x_l），其中 $x_m=(x_h+x_l)=\beta/2$。实际作物产量是在理想土地适宜性条件下由各种因素决定的，因此 x_l 和 x_h 不会达到下限和上限，而是接近 α 和 γ。我们提出了一个参数 p，它是 x_l 的隶属度值，接近于 0（如在本案例研究中，p 的默认设置是 0.1）。那么 $(1-p)$ 是 x_h 的隶属度，x_h 接近于 1。由此，可以建立以下公式（van Ranst et al., 1996）：

$$\begin{cases} 2\left[(x_l-\alpha)/(\gamma-\alpha)\right]^2=p \\ 1-2\left[(x_h-\gamma)/(\gamma-\alpha)\right]^2=1-p \end{cases} \tag{8-11}$$

在此基础上，α 和 γ 可由式（8-9）计算得到。作物产量计算公式如下：

$$x=\begin{cases} \alpha+(\gamma-\alpha)\sqrt{S/2} & 0\leqslant S<0.5 \\ \gamma-(\gamma-\alpha)\sqrt{(1-S)/2} & 0.5\leqslant S<1 \end{cases} \tag{8-12}$$

8.3.4 土地利用空间优化和权衡分析过程

基于转换模块可计算每一栅格单元的作物产量，在此基础上，其种植某一作物的纯收入可由以下公式进行计算：

$$r=px-c \tag{8-13}$$

式中，r 为种植作物的纯收益；p 为产品价格（元/kg）；x 为作物产量（kg/hm^2）；c 为作物成本（元/ hm^2）。

根据伊犁哈萨克自治州统计局（2007 年）提供的统计数据，并咨询当地专家，伊犁地区种植的主要作物的生产关键参数见表 8-3。通过转换模块计算的种植不同作物的纯收益，农户选择种植苜蓿的机会成本可由式（8-4）计算。

表 8-3　伊犁地区种植的主要作物的生产关键参数

作物	作物价格 /(元/kg)	生产成本 /(元/hm^2)	平均产量 /(kg/hm^2)	产量最高值 /(kg/hm^2)	产量最低值 /(kg/hm^2)
小麦	1.80	5 209.80	5 250	7 500	3 000
玉米	1.30	5 621.55	10 500	15 000	6 000
水稻	1.85	5 545.35	8 250	11 250	5 250
棉花	12.00	6 151.05	1 500	2 025	975
甜菜	0.28	9 925.05	54 000	75 000	33 000
油料	4.80	4 640.55	2 250	3 000	1 500
麻类作物	2.20	6 083.10	4 875	6 750	3 000
蔬菜水果	0.77	25 041.00	67 500	75 000	60 000
苜蓿	1.00	4 500.00	7 500	10 500	4 500

对于设定的每一个生态补偿支付价格，机会成本 ω（r，s，p_e）从正到负的区域可以在空间分布图进行识别。ω（r，s，p_e）从正到负，则意味着农户更换作物、种植苜蓿，将会有更高的经济收入，因此，农户会采纳生态补偿政策。然后通过权衡曲线计算采纳率，即研究区内农户选择生态补偿政策的比例，其数值范围为 0 ~ 1。接下来，在某一生态补偿支付价格下，这些采纳生态补偿政策的栅格单元将被重新设置给苜蓿，而其他栅格单元则根据土地利用空间优化配置的基本情景保持不变。最后，ALUOA-TOA 系统根据不同生态补偿支付价格，生成相应土地利用再优化的空间分布格局。

8.4　生态补偿下的土地利用优化模拟结果

8.4.1　ALUOA-TOA 系统的关键参数

根据原始土地利用空间优化配置方案（图 8-3），本研究提取各作物的空间分布，进行 ALUOA-TOA 系统的关键参数计算。图 8-5 显示了 ALUOA-TOA 系统关键参数的空间分布，包括基于土地适宜性的作物产量的隶属度值、种植苜蓿的纯收入、基本情景种植作物的纯收入、农户选择种植苜蓿的机会成本、由现有作物改为苜蓿的土壤侵蚀减少量及种植苜蓿获得的生态补偿。

作物产量的隶属度值为 0.09 ~ 1.00 [图 8-5（a）]，大部分区域的数值都大于 0.5，表明伊犁新垦区土地适宜性评价数值相对较高，其潜在作物产量能够超过伊犁哈萨克自治州的平均产量，也表明了土地利用空间优化配置的基本情景的

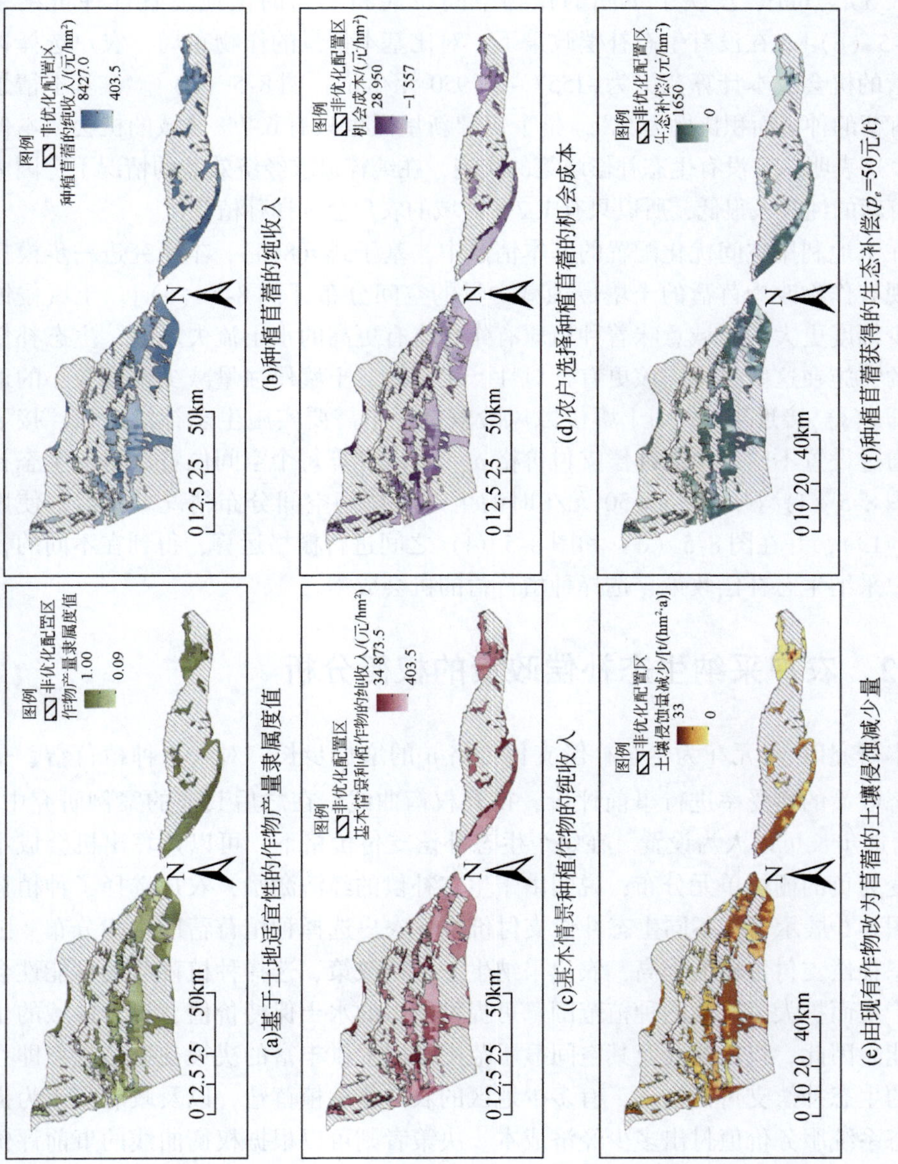

图8-5　ALUOA-TOA系统关键参数的空间分布

有效性。基于不同的土地适宜性评价结果所计算的苜蓿纯收入从 403.5 元/hm^2 到 8427.0 元/hm^2 不等 [图 8-5 (b)]。基本情景种植作物的纯收入在403.5 ~ 34 873.5元/ hm^2，反映了不同的作物空间布局和不同的土地适宜性评价结果 [图 8-5 (c)]。在没有生态补偿政策下，对比基本情景的作物布局，农户选择种植苜蓿的机会成本计算范围为-1557 ~ 28 950 元/hm^2 [图 8-5 (d)]。在基本情景中，苜蓿的种植面积比例为 5%，整个伊犁新垦区也只有 6.7% 区域的机会成本低于零。这表明，若没有生态补偿政策的实施，在纯粹追求经济效益的情况下，因为种植苜蓿的纯收入很低，所以只有 1.7% 区域的农户会选择种植苜蓿。

在土地利用空间优化配置的基本情景中，基于式 (8-6)，本研究进一步模拟了由现有作物改为苜蓿的土壤侵蚀减少量的空间分布 [图 8-5 (e)]。土壤侵蚀量减少幅度更大的区域意味着种植原有作物将有更高的水土流失风险，生态补偿政策的实施在这些区域应该更有针对性。相反地，土壤侵蚀量减少幅度较小的地区，即 $e(s)$ 接近于 0，则土壤侵蚀风险较低，不需要实施生态补偿政策。接下来，通过设置不同的生态补偿支付价格 p_e，可以计算每个空间位置获得的生态补偿。图 8-5 (f) 显示了 $p_e=50$ 元/t 时的生态补偿的空间分布情况。最后，使用式 (8-13)，并在图 8-5 (d) 和图 8-5 (f) 之间进行栅格运算，得到在不同的 p_e 下农户采纳生态补偿政策、选择种植苜蓿的机会成本。

8.4.2 农户采纳生态补偿政策的权衡分析

本研究以 50 元/t 为生态补偿支付价格 p_e 的增加步长，对农户种植苜蓿、采纳生态政策的接受率进行事前评价，得到权衡曲线，在之后其他的案例研究中，p_e 的增加步长可以人为设置。在每个生态补偿支付价格下，可以计算出机会成本由正变为负的栅格单元分布，说明由于生态补偿的经济激励，农户选择了种植苜蓿。图 8-6 展示了在不同生态补偿支付价格下农户选择种植苜蓿的空间分布。随着生态补偿支付价格的提高，农户采纳生态补偿政策、选择种植苜蓿的可能性会增加，从而扩大了苜蓿的种植范围，可提供更多的水土保持价值，提升区域的生态功能。因此，权衡曲线及其空间显示范围可以提供丰富的决策支持信息，即在特定的生态补偿支付价格下，有多少地区的农户将种植苜蓿，以及政府应该为提高生态系统服务价值付出多少经济成本。决策者则可以根据权衡曲线的事前评价和模拟结果，来确定合理的生态补偿支付价格。举例来说，若是 50 元/t 的生态补偿支付价格，约可以实现 20% 的采纳率 (即 20% 区域选择种植苜蓿，下同)，100 元/t 的生态支付价值可以实现 30% 左右的采纳率，300 元/t 左右的生态支付价格可以实现 50% 左右的采纳率，则 500 元/t 的生态支付价格可以实现的采纳率

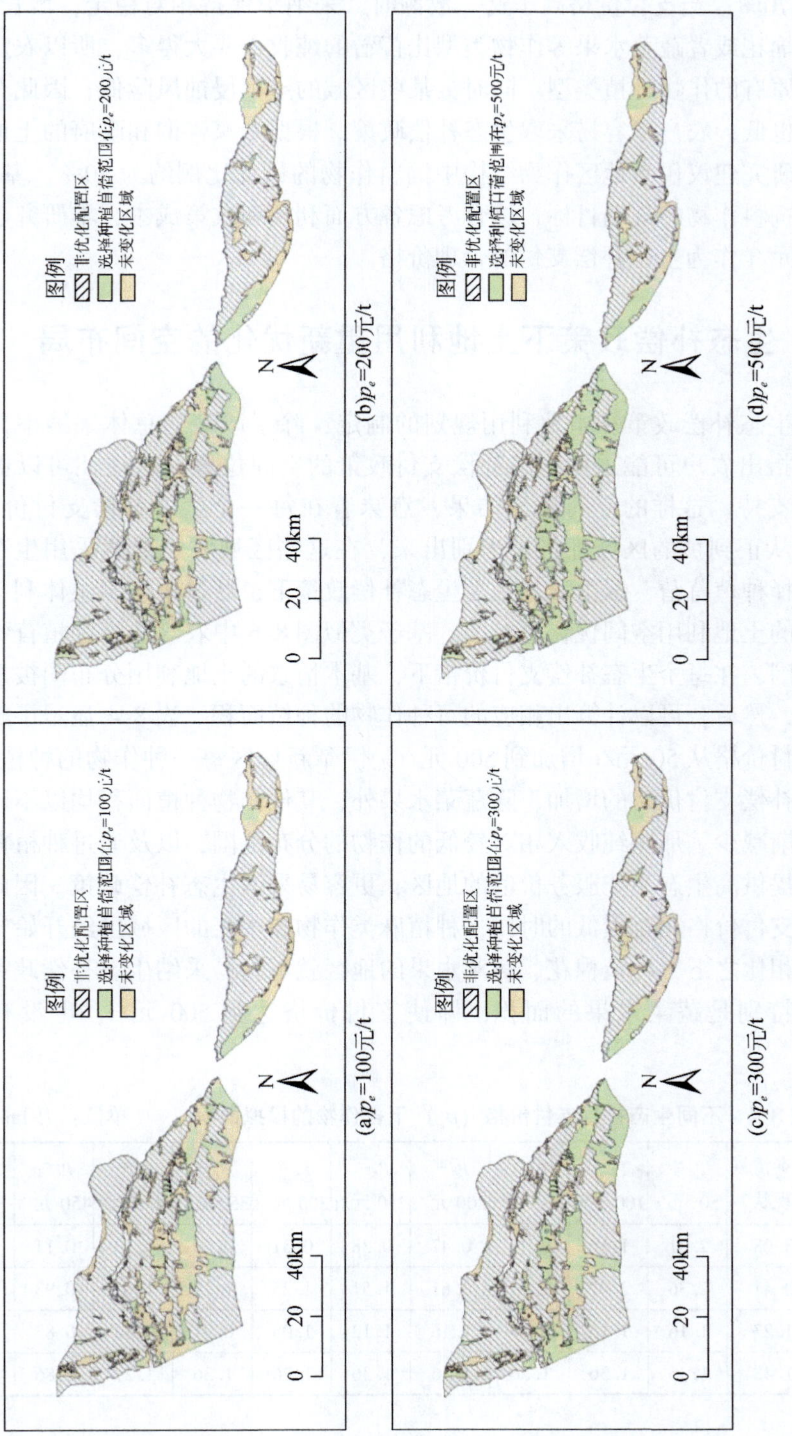

(a)p_e=100元/t (b)p_e=200元/t (c)p_e=300元/t (d)p_e=500元/t

图8-6 不同生态补偿支付价格下农户选择种植苜蓿的空间分布

则将超过 70%。当支付价格高于这一数额时，采纳率保持相对稳定，增长趋缓。这是因为棉花或者蔬菜水果等作物类型比苜蓿的纯收入要大得多，所以农户依然不会改变原有的作物种植类型。同时，某些区域的土壤侵蚀风险低，因此获得的支付数额也低，农户不容易采取生态补偿政策。根据专家咨询和政府的土地利用规划，本研究建议伊犁地区作物结构中饲料作物的最优比例约为 30%。基于此，以苜蓿为饲料作物的规划目标，综合考虑各方面利益和政策成本，本研究建议可设置 100 元/t 作为生态补偿支付的合理价格。

8.4.3 生态补偿政策下土地利用重新优化的空间布局

对于生态补偿政策和土地利用规划的制定，除了政策的总体采纳率，还应向决策者指出农户可能采用生态补偿支付政策的空间位置，这往往可以更好地服务决策支持。这样的空间显示结果，意味着在每一个生态补偿支付价格下，机会成本从正到负的区域都将被识别出来，在这些区域农户愿意采用生态补偿政策、选择种植苜蓿，以上过程是在生态补偿政策下，通过统筹多主体利益、优化生成新的土地利用空间优化分布图。基于类似图 8-6 中农户选择种植苜蓿的空间分布范围，在每个生态补偿支付价格下，基本情景的土地利用分布图被重新规划为苜蓿，然后，可以计算出相应的每种作物的种植面积。表 8-4 显示了随着生态补偿支付价格从 50 元/t 增加到 500 元/t，伊犁新垦区每一种作物的种植面积。随着生态补偿支付价格的增加，除蔬菜水果外，其他作物种植面积均以不同的变化率在逐渐减少。那些纯收入相对较低的作物的分布范围，以及通过种植苜蓿而能够显著提供高生态系统服务价值的地区，更容易采纳生态补偿政策。因此，在生态补偿支付价格相对较低的时候，种植麻类作物和小麦的区域已经开始转向种植苜蓿。相比之下，种植棉花、蔬菜水果的地区就不容易采纳生态补偿政策、种植苜蓿，特别是蔬菜水果的面积，即使支付价格达到 500 元/t，也没有发生变化。

表 8-4　不同生态补偿支付价格（p_e）下各作物的模拟面积　（单位：万 hm^2）

生态补偿支付价格	基本情景（现状）	p_e = 50 元/t	p_e = 100 元/t	p_e = 150 元/t	p_e = 200 元/t	p_e = 250 元/t	p_e = 300 元/t	p_e = 350 元/t	p_e = 400 元/t	p_e = 450 元/t	p_e = 500 元/t
小麦	3.08	2.01	1.16	0.78	0.47	0.38	0.31	0.20	0.13	0.11	0.10
玉米	2.41	2.36	2.02	1.84	1.61	1.51	1.25	1.11	1.05	0.93	0.87
水稻	1.23	1.16	1.16	1.16	1.16	1.12	1.05	0.91	0.84	0.83	0.80
棉花	1.48	1.36	1.36	1.36	1.36	1.36	1.36	1.36	1.27	0.86	0.73

续表

生态补偿支付价格	基本情景（现状）	p_e = 50 元/t	p_e = 100 元/t	p_e = 150 元/t	p_e = 200 元/t	p_e = 250 元/t	p_e = 300 元/t	p_e = 350 元/t	p_e = 400 元/t	p_e = 450 元/t	p_e = 500 元/t
甜菜	1.68	1.52	1.52	1.40	1.21	1.05	0.96	0.86	0.76	0.73	0.68
油料	0.81	0.75	0.73	0.58	0.45	0.40	0.35	0.25	0.21	0.20	0.19
麻类作物	0.62	0.35	0.08	0.05	0.04	0.02	0.01	0.00	0.00	0.00	0.00
蔬菜水果	1.09	1.09	1.09	1.09	1.09	1.09	1.09	1.09	1.09	1.09	1.09
苜蓿	0.65	2.45	3.93	4.79	5.66	6.12	6.67	7.27	7.70	8.30	8.59

图 8-7 显示了生态补偿支付价格为 100 元/t、200 元/t 和 300 元/t 时，农地利用重新优化的空间布局。可见，在生态补偿支付价格为 100 元/t 时，伊犁新垦区开始向种植苜蓿转变的地区主要位于南部。这些区域主要种植的作物包括甜菜、麻类作物和小麦，在转向苜蓿时农户将会获得更高的经济收入，同时，这些区域也将会获得更高的生态系统服务价值。在生态补偿支付价格达到 200 元/t 时，研究区西部农户也将开始采纳生态补偿政策，这些种植甜菜和玉米这两种具有高纯收入作物的区域也将因生态补偿支付价格高而开始转变为种植苜蓿。上述

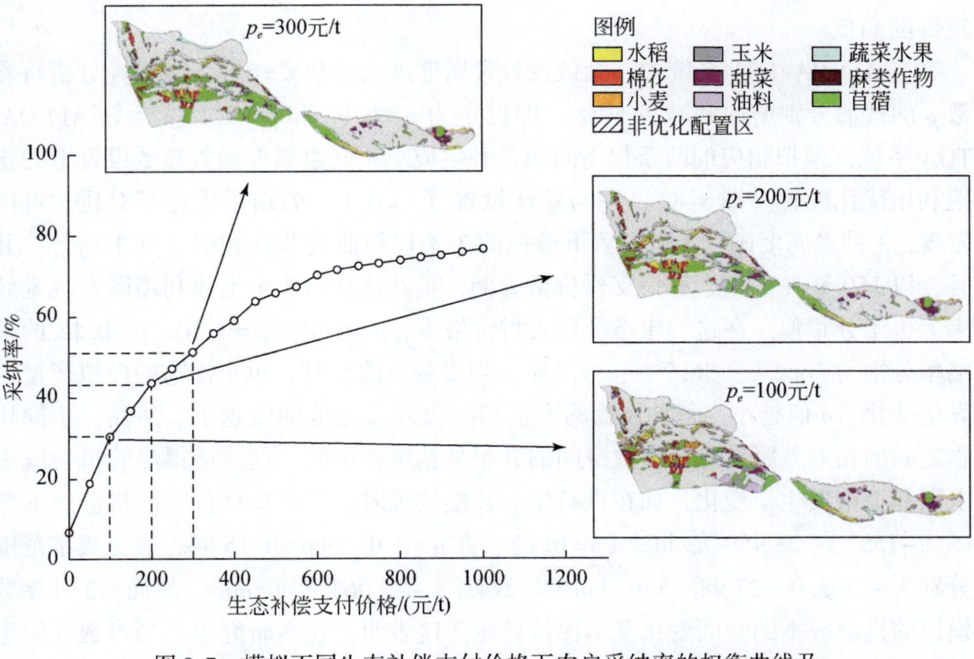

图 8-7　模拟不同生态补偿支付价格下农户采纳率的权衡曲线及相应的土地利用空间优化分布

的示例分析表明，本研究建立的 ALUOA-TOA 系统可以向决策者显示特定生态补偿支付价格下农户种植苜蓿的空间分布位置，生成相应的土地利用空间优化分布图。所有这些信息都有助于生态补偿政策实施位置选择的决策支持，以及政策和规划实施后的效果评估。

8.4.4 ALUOA-TOA 系统的敏感性分析

采用 S 形隶属度函数将土地适宜性评价结果与作物产量联系起来，是 ALUOA-TOA 系统整合土地利用优化配置和权衡分析两种方法的关键。然而，农户调查和统计数据无法提供 S 形隶属度函数的关键参数，即 α 和 γ。α 和 γ 是区域特定条件下作物产量的理论下限和上限，在现实中，我们只能收集到最高和最低作物产量（x_h 和 x_l），这些产量并没有达到理论产量的下限和上限，存在产量差，但 x_h 和 x_l 已经相对接近 α 和 γ。因此，在 ALUOA-TOA 系统中，依据实测产量 x_h 和 x_l，提出了参数 p 来计算理论产量 α 和 γ。对于式（8-9），x_l 的隶属度值是 p，x_h 的隶属度值是（$1-p$），由于没有实地测量数据来校验结果，本研究对参数 p 进行敏感性分析，分析其设定差异对模型输出造成的不确定性的高低。

在 ALUOA-TOA 系统中，默认设置隶属度函数参数 $p=0.1$，敏感性分析将参数 p 的数值分别增加和减少 50%，即设定为 $p=0.05$ 和 $p=0.15$。运转 ALUOA-TOA 系统，模拟相应的两条权衡曲线，并生成了不同隶属度函数参数设置下的土地利用优化配置（图 8-8），并与默认设置（$p=0.1$）的结果进行了对比。可以发现，3 种隶属度函数参数设置下模拟的 3 条权衡曲线非常相似、基本吻合；并且，以 150 元/t 的生态补偿支付价格为例，重新优化的 3 个土地利用图在视觉效果上也十分相似。在这一生态补偿支付价格下，$p=0.05$、$p=0.10$、$p=0.15$ 的采纳率分别为 36.2%、36.7%、37.5%。当参数 p 改变时，单个作物的模拟产量会发生变化，p 值越小，每种作物的产量和纯收入变化范围就越小。然而，不同作物之间的相对差距在每个参数空间的分布是基本稳定的。这就使得尽管机会成本上限和下限发生了变化，如在没有生态补偿政策时，农户选择苜蓿的机会成本范围为 -1557 ~ 28 950 元/hm^2（$p=0.1$），在 $p=0.05$ 和 $p=0.15$ 时，机会成本范围分别为 -1395.0 ~ 27 988.5 元/hm^2 和 -2743.5 ~ 30 064.5 元/hm^2。然而，3 种参数模拟的机会成本的空间变化基本保持稳定。这表明，在本研究中，当参数 p 发生变化时，基于机会成本空间分布的权衡分析是稳健的，也证明了 ALUOA-TOA 系统的输出是稳健的。

作物价格往往表现出明显的波动变化，本研究建立的 ALUOA-TOA 系统的核

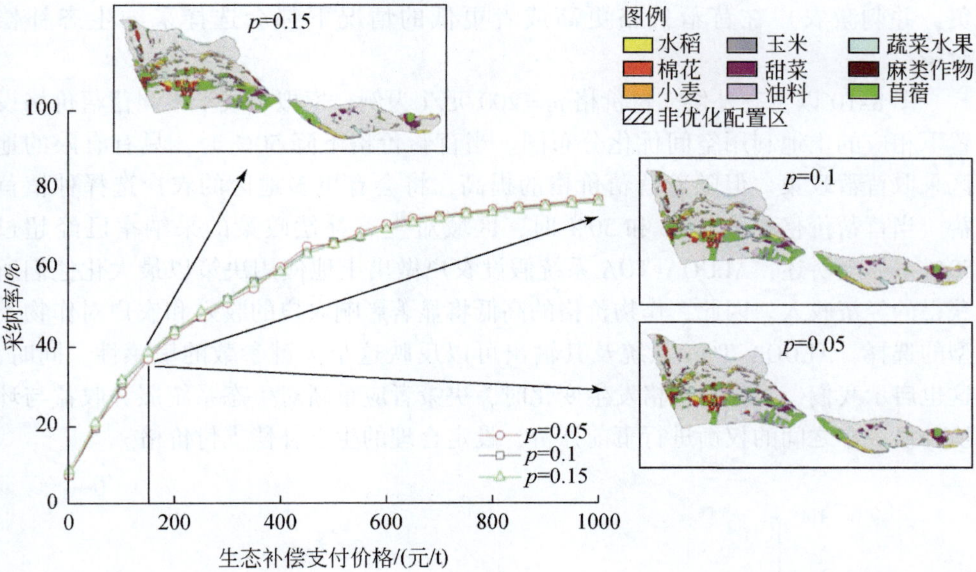

图 8-8　不同隶属度函数参数设置下的土地利用优化配置及权衡结果敏感性分析

心——机会成本的核算涉及作物种植的投入产出，作物价格的变化也将对机会成本的结果产生影响。因此，本研究对作物价格进行敏感性分析，验证 ALUOA-TOA 系统的可靠性。虽然本研究模拟了 9 种作物，但是考虑到规划目标作物是苜蓿，其价格变化对结果的影响最大，因此，本研究仅以苜蓿的价格为例，进行作物价格变化的敏感性分析，这将对整个区域每个空间位置机会成本的核算产生影响。如果是其他作物的价格发生变化，也同样会改变相应作物在其特定的种植区域的机会成本。本研究作物价格的敏感性分析定义了 5 种情景：以现有苜蓿价格为基准，其中前两种情景将苜蓿价格设置为现有平均价格分别上涨 50% 和 25%，后两种情景则设置为现有苜蓿平均价格分别下降 25% 和 50%。

图 8-9 显示了上述设置的 5 种模拟情景的权衡曲线，以分析作物价格变化对结果影响的敏感性。这表明苜蓿价格会显著改变 ALUOA-TOA 系统的产出。在没有生态补偿政策时（$p_e=0$），在五种敏感性分析情景中，农户对生态补偿政策的采纳率便有显著差异。当苜蓿价格下降 25% 和 50% 时，由于纯收入低，研究区没有农户会选择种植苜蓿。相比之下，当苜蓿价格上涨 25% 和 50% 时，会有更多地区的农户选择种植苜蓿以获取更高的经济收入。随着生态补偿政策的实施，伊犁新垦区农户采纳生态补偿政策的比例逐渐增加，并且，随着生态补偿支付价格的增加，不同情景之间的采纳率的差异逐渐缩小，但是依然较为

明显。这是因为更大的政府支付会改变多数地区的机会成本，使得其从正变为负，并刺激农户在苜蓿价格更高或者更低的情况下都会选择采纳生态补偿政策。

图 8-10 以生态补偿支付价格 $p_e=200$ 元/t 为例，模拟生成了不同苜蓿价格设置下相应的土地利用空间优化分布图。当苜蓿价格下降 50% 时，只有有限的地区采取苜蓿政策。但随着苜蓿价格的提高，将会有更多地区的农户选择种植苜蓿。当苜蓿价格提高 25% 和 50% 时，区域对生态补偿政策的采纳率已经超过 50%。如上所述，ALUOA-TOA 系统假设农户做出土地使用决策以最大化他们所获得的经济收入。因此，作物价格的高低将显著影响农户的收入和农户对作物类型的选择，ALUOA-TOA 系统及其输出可以反映这个关键参数的敏感性。同时，这也启示我们，当作物价格发生变化时，决策者应重新对生态系统服务收益与环境补偿成本之间的权衡进行事前评价，设定合理的生态补偿支付价格。

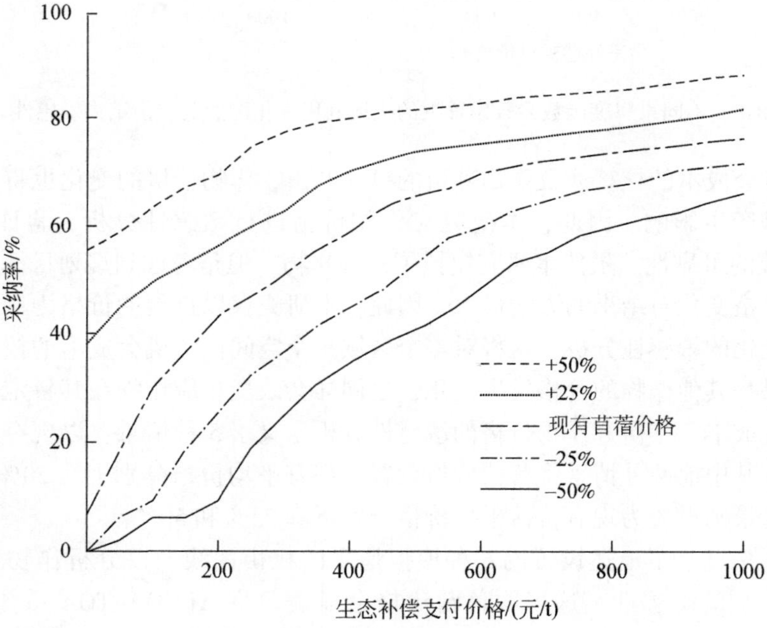

图 8-9　不同苜蓿价格设置下的权衡曲线结果敏感性分析

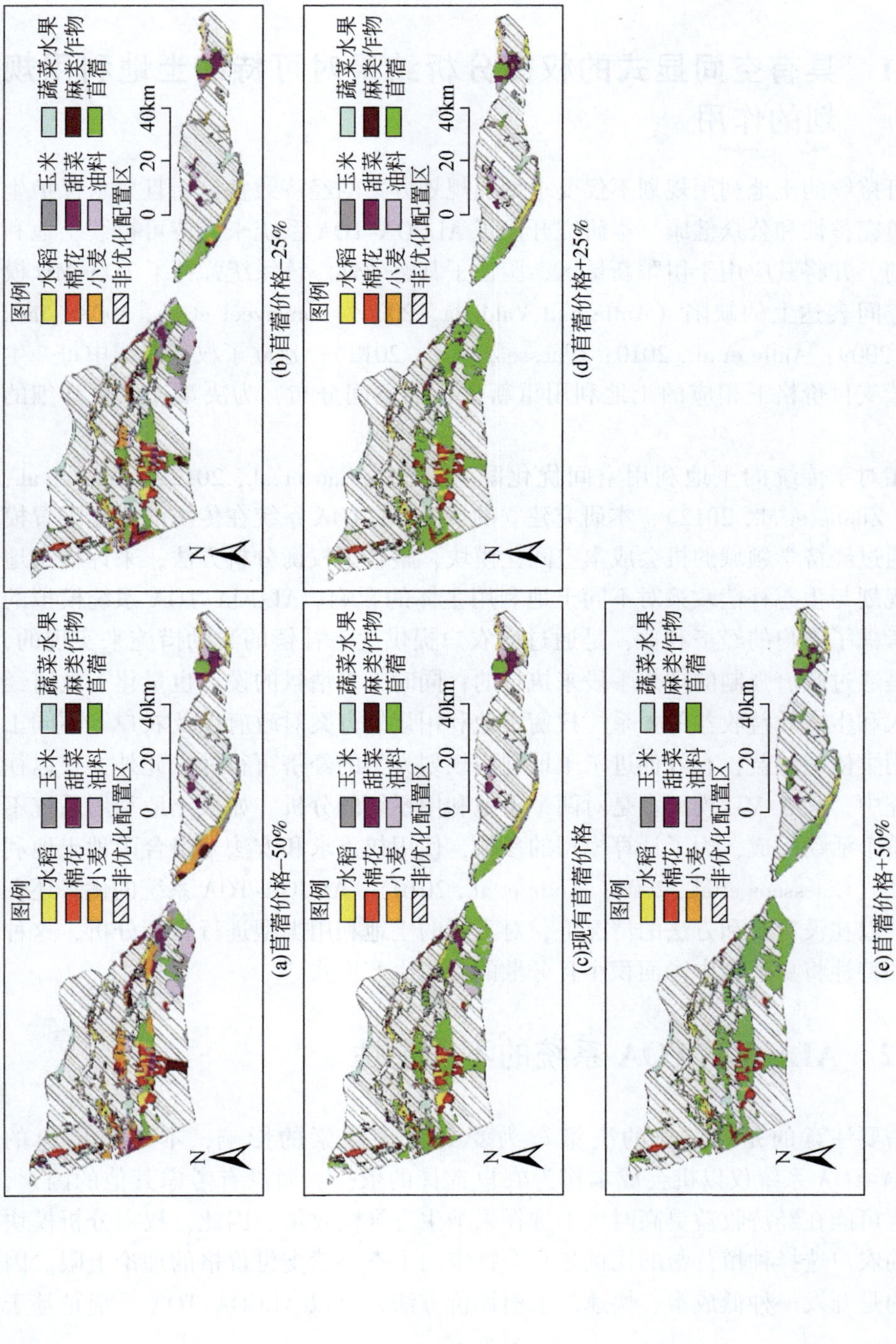

图8-10　不同苜蓿价格设置下相应的土地利用空间优化分布图

8.5 ALUOA-TOA 系统的应用前景

8.5.1 具有空间显式的权衡分析结果对可持续土地利用规划的作用

可持续的土地利用规划不仅要求增加规划方案的经济效益，而且要求保护生态环境完整性和公众健康。本研究开发了 ALUOA-TOA 系统来支持可持续土地利用规划，并将其应用于伊犁新垦区，验证了其有效性。该系统弥补了 TOA-MD 模型在空间表达上的缺陷（Antle and Valdivia，2006；Immerzeel et al.，2008；Jack et al.，2009；Antle et al.，2010；Claessens et al.，2012），建立了权衡曲线中每一生态补偿支付价格下相应的土地利用重新优化的空间分布，为决策提供更详细的信息。

相对于传统的土地利用空间优化配置方法（Cao et al.，2012；Gong et al.，2012；Zhang et al.，2012），本研究建立的 ALUOA-TOA 系统在传统的优化配置模型中通过经济学领域的机会成本空间化模块，整合了权衡分析方法，来评估土地利用规划与生态补偿政策对不同土地利用主体的影响。ALUOA-TOA 系统模拟的方案考虑了农户的经济利益，是通过向农户提供生态补偿的激励措施来实现的，而不是通过政府强制的理想手段来执行的；同时，多情景的设计也量化了政府经济投入和生态效益收益的关系。权衡土地利用规划方案对政府以及农户等不同土地利用主体的效益，有效促进了土地利用规划方案的经济可行性。此外，在以往的研究中，TOA-MD 模型多是对两个土地利用系统的分析。如果土地利用系统不是由单个活动组成，为了计算模型的参数，使用权重求和方法来组合多种土地利用活动（Claessens et al.，2008；Antle et al.，2010）。ALUOA-TOA 系统的优势还在于它可以在没有求和方法的情况下，对不同的土地利用类型进行权衡分析，这种模型的特性将更适合中国面积小且分散的农田生产模式。

8.5.2 ALUOA-TOA 系统的不确定性

需要注意的是，农户的决策行为受到众多因素的影响，本研究提出的 ALUOA-TOA 系统仅以机会成本作为农户选择的依据，而没有考虑其他的因素，农户有可能在经济收益更高时也不选择采纳生态补偿政策。因此，权衡分析模块计算的农户选择种植苜蓿的比例是每个特定的生态补偿支付价格的理论上限。因为目的是开发一种低成本、快速的事前评价方法，所以 ALUOA-TOA 系统是基于经济激励（预期盈利能力）的假设，不考虑其他可能改变农户行为的机制，这类似于 TOA-MD 的思路（Antle and Valdivia，2006；Immerzeel et al.，2008；Jack et al.，2009；Antle et al.，2010；Claessens et al.，2012）。例如，不同土地利用类型之间的生产成本（Antle and Valdivia，2006；Claessens et al.，2008）、风险规避、家庭消费偏好（Antle et al.，2010），以及驱动决策行为的其他非经济因素（Claessens et al.，2008）的差异都会对农户决策产生影响。如果上述农户行为因素数据可用，那么通过进一步的实地调查来获取农户决策的其他决定因素，融入 ALUOA-TOA 系统，还可以建立一个采纳率估算和空间分布模拟更准确的决策支持模型。

因为事前政策评估和分析涉及大量无法量化的不确定性，因此政策制定和决策的准确性往往低于科学研究（Antle and Valdivia，2006）。由于作物生产的实地调查数据不足，本研究使用土地适宜性评价和 S 形隶属度函数来模拟潜在的作物产量（Dumanski and Onofrei，1989；Rossiter，1996），这是一种可接受的事前分析方法。土地适宜性评价是 ALUOA 系统中至关重要的一步，也是 ALUOA-TOA 系统中的关键环节，通过有限的田间数据和统计年鉴中的高、中和低作物产量，模拟生成作物产量的空间分布，最终测试农户决策依据的机会成本。ALUOA-TOA 系统使用 S 形隶属度函数、不依赖其他实测数据或者参数，可以低成本、快速地模拟作物产量（Williams and Singh，1995；Jones et al.，2003；Keating et al.，2003）。同时，这个案例研究的敏感性分析也验证了 ALUOA-TOA 系统的稳健性（图 8-7）。

另外，ALUOA-TOA 系统按每公顷生态系统服务价值来设置生态补偿支付价格，而不是按单位面积的价格来设定，这更强调了区域生态系统服务价值供给的差异，也有利于生态补偿政策目的性实施区域的判别，但每一空间位置补偿价格的差异也会增加政策实施的难度。在研究认为苜蓿在伊犁新垦区的生态系统服务价值远大于其他作物，这是因为苜蓿在促进土壤保持、防治土地退化方面将比其他作物具有更为显著的效果。假设在同一空间位置将除水稻外的其他作物转变为苜蓿的生态系统服务价值是相同的，为增加政策实施的可靠性和模型模拟的精度，可在未来的研究中充分评估其他每一种作物的生态系统服务价值差异。本研究建立的 ALUOA-TOA 系统是在生态补偿政策下，在空间维度进行土地利用的重新优化和作物分配。未来还需要进一步的案例研究来确认其对可持续农业和土地利用规划的有效性，并探索其在支持决策和政策制定方面的作用。

ALUOA-TOA 系统是在土地利用空间优化配置过程中结合生态补偿政策，从而权衡多土地利用主体之间的权益，可用于可持续农业土地利用规划。ALUOA-TOA 系统基于土地适宜性的空间分布，利用 *S* 形隶属度函数估计作物潜在单产，并模拟生态补偿政策下农户改为种植苜蓿的机会成本。在每个生态补偿支付价格下，模拟农户对生态补偿政策和种植苜蓿的采纳率，生成一条权衡曲线，对采取生态补偿政策并改变原土地用途的区域进行空间识别，然后在土地利用空间优化配置的基本情景基础上进行重新分配。因此，该系统是一个空间显式、低运行成本的工具，通过将权衡分析与 ALUOA 模型结合起来，有效实现了生态补偿政策的事先评估，模拟了土地利用重新优化的空间分布图。ALUOA-TOA 系统在伊犁新垦区土地利用规划与决策中的应用表明了该系统的有效性。该系统评估了农户在原有土地利用类型和目标土地利用类型之间的权衡行为与农户收入改变，也量化了政府在生态系统服务价值获得和经济成本付出之间的权衡关系，以服务决策、确定一个合理的生态补偿支付价格。该系统为农业可持续发展和土地利用规划决策提供了额外的详细信息，在未来的研究中还可对该系统进行进一步探索改进。

参考文献

阿布都热合曼·哈力克，木卡达斯·阿不都热合曼，丁玥．2019．适宜绿洲规模数学模型的比较研究——以且末为例．中国农村水利水电，(8)：174-177.

白杨，郑华，庄长伟，等．2013．白洋淀流域生态系统服务评估及其调控．生态学报，33（3）：711-717.

蔡崇法，丁树文，史志华，等．2000．应用 USLE 模型与地理信息系统 IDRISI 预测小流域土壤侵蚀量的研究．水土保持学报，14（2）：19-24.

曹雪，阿依吐尔逊·沙木西，金晓斌，等．2011．水资源约束下的干旱区种植业结构优化分析——以新疆库尔勒市为例．资源科学，33（9）：1714-1719.

曹银贵，袁春，周伟，等．2008．中国耕地变化的驱动因子及其省域差异分析．中国土地科学，(2)：17-22.

陈龙，谢高地，张昌顺，等．2012．澜沧江流域土壤侵蚀的空间分布特征．资源科学，34（7）：1240-1247.

陈思旭，杨小唤，肖林林，等．2014．基于 RUSLE 模型的南方丘陵山区土壤侵蚀研究．资源科学，36（6）：1288-1297.

陈小兵，杨劲松，乔晓英，等．2008．绿洲耕地适宜面积确定与减灾研究——以新疆渭干河灌区为例．中国地质灾害与防治学报，(1)：118-123.

陈瑜琦，张智杰，郭旭东，等．2018．中国重点生态功能区生态用地时空格局变化研究．中国土地科学，32（2）：19-26.

陈作成．2014．新疆重点生态功能区生态补偿机制研究．石河子：石河子大学．

程春晓，徐宗学，王志慧，等．2014．2001-2010 年东北三省植被净初级生产力模拟与时空变化分析．资源科学，36（11）：2401-2412.

褚玉杰，赵振斌，张铖，等．2016．旅游社区多群体态度差异和冲突倾向的空间特征——以西安汤峪镇为例．地理学报，71（6）：1045-1058.

戴尔阜，黄宇，赵东升．2015a．草地土壤固碳潜力研究进展．生态学报，35（12）：3908-3918.

戴尔阜，王晓莉，朱建佳，等．2015b．生态系统服务权衡/协同研究进展与趋势展望．地球科学进展，30（11）：1250-1259.

戴海伦，苑爽，张科利，等．2013．贵州省降雨侵蚀力时空变化特征研究．水土保持研究，(1)：37-41.

戴路炜，唐海萍，张钦，等．2020．北方农牧交错带多伦县生态系统服务权衡与协同关系研究．生态学报，40（9）：2863-2876.

杜国明，孙晓兵，刘彦随．2016a．延安市退耕对生态的影响及其人文驱动因素分析．水土保持研究，23（3）：233-239，245.
杜国明，孙晓兵，刘彦随，等 . 2017. 黄土高原生态退耕的时空分异特征 . 地球信息科学学报，19（3）：355-364.
杜国明，孙晓兵，王介勇 . 2016b. 东北地区土地利用多功能性演化的时空格局 . 地理科学进展，35（2）：232-244.
杜新波，周伟，司慧娟，等 . 2013. 青海省 2000-2008 年间耕地变化及驱动力研究 . 水土保持研究，20（5）：180-186.
方创琳，李铭 . 2004. 水资源约束下西北干旱区河西走廊城市化发展模式 . 地理研究，（6）：825-832.
冯宇，毕如田，王瑾，等 . 2016. 流域矿业开采引发的土地利用空间冲突及优化配置 . 中国土地科学，30（11）：32-40.
傅伯杰，吕一河，高光耀 . 2012. 中国主要陆地生态系统服务与生态安全研究的重要进展 . 自然杂志，（5）：261-272.
傅伯杰，于丹丹 . 2016. 生态系统服务权衡与集成方法 . 资源科学，38（1）：1-9.
傅世锋，查轩 . 2008. 基于 GIS 和 USLE 的东圳库区土壤侵蚀量预测研究 . 地球信息科学，10（3）：390-395.
傅泽强，蔡运龙，杨友孝，等 . 2001. 中国粮食安全与耕地资源变化的相关分析 . 自然资源学报，16（4）：313-319.
高峰 . 2014. 基于 GIS 和 CSLE 的区域土壤侵蚀定量评价研究 . 桂林：广西师范学院 .
高红贝 . 2015. 黑河中游绿洲农田水热平衡分析 . 咸阳：中国科学院研究生院（教育部水土保持与生态环境研究中心）.
葛菁，吴楠，高吉喜，等 . 2012. 不同土地覆被格局情景下多种生态系统服务的响应与权衡——以雅砻江二滩水利枢纽为例 . 生态学报，32（9）：2629-2639.
耿庆玲 . 2014. 西北旱区农业水土资源利用分区及其匹配特征研究 . 咸阳：中国科学院研究生院（教育部水土保持与生态环境研究中心）.
龚建周，刘彦随，张灵 . 2010. 广州市土地利用结构优化配置及其潜力 . 地理学报，65（11）：1391-1400.
巩国丽，刘纪远，邵全琴 . 2014. 基于 RWEQ 的 20 世纪 90 年代以来内蒙古锡林郭勒盟土壤风蚀研究 . 地理科学进展，33（6）：825-834.
缑倩倩，韩致文，王国华 . 2011. 中国西北干旱区灌区土壤盐渍化问题研究进展 . 中国农学通报，27（29）：246-250.
谷长磊，刘琳，邱扬，等 . 2013. 黄土丘陵区生态退耕对草本层植物多样性的影响 . 水土保持研究，20（5）：99-103.
国家地图集编纂委员会 . 1999. 中华人民共和国国家自然地图集 . 北京：中国地图出版社 .
韩骥，周翔，象伟宁 . 2016. 土地利用碳排放效应及其低碳管理研究进展 . 生态学报，36（4）：1152-1161.
韩明臣，梁玉莲 . 2015. 基于连清数据的广西森林碳储量动态变化研究 . 林业资源管理，6：111-116，122.

郝丽娜，粟晓玲．2015. 黑河干流中游地区适宜绿洲及耕地规模确定．农业工程学报，31（10）：262-268.

郝梦雅，任志远，孙艺杰，等．2017. 关中盆地生态系统服务的权衡与协同关系动态分析．地理研究，36（3）：592-602.

胡晓．2014. 川南喀斯特石漠化小流域不同土地覆被生态系统服务功能研究．雅安：四川农业大学．

惠泱河，薛小杰，黄强，等．2002. 西北地区面临的水资源问题与对策研究．西安交通大学学报（社会科学版），32（1）：81-84.

贾晓娟．2008. 基于GIS的黄土丘陵沟壑区退耕还林工程生态效益评价——以吴起县为例．咸阳：西北农林科技大学．

柯映明，沈占锋，白洁，等．2020. 水资源约束下的渭干河流域耕地适宜规模．干旱区研究，37（3）：551-561.

匡文慧．2018. 城市土地利用/覆盖变化与热环境生态调控研究进展与展望．地理科学，38（10）：1643-1652.

兰紫橙，贾岚，程煜．2020. 闽江流域生态系统服务价值评估及权衡协同关系．生态学报，40（12）：3909-3920.

雷玉桃，谢建春，王雅鹏．2003. 退耕还林与粮食安全协调机制浅析．农业现代化研究，24（3）：222-224.

李晶，李红艳，张良．2016. 关中-天水经济区生态系统服务权衡与协同关系．生态学报，36（10）：1-10.

李默然，丁贵杰．2013. 贵州黔东南主要森林类型碳储量研究．中南林业科技大学学报，33（7）：119-124.

李鹏，姜鲁光，封志明，等．2012. 生态系统服务竞争与协同研究进展．生态学报，32（16）：5219-5229.

李鹏山．2017. 农田系统生态综合评价及功能权衡分析研究．北京：中国农业大学．

李双成，张才玉，刘金龙，等．2013. 生态系统服务权衡与协同研究进展及地理学研究议题．地理研究，32（8）：1379-1390.

李文华，张彪，谢高地．2009. 中国生态系统服务研究的回顾与展望．自然资源学报，（1）：1-10.

李啸虎，杨德刚，夏富强．2015. 干旱区城郊种植业水足迹分析与适宜耕地规模测算——以乌鲁木齐市为例．生态学报，35（9）：2860-2869.

李秀彬．1996. 全球环境变化研究的核心领域．地理学报，51（6）：553-558.

李志朋．2015. 农户农药化肥使用行为及其影响因素研究——以江西省为例．南昌：江西农业大学．

廖李红，戴文远，陈娟，等．2017. 平潭岛快速城市化进程中三生空间冲突分析．资源科学，39（10）：1823-1833.

林泉，吴秀芹．2012. 生态系统服务冲突及权衡的研究进展．环境科学与技术，35（6）：100-105.

刘诚，刘俊昌．2007. 我国退耕还林政策的实施对粮食安全的影响．北京林业大学学报（社会科学版），6（4）：42-47.
刘纪远，邵全琴，延晓冬，等．2011. 土地利用变化对全球气候影响的研究进展与方法初探．地球科学进展，26（10）：1015-1022.
刘纪远，张增祥，庄大方．2003. 20 世纪 90 年代中国土地利用变化时空特征及其成因分析．地理研究，22（1）：1-12.
刘继来，刘彦随，李裕瑞．2017. 中国“三生空间”分类评价与时空格局分析．地理学报，72（7）：1290-1304.
刘璐璐，曹巍，邵全琴．2016. 南北盘江森林生态系统水源涵养功能评价．地理科学，36（4）：603-611.
刘巧芹，赵华甫，吴克宁，等．2014. 基于用地竞争力的潜在土地利用冲突识别研究——以北京大兴区为例．资源科学，36（8）：1579-1589.
刘贤赵，宿庆．2006. 黄土高原水土流失区生态退耕对粮食安全的影响．山地学报，（1）：7-12.
刘晓，郭颖，徐海，等．2014. 贵州省森林生态系统服务功能的价值评估．贵州农业科学，（12）：60-65+69.
刘孝富，舒俭民，张林波．2010. 最小累积阻力模型在城市土地生态适宜性评价中的应用——以厦门为例．生态学报，30（2）：421-428.
刘栩如，张琳，杨磊，等．2016. 黄土丘陵区生态退耕中的景观格局演变及其地形驱动．水土保持研究，23（1）：103-109，116.
刘彦随，刘玉，陈玉福．2011. 中国地域多功能性评价及其决策机制．地理学报，66（10）：1379-1389.
龙花楼，曲艺，屠爽爽，等．2018. 城镇化背景下中国农区土地利用转型及其环境效应研究：进展与展望．地球科学进展，33（5）：455-463.
鹿海员．2017. 牧区“水-土-草-畜”平衡调控模式与方法研究．北京：中国水利水电科学研究院．
吕振宇．2015. 耕地细碎化的评价、效应及整治研究．北京：中国农业大学．
罗鼎，许月卿，邵晓梅，等．2009. 土地利用空间优化配置研究进展与展望．地理科学进展，28（5）：791-797.
马世发，艾彬．2015. 基于地理模型与优化的城市扩张与生态保护二元空间协调优化．生态学报，35（17）：5874-5883.
马世发，何建华，俞艳．2010. 基于粒子群算法的城镇土地利用空间优化模型．农业工程学报，26（9）：321-326.
欧阳志云，王效科，苗鸿．1999. 中国陆地生态系统服务功能及其生态经济价值的初步研究．生态学报，（5）：19-25.
彭佳捷，周国华，唐承丽，等．2012. 基于生态安全的快速城市化地区空间冲突测度——以长株潭城市群为例．自然资源学报，27（9）：1507-1519.
秦伟，朱清科，张岩．2010. 通用土壤流失方程中的坡长因子研究进展．中国水土保持科学，

8（2）：117-124.
邱冬生，庄大方，胡云锋，等．2004. 中国岩石风化作用所致的碳汇能力估算．地球科学：中国地质大学学报，29（2）：177-182.
邱扬，张英，韩静，等．2008. 生态退耕与植被演替的时空格局．生态学杂志，2008（11）：2002-2009.
冉娜，金晓斌，范业婷，等．2018. 基于土地利用冲突识别与协调的“三线”划定方法研究——以常州市金坛区为例．资源科学，40（2）：284-298.
冉圣宏，吕昌河，王茜．2010. 生态退耕对安塞县土地利用及其生态服务功能的影响．中国人口·资源与环境，20（3）：111-116.
饶品杰．2016. 基于生态安全的耕地后备资源开发适宜性评价．南昌：东华理工大学．
饶胜，林泉，王夏晖，等．2015. 正蓝旗草地生态系统服务权衡研究．干旱区资源与环境，29（3）：81-86.
石玉林．1982. 关于《中国 1/100 万土地资源图土地资源分类工作方案要点》（草案）的说明. 资源科学，4（1）：63-69.
石玉林．2008. 关于伊犁地区土地开发的几点看法．新疆农业科学，45（S3）：1-3.
石玉林，任阵海，雷志栋，等．2004. 西北地区水资源配置生态环境建设和可持续发展战略研究（土地荒漠化卷）. 北京：科学出版社．
石玉林，张红旗，许尔琪．2015. 中国陆地生态环境安全分区综合评价．中国工程科学，17（8）：62-69.
司慧娟，袁春，周伟．2016. 青海省土地利用变化对生态系统服务价值的影响研究．干旱地区农业研究，34（3）：254-260.
宋贤威，高扬，温学发，等．2016. 中国喀斯特关键带岩石风化碳汇评估及其生态服务功能．地理学报，（11）：1926-1938.
苏永．2013. 基于 GIS 技术和 USLE 模型的环江县土壤侵蚀研究．桂林：广西师范学院．
孙德亮，赵卫权，李威，等．2016. 基于 GIS 与 RUSLE 模型的喀斯特地区土壤侵蚀研究——以贵州省为例．水土保持通报，（3）：271-276，283，370.
孙梨萍．2014. 陕南山区农田土壤养分空间格局与耕地地力评价研究．咸阳：西北农林科技大学．
孙文义，邵全琴，刘纪远．2014. 黄土高原不同生态系统水土保持服务功能评价．自然资源学报，29（3）：365-376.
谈明洪，吕昌河．2005. 城市用地扩展与耕地保护．自然资源学报，20（1）：52-58.
汤怀志，桑玲玲，郧文聚．2020. 我国耕地占补平衡政策实施困境及科技创新方向．中国科学院院刊，35（5）：637-644.
唐秀美，陈百明，路庆，等．2011. 基于生态适宜性评价的耕地生态系统服务价值变化研究——以山东省章丘市为例．中国农业资源与区划，32（6）：39-42.
唐亚平．2014. 陕西省耕地数量质量时空变化与粮食生产保障研究．西安：西北大学．
唐庄生．2018. 半干旱荒漠草原沙化过程中植被退化机制研究．咸阳：西北农林科技大学．
汪洋，安沙舟．2018. 干旱区内陆河流域典型灌区土地利用变化与耗水量研究．新疆农业科学，55（2）：362-370.
王兵，魏江生，俞社保，等．2013. 广西壮族自治区森林生态系统服务功能研究．广西植物，(1)：46-51，117.
王静，刘海隆，王玲．2019. 气候变化背景下玛纳斯河流域绿洲适宜规模研究．干旱区地理，42（1）：113-120.
王琪，吴成永，陈克龙，等．2019. 基于 MODIS NPP 数据的青海湖流域产草量与载畜量估算研究．生态科学，38（4）：178-185.
王荣，蔡运龙．2010. 西南喀斯特地区退化生态系统整治模式．应用生态学报，21（4）：1070-1080.
王文辉，黄粤，刘铁，等．2018. 开都-孔雀河流域水资源优化配置．干旱区研究，35（5）：1030-1039.
王小琳．2016. 基于 InVEST 模型的贵州省水源涵养功能研究．贵阳：贵州师范大学．
王新闯，王世东，张合兵．2013. 基于 MOD17A3 的河南省 NPP 时空格局．生态学杂志，32（10）：2797-2805.
王新生，姜友华．2004. 模拟退火算法用于产生城市土地空间布局方案．地理研究，23（6）：727-735.
王秀红，申建秀．2013. 中国生态退耕重要阶段耕地面积时空变化分析．中国农学通报，29（29）：133-137.
王渊刚，罗格平，赵树斌，等．2014. 新疆耕地变化对区域碳平衡的影响．地理学报，69（1）：110-120.
王志成，蒋军新，方功焕，等．2019. 水资源约束下的阿克苏河流域适宜绿洲规模分析．冰川冻土，41（4）：986-992.
王忠静，王海峰，雷志栋．2002. 干旱内陆河区绿洲稳定性分析．水利学报，(5)：26-30.
吴光梅，熊康宁，陈浒，等．2012. 喀斯特石漠化生态系统服务价值研究．贵州师范大学学报（自然科学版），(3)：25-30.
吴松，安裕伦，李远艳，等．2016. 2000-2010 年贵州省生态系统水源涵养功能变化特征．环保科技，(2)：1-6.
武庆彬．2019. 基于水土资源与经济双重约束的新疆人口承载力研究．石河子：石河子大学．
谢高地，张彩霞，张昌顺，等．2015. 中国生态系统服务的价值．资源科学，(9)：1740-1746.
徐晨，赵洪祥，闫伟平，等．2020. 灌溉定额条件下玉米的产量形成及灌溉增产潜力研究．节水灌溉，(5)：22-26，31.
许尔琪．2019. 土地利用对水体营养物影响的研究进展．中国生态农业学报（中英文），27（12）：1880-1891.
许尔琪，张红旗．2016. 喀斯特山地土地利用变化的垂直分布特征．中国生态农业学报，24（12）：1693-1702.
许月卿，邵晓梅．2006. 基于 GIS 和 RUSLE 的土壤侵蚀量计算——以贵州省猫跳河流域为例．北京林业大学学报，(4)：67-71.
杨帆，黄麟，邵全琴，等．2015. 2010 年贵州省南部森林生态系统固碳释氧服务功能价值评估. 贵州师范大学学报（自然科学版），33（3）：5-11.
杨晓楠，李晶，秦克玉，等. 2015. 关中-天水经济区生态系统服务的权衡关系. 地理学报，70（11）：1762-1773.
杨旭，沈珍，闵水发，等. 2015. 生态系统服务研究进展. 中国农学通报，(35)：133-138.
杨宇，刘毅，金凤君，等. 2012. 天山北坡城镇化进程中的水土资源效益及其时空分异. 地理研究，31（7）：1185-1198.
于伯华，吕昌河. 2006. 土地利用冲突分析：概念与方法. 地理科学进展，25（3）：106-115.
袁克勤. 2009. 基于GIS岩溶山地小流域土壤侵蚀量计算 ——以重庆市南川区木渡河小流域为例. 重庆：西南大学.
袁满，刘耀林. 2014. 基于多智能体遗传算法的土地利用优化配置. 农业工程学报，30（1）：191-199.
岳耀杰，闫维娜，王秀红，等. 2014. 区域生态退耕对生态系统服务价值的影响——以宁夏盐池为例. 干旱区资源与环境，28（2）：60-67.
张彪，李文华，谢高地，等. 2008. 北京市森林生态系统的水源涵养功能. 生态学报，28（11）：5619-5624.
张彪，李文华，谢高地，等. 2009. 森林生态系统的水源涵养功能及其计量方法. 生态学杂志，28（3）：529-534.
张红旗，李家永，牛栋. 2003. 典型红壤丘陵区土地利用空间优化配置. 地理学报，58（5）：668-676.
张红旗，许尔琪，朱会义. 2015. 中国“三生用地”分类及其空间格局. 资源科学，37（7）：1332-1338.
张鸿辉，曾永年，谭荣，等. 2011. 多智能体区域土地利用优化配置模型及其应用. 地理学报，66（7）：972-984.
张明阳，王克林，刘会玉，等. 2010. 喀斯特生态系统服务价值时空分异及其与环境因子的关系. 中国生态农业学报，(1)：189-197.
张斯屿，白晓永，王世杰，等. 2014. 基于InVEST模型的典型石漠化地区生态系统服务评估——以晴隆县为例. 地球环境学报，(5)：328-338.
张莹，雷国平，张弘强，等. 2019. 微观尺度分析挠力河流域耕地利用水土资源匹配时空动态. 农业工程学报，35（8）：185-194.
张治. 2014. 绿洲膜下滴灌农田水盐运移及动态关系研究. 北京：清华大学.
张紫昭，郭瑞清，周天生，等. 2015. 新疆煤矿土地复垦为草地的适宜性评价方法与应用. 农业工程学报，31（11）：278-286.
赵爱栋，许实，曾薇，等. 2016. 干旱半干旱区不稳定耕地分析及退耕可行性评估. 农业工程学报，32（17）：215-225.
赵国梁，胡业翠. 2014. 基于CLUE-S模型的广西喀斯特山区生态系统服务价值变化研究. 水土保持研究，(6)：198-203，210，345.
赵海兵，安裕伦，夏品华，等. 2011. 基于GIS的喀斯特流域土壤侵蚀模数估算——以贵阳麦西河流域为例. 水土保持研究，(5)：99-103，295.

赵其国，杨劲松，周华．2011．保障我国“耕地红线”及“粮食安全”十字战略方针．土壤，43（5）：681-687.

赵玉田．2016．脆弱生态系统下西北干旱区农业水资源利用策略研究．兰州：兰州大学．

甄霖，魏云洁，谢高地，等．2010．中国土地利用多功能性动态的区域分析．生态学报，30（24）：6749-6761.

钟莉娜．2018．农用地整理对区域生态系统服务的影响．北京：中国地质大学（北京）.

周德，徐建春，王莉．2015．环杭州湾城市群土地利用的空间冲突与复杂性．地理研究，34（9）：1630-1642.

Ahlström A, Raupach M R, Schurgers G, et al. 2015. The dominant role of semi-arid ecosystems in the trend and variability of the land CO_2 sink. Science, 348 (6237): 895-899.

Aishan T, Halik U, Cyffka B, et al. 2013. Monitoring the hydrological and ecological response to water diversion in the lower reaches of the Tarim River, Northwest China. Quaternary International, 311: 155-162.

Alvarez R. 2005. A review of nitrogen fertilizer and conservation tillage effects on soil organic carbon storage. Soil Use and Management, 21 (1): 38-52.

Amiotte S P, Probst J L. 1993. Flux de CO_2 consommé par altération chimique continentale: influences du drainage et de la lithologie = CO_2 flux consumed by chemical weathering of continents: influences of drainage and lithology. Comptes Rendus de l'Académie des Sciences de Paris-Série Ⅱ, Mécanique, physique, chimie, astronomie, 317: 615-622.

Antle J M, Diagana B, Stoorvogel J J, et al. 2010. Minimum-data analysis of ecosystem service supply in semi-subsistence agricultural systems. Australian Journal of Agricultural and Resource Economics, 54 (4): 601-617.

Antle J M, Stoorvogel J J, Bowen W, et al. 2003. The tradeoff analysis approach: lessons from Ecuador and Peru. Quarterly Journal of International Agriculture, 42 (2): 189-206.

Antle J M, Stoorvogel J J, Crissman C C, et al. 1999. Tradeoff Assessment as a Quantitative Approach to Agricultural/Environmental Policy Analysis. Proceedings o the SAAD Ⅲ Third International Symposium on Systems Approaches for Agricultural Development, Lima, Peru.

Antle J M, Valdivia R O. 2006. Modelling the supply of ecosystem services from agriculture: a minimum-data approach. Australian Journal of Agricultural and Resource Economics, 50 (1): 1-15.

Aubry C, Ramamonjisoa J, Dabat M-H, et al. 2012. Urban agriculture and land use in cities: an approach with the multi-functionality and sustainability concepts in the case of Antananarivo (Madagascar). Land Use Policy, 29 (2): 429-439.

Baatz M, Benz U, Dehghani S, et al. 2004. eCognition User Guide 4.0. München: Definiens Imagine GmbH.

Bai L Y, Feng J Z, Ma Y X, et al. 2017. Analysis of spatial pattern Change of LU/LC over the upper Tarim River region since 1990 using remote sensing data. IOP Conference Series: Earth and Environmental Science, 57 (1): 012038.

Bai X, Wang S, Xiong K. 2011. Assessing spatial- temporal evolution processes of karst rocky desertification land: indications for restoration strategies. Land Degradation & Development, 24 (1): 47-56.

Bai Y, Zheng H, Ouyang Z, et al. 2013. Modeling hydrological ecosystem services and tradeoffs: a case study in Baiyangdian watershed, China. Environmental Earth Sciences, 70 (2): 709-718.

Bamufleh H S, Ponce-Ortega J M, El-Halwagi M M. 2013. Multi-objective optimization of process cogeneration systems with economic, environmental, and social tradeoffs. Clean Technologies and Environmental Policy, 15 (1): 185-197.

Becker A, Körner C, Brun J- J, et al. 2007. Ecological and land use studies along elevational gradients. Mountain Research and Development, 27 (1): 58-65.

Beketov M A, Kefford B J, Schäfer R B, et al. 2013. Pesticides reduce regional biodiversity of stream invertebrates. Proceedings of the National Academy of Sciences, 110 (27): 11039-11043.

Bellamy P H, Loveland P J, Bradley R I, et al. 2005. Carbon losses from all soils across England and Wales 1978-2003. Nature, 437 (7056): 245-248.

Bennett E M, Peterson G D, Gordon L J. 2009. Understanding relationships among multiple ecosystem services. Ecology Letters, 12 (12): 1394-1404.

Berihu T, Girmay G, Sebhatleab M, et al. 2017. Soil carbon and nitrogen losses following deforestation in Ethiopia. Agronomy for Sustainable Development, 37 (1): 1-12.

Blaschke T, Hay G J, Kelly M, et al. 2014. Geographic object-based image analysis-towards a new paradigm. ISPRS Journal of Photogrammetry and Remote Sensing, 87: 180-191.

Borrelli P, Robinson D A, Fleischer L R, et al. 2017. An assessment of the global impact of 21st century land use change on soil erosion. Nature Communications, 8: 1-13.

Bradford J B, D'Amato A W. 2012. Recognizing trade- offs in multi- objective land management. Frontiers in Ecology and the Environment, 10 (4): 210-216.

Brady N, Weil R. 2008. The Nature and Properties of Soils. Upper Saddle River, NJ: Pearson Prentice Hall.

Brown D G, Verburg P H, Pontius R G, et al. 2013. Opportunities to improve impact, integration, and evaluation of land change models. Current Opinion in Environmental Sustainability, 5 (5): 452-457.

Brown G, Raymond C M. 2014. Methods for identifying land use conflict potential using participatory mapping. Landscape and Urban Planning, 122: 196-208.

Bryan B A. 2013. Incentives, land use, and ecosystem services: synthesizing complex linkages. Environmental Science & Policy, 27: 124-134.

Bryan B A, Gao L, Ye Y, et al. 2018. China's response to a national land- system sustainability emergency. Nature, 559 (7713): 193-204.

Campbell D J, Gichohi H, Mwangi A, et al. 2000. Land use conflict in Kajiado district, Kenya. Land Use Policy, 17 (4): 337-348.

Cao K, Huang B, Wang S, et al. 2012. Sustainable land use optimization using boundary-based fast genetic algorithm. Computers, Environment and Urban Systems, 36 (3): 257-269.

Capotorti G, Guida D, Siervo V, et al. 2012. Ecological classification of land and conservation of biodiversity at the national level: the case of Italy. Biological Conservation, 147: 174-183.

Carr M H, Zwick P. 2005. Using GIS suitability analysis to identify potential future land use conflicts in North Central Florida. Journal of Conservation Planning, 1 (1): 89-105.

Celentano D, Rousseau G X, Engel V L, et al. 2017. Degradation of riparian forest affects soil properties and ecosystem services provision in eastern amazon of brazil. Land Degradation & Development, 28: 482-493.

Chang J, Qu Z, Xu R, et al. 2017. Assessing the ecosystem services provided by urban green spaces along urban center-edge gradients. Scientific Reports, 7 (1): 11226.

Chen C F, Son N T, Chang N B, et al. 2013. Multi-decadal mangrove forest change detection and prediction in Honduras, Central America, with Landsat Imagery and a Markov Chain Model. Remote Sensing, 5 (12): 6408.

Chen L, Smith P, Yang Y. 2015. How has soil carbon stock changed over recent decades? Global Change Biology, 21 (9): 3197-3199.

Chen Y. 2014. Water Resources Research in Northwest China. Berlin, Heidelberg: Springer Science & Business Media.

Chen Y, Xu C, Hao X, et al. 2009. Fifty-year climate change and its effect on annual runoff in the Tarim River Basin, China. Quaternary International, 208 (1-2): 53-61.

Cheng Z, Meng J, Wang Y. 2016. Improving spring maize yield estimation at field scale by assimilating time-series HJ-1 CCD data into the WOFOST Model using a new method with fast algorithms. Remote Sensing, 8 (4): 303.

Chepil W S. 1942. Measurement of wind erosiveness by dry sieving procedure. Scientific Agriculture, 23: 154-160.

Chi W, Zhao Y, Kuang W, et al. 2019. Impacts of anthropogenic land use/cover changes on soil wind erosion in China. Science of the Total Environment, 668: 204-215.

Chivasa W, Mutanga O, Biradar C. 2017. Application of remote sensing in estimating maize grain yield in heterogeneous African agricultural landscapes: a review. International Journal of Remote Sensing, 38 (23): 6816-6845.

Claessens L, Antle J, Stoorvogel J, et al. 2012. A method for evaluating climate change adaptation strategies for small-scale farmers using survey, experimental and modeled data. Agricultural Systems, 111: 85-95.

Claessens L, Stoorvogel J, Antle J M. 2008. Ex ante assessment of dual-purpose sweet potato in the crop-livestock system of western Kenya: a minimum-data approach. Agricultural Systems, 99 (1): 13-22.

Collins M G, Steiner F R, Rushman M J. 2001. Land-use suitability analysis in the United States: historical development and promising technological achievements. Environmental Management, 28 (5): 611-621.

Cong R, Wang X, Xu M, et al. 2012. Dynamics of soil carbon to nitrogen ratio changes under long-term fertilizer addition in wheat- corn double cropping systems of China. European Journal of Soil Science, 63 (3): 341-350.

Congalton R G. 1991. A review of assessing the accuracy of classifications of remotely sensed data. Remote Sensing of Environment, 37 (1): 35-46.

Cools N, Vesterdal L, de Vos B, et al. 2014. Tree species is the major factor explaining C : N ratios in European forest soils. Forest Ecology and Management, 311: 3-16.

Costanza R, Arge D, Groot D. 1997. The value of ecosystem service and nature capital in the world. Nature, 387 (15): 235-260.

Costanza R, de Groot R, Braat L, et al. 2017. Twenty years of ecosystem services: how far have we come and how far do we still need to go? Ecosystem Services, 28: 1-16.

Costanza R, de Groot R, Sutton P, et al. 2014. Changes in the global value of ecosystem services. Global Environmental Change, 26: 152-158.

Coulston J W, Woodall C W , Domke G M, et al. 2016. Refined forest land use classification with implications for United States national carbon accounting. Land Use Policy, 59: 536-542.

Crissman C C, Antle J M, Capalbo S M. 1998. Economic, Environmental, and Health Tradeoffs in Agriculture: Pesticides and the Sustainability of Andean Potato Production. Dordrecht: International Potato Center.

Crossman N D, Bryan B A. 2009. Identifying cost- effective hotspots for restoring natural capital and enhancing landscape multifunctionality. Ecological Economics, 68 (3): 654-668.

Cyranoski D. 2009. Asian nations unite to fight dust storms. Nature News. 457: 371.

Daily G C, Söderqvist T, Aniyar S, et al. 2000. The value of nature and the nature of value. Science, 289 (5478): 395-396.

Davis J L, Le B, Coy A E. 2011. Building a model of commitment to the natural environment to predict ecological behavior and willingness to sacrifice. Journal of Environmental Psychology, 31 (3): 257-265.

de Almeida Furtado L F, Silva T S F, de Moraes Novo E M L. 2016. Dual-season and full-polarimetric C band SAR assessment for vegetation mapping in the Amazon vánzea wetlands. Remote Sensing of Environment, 174: 212-222.

de Groot R. 2006. Function-analysis and valuation as a tool to assess land use conflicts in planning for sustainable, multi-functional landscapes. Landscape and Urban Planning, 75 (3-4): 175-186.

de Groot R S, Alkemade R, Braat L, et al. 2010. Challenges in integrating the concept of ecosystem services and values in landscape planning, management and decision making. Ecological Complexity, 7 (3): 260-272.

de Rosa M, Knudsen M T, Hermansen J E. 2016. A comparison of Land Use Change models: challenges and future developments. Journal of Cleaner Production, 113, 183-193.

DeFries R S, Foley J A, Asner G P. 2004. Land-use choices: balancing human needs and ecosystem function. Frontiers in Ecology and the Environment, 2 (5): 249-257.

Deng J S, Wang K, Hong Y, et al. 2009. Spatio-temporal dynamics and evolution of land use change and landscape pattern in response to rapid urbanization. Landscape and Urban Planning, 92 (3): 187-198.

Deng X, Gibson J, Wang P. 2017. Management of trade-offs between cultivated land conversions and land productivity in Shandong Province. Journal of Cleaner Production, 142: 767-774.

Deng X, Huang J K, Rozelle S, et al. 2006. Cultivated land conversion and potential agricultural productivity in China. Land Use Policy, 23 (4): 372-384.

Diepen C A V, Wolf J, Keulen H V, et al. 1989. WOFOST: a simulation model of crop production. Soil Use and Management, 5 (1): 16-24.

Don A, Schumacher J, Freibauer A. 2011. Impact of tropical land-use change on soil organic carbon stocks-a meta-analysis. Global Change Biology, 17 (4): 1658-1670.

Dong G, Xu E Q, Zhang H Q. 2015. Spatiotemporal variation of driving forces for settlement expansion in different types of counties. Sustainability, 8 (1): 39.

Du H, Wang T, Xue X. 2017. Potential wind erosion rate response to climate and land-use changes in the watershed of the Ningxia-Inner Mongolia reach of the Yellow River, China, 1986-2013. Earth Surface Processes & Landforms, 42: 1923-1937.

Dumanski J, Onofrei C. 1989. Techniques of crop yield assessment for agricultural land evaluation. Soil Use and Management, 5 (1): 9-15.

Edmondson J L, Davies Z G, McCormack S A, et al. 2014. Land-cover effects on soil organic carbon stocks in a European city. Science of the Total Environment, 472: 444-453.

El Baroudy A. 2016. Mapping and evaluating land suitability using a GIS-based model. Catena, 140: 96-104.

Fan Y, Jin X, Gan L, et al. 2018. Spatial identification and dynamic analysis of land use functions reveals distinct zones of multiple functions in eastern China. Science of the Total Environment, 642: 33-44.

FAO. 1976. A Framework for Land Evaluation. Rome: Soils bulletin, No. 32.

Field C B, Behrenfeld M J, Randerson J T, et al. 1998. Primary production of the biosphere: integrating terrestrial and oceanic components. Science, 281 (5374): 237-240.

Fierer N, Craine J M, McLauchlan K, et al. 2005. Litter quality and the temperature sensitivity of decomposition. Ecology, 86 (2): 320-326.

Foley J A, DeFries R, Asner G P, et al. 2005. Global consequences of land use. Science, 309 (5734): 570-574.

Fryrear D W, Bilbro J D, Saleh A, et al. 2000. RWEQ: improved wind erosion technology. Journal of Soil and Water Conservation, 55: 183-189.

Fryrear D W, Saleh A, Bilbro J D. 1998. A single event wind erosion model. Transactions of the ASAE, 41: 1369-1374.

Fu Q, Li B, Hou Y, et al. 2017. Effects of land use and climate change on ecosystem services in Central Asia's arid regions: a case study in Altay Prefecture, China. Science of the Total

Environment, 607-608: 633-646.
Gabriel K R, Neumann J. 1962. A Markov chain model for daily rainfall occurrence at Tel Aviv. Quarterly Journal of the Royal Meteorological Society, 88 (375): 90-95.
Gallaher R, Weldon C, Boswell F. 1976. A semiautomated procedure for total Nitrogen in plant and soil samples. Soil Science Society of America Journal, 40 (6): 887-889.
Galloza M S, Webb N P, Bleiweiss M P, et al. 2018. Exploring dust emission responses to land cover change using an ecological land classification. Aeolian Research, 32: 141-153.
Gao G, Shen Q, Zhang Y, et al. 2018. Determining spatio-temporal variations of ecological water consumption by natural oases for sustainable water resources allocation in a hyper-arid endorheic basin. Journal of Cleaner Production, 185: 1-13.
Gao L, Bryan B A. 2017. Finding pathways to national-scale land-sector sustainability. Nature, 544 (7649): 217.
Gao Y, He N, Yu G, et al. 2014. Long-term effects of different land use types on C, N, and P stoichiometry and storage in subtropical ecosystems: a case study in China. Ecological Engineering, 67: 171-181.
Garcia M A P, Montiel O, Castillo O, et al. 2009. Path planning for autonomous mobile robot navigation with ant colony optimization and fuzzy cost function evaluation. Applied Soft Computing, 9 (3): 1102-1110.
Gelaw A M, Singh B, Lal R. 2014. Soil organic carbon and total nitrogen stocks under different land uses in a semi-arid watershed in Tigray, Northern Ethiopia. Agriculture, Ecosystems & Environment, 188: 256-263.
Geng Q L, Ren Q F, Yan H M, et al. 2020. Target areas for harmonizing the Grain for Green Programme in China's Loess Plateau. Land Degradation & Development, 31 (3): 325-333.
Gilks W R, Richardson S, Spiegelhalter D. 1995. Markov Chain Monte Carlo in Practice. London: Chapman & Hall.
Godfray H C J, Beddington J R, Crute I R, et al. 2010. Food security: the challenge of feeding 9 billion people. Science, 327 (5967): 812-818.
Godschalk D R. 2004. Land use planning challenges: coping with conflicts in visions of sustainable development and livable communities. Journal of the American Planning Association, 70 (1): 5-13.
Gong G, Liu J, Shao Q, et al. 2014. Sand-fixing function under the change of vegetation coverage in a wind erosion area in northern China. Journal of Resources and Ecology, 5: 105-114.
Gong J, Liu Y, Chen W. 2012. Optimal land use allocation of urban fringe in Guangzhou. Journal of Geographical Sciences, 22 (1): 179-191.
Gong Z, Zhang G, Luo G. 1999. Diversity of anthrosols in China. Pedosphere, 9 (3): 193-204.
Grondin P, Gauthier S, Borcard D, et al. 2014. A new approach to ecological land classification for the Canadian boreal forest that integrates disturbances. Landscape Ecology, 29: 1-16.
Gu B, Ju X, Wu Y, et al. 2018. Cleaning up nitrogen pollution may reduce future carbon sinks. Global Environmental Change, 48: 56-66.

Guo L B, Gifford R. 2002. Soil carbon stocks and land use change: a meta analysis. Global Change Biology, 8 (4): 345-360.

Guo X, Chang Q, Liu X, et al. 2018. Multi-dimensional eco-land classification and management for implementing the ecological redline policy in China. Land Use Policy, 74: 15-31.

Hao R F, Yu D Y, Liu Y P, et al. 2017. Impacts of changes in climate and landscape pattern on ecosystem services. Science of the Total Environment, 579: 718-728.

Haque A, Asami Y. 2014. Optimizing urban land use allocation for planners and real estate developers. Computers, Environment and Urban Systems, 46: 57-69.

Harrell F E. 2015. Regression Modeling Strategies. Berlin, Heidelberg: Springer.

Hausherr Lüder R-M, Qin R, Richner W, et al. 2018. Spatial variability of selected soil properties and its impact on the grain yield of oats (Avena sativa L.) in small fields. Journal of Plant Nutrition, 41 (19): 2446-2469.

Hayashi K, Matsumoto N, Hayashi E T, et al. 2012. Estimation of nitrogen flow within a village-farm model in Fakara region in Niger, Sahelian zone of West Africa. Nutrient Cycling in Agroecosystems, 92 (3): 289-304.

Helbron H, Schmidt M, Glasson J, et al. 2011. Indicators for strategic environmental assessment in regional land use planning to assess conflicts with adaptation to global climate change. Ecological Indicators, 11 (1): 90-95.

Helming K, Tscherning K, König B, et al. 2008. Ex Ante Impact Assessment of Land Use Changes in European Regions—the SENSOR Approach. Sustainability Impact Assessment of Land Use Changes. Berlin, Heidelberg: Springer.

Hobbie S E, Reich P B, Oleksyn J, et al. 2006. Tree species effects on decomposition and forest floor dynamics in a common garden. Ecology, 87 (9): 2288-2297.

Hornbeck R. 2012. The enduring impact of the American Dust Bowl: short-and long-run adjustments to environmental catastrophe. American Economic Review, 102: 1477-1507.

Horvath E K, Christensen J R, Mehaffey M H, et al. 2017. Building a potential wetland restoration indicator for the contiguous United States. Ecological Indicators, 83: 463-473.

Hosmer Jr D W, Lemeshow S, Sturdivant R X. 2013. Applied Logistic Regression. New York: John Wiley & Sons.

Houghton R, Skole D, Nobre C A, et al. 2000. Annual fluxes of carbon from deforestation and regrowth in the Brazilian Amazon. Nature, 403 (6767): 301-304.

Hu H, Fu B, Lü Y, et al. 2015. SAORES: a spatially explicit assessment and optimization tool for regional ecosystem services. Landscape Ecology, 30 (3): 547-560.

Hu Z, Lo C P. 2007. Modeling urban growth in Atlanta using logistic regression. Computers, Environment and Urban Systems, 31 (6): 667-688.

Huang B, Sun W, Zhao Y, et al. 2007. Temporal and spatial variability of soil organic matter and total nitrogen in an agricultural ecosystem as affected by farming practices. Geoderma, 139 (3-4): 336-345.

Huang Q H, Cai Y L. 2007. Simulation of land use change using GIS-based stochastic model: the case study of Shiqian County, Southwestern China. Stochastic Environmental Research and Risk Assessment, 21 (4): 419-426.

Huang Y, Sun W. 2006. Changes in topsoil organic carbon of croplands in Mainland China over the last two decades. Chinese Science Bulletin, 51 (15): 1785-1803.

Hulme M. 1996. Recent climatic change in the world's drylands. Geophysical Research Letters, 23 (1): 61-64.

Immerzeel W, Stoorvogel J, Antle J. 2008. Can payments for ecosystem services secure the water tower of Tibet? Agricultural Systems, 96 (1): 52-63.

Iojă C I, Niţă M R, Vânău G O, et al. 2014. Using multi-criteria analysis for the identification of spatial land-use conflicts in the Bucharest Metropolitan Area. Ecological Indicators, 42: 112-121.

Iqbal M A, Shen Y, Stricevic R, et al. 2014. Evaluation of the FAO AquaCrop model for winter wheat on the North China Plain under deficit irrigation from field experiment to regional yield simulation. Agricultural Water Management, 135: 61-72.

Jack B K, Leimona B, Ferraro P J. 2009. A revealed preference approach to estimating supply curves for ecosystem services: use of auctions to set payments for soil erosion control in Indonesia. Conservation Biology, 23 (2): 359-367.

Jackson H B, Fahrig L. 2015. Are ecologists conducting research at the optimal scale? Global Ecology and Biogeography, 24 (1): 52-63.

Jantz C A, Goetz S J, Shelley M K. 2004. Using the SLEUTH urban growth model to simulate the impacts of future policy scenarios on urban land use in the Baltimore-Washington metropolitan area. Environment and Planning B: Planning and Design, 31 (2): 251-271.

Jia B, Zhang Z, Ci L, et al. 2004. Oasis land-use dynamics and its influence on the oasis environment in Xinjiang, China. Journal of Arid Environments, 56 (1): 11-26.

Johnson B, Xie Z. 2011. Unsupervised image segmentation evaluation and refinement using a multi-scale approach. ISPRS-J. Photogramm. Remote Sensing, 66 (4): 473-483.

Jones J W, Hoogenboom G, Porter C, et al. 2003. The DSSAT cropping system model. European Journal of Agronomy, 18 (3): 235-265.

Jongman R, Bunce R, Metzger M, et al. 2006. Objectives and applications of a statistical environmental stratification of Europe. Landscape Ecology, 21 (3): 409-419.

Ju H, Zhang Z, Zhao X, et al. 2018. The changing patterns of cropland conversion to built-up land in China from 1987 to 2010. Journal of Geographical Sciences, 28 (11): 1595-1610.

Ju W, Gao P, Zhou Y, et al. 2010. Prediction of summer grain crop yield with a process-based ecosystem model and remote sensing data for the northern area of the Jiangsu Province, China. International Journal of Remote Sensing, 31 (6): 1573-1587.

Juanita A D, Ignacio P, Jorgelina G A, et al. 2019. Assessing the effects of past and future land cover changes in ecosystem services, disservices and biodiversity: a case study in Barranquilla Metropolitan Area (BMA), Colombia. Ecosystem Services, 37: 100915.

Kalnay E, Cai M. 2003. Impact of urbanization and land-use change on climate. Nature, 423 (6939): 528.

Kalogirou S. 2002. Expert systems and GIS: an application of land suitability evaluation. Computers, Environment and Urban Systems, 26 (2-3): 89-112.

Karimi A, Brown G. 2017. Assessing multiple approaches for modelling land-use conflict potential from participatory mapping data. Land Use Policy, 67: 253-267.

Karimi A, Hockings M. 2018. A social-ecological approach to land-use conflict to inform regional and conservation planning and management. Landscape Ecology. 33 (5): 691-710.

Keating B A, Carberry P, Hammer G, et al. 2003. An overview of APSIM, a model designed for farming systems simulation. European Journal of Agronomy, 18 (3): 267-288.

Kemmitt S J, Wright D, Goulding K W, et al. 2006. pH regulation of carbon and nitrogen dynamics in two agricultural soils. Soil Biology and Biochemistry, 38 (5): 898-911.

Keram A, Halik U, Keyimu M, et al. 2019. Gap dynamics of natural Populus euphratica floodplain forests affected by hydrological alteration along the Tarim River: Implications for restoration of the riparian forests. Forest Ecology and Management, 438: 103-113.

Keshavarzi A, Sarmadian F, Ahmadi A. 2011. Spatially-based model of land suitability analysis using Block Kriging. Australian Journal of Crop Science, 5 (12): 1533-1541.

Khan S A, Mulvaney R L, Ellsworth T R, et al. 2007. The myth of Nitrogen fertilization for soil carbon sequestration. Journal of Environmental Quality, 36: 1821-1832.

Kieu C, Zhang D L. 2018. The control of environmental stratification on the hurricane maximum potential intensity. Geophysical Research Letters, 45 (12): 6272-6280.

Kim M, Madden M, Warner T. 2008. Estimation of optimal image object size for the segmentation of forest stands with multispectral IKONOS imagery. Object-based image analysis. Berlin, Heidelberg: Springer.

Kindler R, Siemens J, Kaiser K, et al. 2011. Dissolved carbon leaching from soil is a crucial component of the net ecosystem carbon balance. Global Change Biology, 17 (2): 1167-1185.

Klemedtsson L, von Arnold K, Weslien P, et al. 2005. Soil CN ratio as a scalar parameter to predict nitrous oxide emissions. Global Change Biology, 11 (7): 1142-1147.

Koga T, Kawamura A, Amaguchi H, et al. 2016. Assessing impervious area ratios of grid-based land-use classifications on the example of an urban watershed. Hydrological Sciences Journal, 61: 1728-1739.

Kong A Y Y, Six J, Bryant D C, et al. 2005. The relationship between carbon input, aggregation, and soil organic carbon stabilization in sustainable cropping systems. Soil Science Society of America Journal, 69 (4): 1078-1085.

Kopittke P M, Dalal R C, Finn D, et al. 2017. Global changes in soil stocks of carbon, nitrogen, phosphorus, and sulphur as influenced by long-term agricultural production. Global Change Biology, 23 (6): 2509-2519.

Lafortezza R, Chen J. 2016. The provision of ecosystem services in response to global change:

evidences and applications. Environmental Research, 147: 576-579.

Lal R. 2002. Soil carbon dynamics in cropland and rangeland. Environmental Pollution, 116 (3): 353-362.

Lal R. 2004. Carbon sequestration in dryland ecosystems. Environmental Management, 33 (4): 528-544.

Lambin E F, Turner B L, Geist H J, et al. 2001. The causes of land-use and land-cover change: moving beyond the myths. Global Environmental Change, 11 (4): 261-269.

Lauf S, Haase D, Hostert P, et al. 2012. Uncovering land-use dynamics driven by human decision-making-a combined model approach using cellular automata and system dynamics. Environmental Modelling & Software, 27-28: 71-82.

Law E A, Bryan B A, Meijaard E, et al. 2015. Ecosystem services from a degraded peatland of Central Kalimantan: implications for policy, planning, and management. Ecological Applications, 25 (1): 70-87.

Lemenih M, Itanna F. 2004. Soil carbon stocks and turnovers in various vegetation types and arable lands along an elevation gradient in southern Ethiopia. Geoderma, 123 (1): 177-188.

Leng G, Huang M. 2017. Crop yield response to climate change varies with crop spatial distribution pattern. Scientific Reports, 7 (1): 1463.

Lester S E, Costello C, Halpern B S, et al. 2013. Evaluating tradeoffs among ecosystem services to inform marine spatial planning. Marine Policy, 38: 80-89.

Li D, Xu D. 2019. Sand fixation function response to climate change and land use in northern China from 1981 to 2015. Aeolian Research, 40: 23-33.

Li D, Xu D, Wang Z, et al. 2018. The dynamics of sand-stabilization services in Inner Mongolia, China from 1981 to 2010 and its relationship with climate change and human activities. Ecological indicators: Integrating, Monitoring, Assessment and Management, 88: 351-360.

Li F, Ye Y, Song B, et al. 2015. Evaluation of urban suitable ecological land based on the minimum cumulative resistance model: a case study from Changzhou, China. Ecological Modelling, 318: 194-203.

Li G, Wu C. 2017. Effects of short-term set-aside management practices on soil microorganism and enzyme activity in China. International Journal of Environmental Research and Public Health, 14 (8): 913.

Li H, Shi W, Wang B, et al. 2016. Comparison of the modeled potential yield versus the actual yield of maize in Northeast China and the implications for national food security. Food Security, 9 (1): 99-114.

Li J, Fei L, Li S, et al. 2019. The influence of optimized allocation of agricultural water and soil resources on irrigation and drainage in the Jingdian Irrigation District, China. Irrigation Science, 38: 37-47.

Li J, Okin G S, Tatarko J, et al. 2014. Consistency of wind erosion assessments across land use and land cover types: a critical analysis. Aeolian Research, 15: 253-260.

Li J X, Zhang H Q, Xu E Q. 2020. A two-level nested model for extracting positive and negative terrains combining morphology and visualization indicators. Ecological Indicators, 109: 105842.

Li S, Tang Q, Lei J, et al. 2015. An overview of non-conventional water resource utilization technologies for biological sand control in Xinjiang, Northwest China. Environmental Earth Sciences, 73 (2): 873-885.

Li X, He M, Duan Z, et al. 2007. Recovery of topsoil physicochemical properties in revegetated sites in the sand-burial ecosystems of the Tengger Desert, Northern China. Geomorphology, 88 (3): 254-265.

Li X, Lao C, Liu X, et al. 2011. Coupling urban cellular automata with ant colony optimization for zoning protected natural areas under a changing landscape. International Journal of Geographical Information Science, 25 (4): 575-593.

Li X, Myint S W, Zhang Y, et al. 2014. Object-based land-cover classification for metropolitan Phoenix, Arizona, using aerial photography. International Journal of Applied Earth Observation & Geoinformation, 33: 321-330.

Li X G, Li F M, Rengel Z, et al. 2006. Cultivation effects on temporal changes of organic carbon and aggregate stability in desert soils of Hexi Corridor region in China. Soil and Tillage Research, 91 (1): 22-29.

Li Y, Jiao J, Wang Z, et al. 2016. Effects of revegetation on soil organic carbon storage and erosion-induced carbon loss under extreme rainstorms in the hill and gully region of the loess plateau. International Journal of Environmental Research and Public Health, 13 (5): 456.

Li Z, Liu C, Dong Y, et al. 2017. Response of soil organic carbon and nitrogen stocks to soil erosion and land use types in the Loess hilly-gully region of China. Soil and Tillage Research, 166: 1-9.

Li Z P, Zhang T L, Chen B Y. 2006. Changes in organic carbon and nutrient contents of highly productive paddy soils in Yujiang County of Jiangxi Province, China and their environmental application. Agricultural Sciences in China, 5 (7): 522-529.

Liao J, Tang L, Shao G, et al. 2016. Incorporation of extended neighborhood mechanisms and its impact on urban land-use cellular automata simulations. Environmental Modelling & Software, 75: 163-175.

Lichtenberg E, Ding C. 2008. Assessing farmland protection policy in China. Land Use Policy, 25 (1): 59-68.

Lieth H, Box E. 1972. Evapotranspiration and primary productivity: C. W. Thornthwaite memorial model. Pub in Climatology, 25: 37-46.

Ligmann-Zielinska A, Church R L, Jankowski P. 2008. Spatial optimization as a generative technique for sustainable multiobjective land-use allocation. International Journal of Geographical Information Science, 22 (6): 601-622.

Ling H, Guo B, Zhang G, et al. 2019. Evaluation of the ecological protective effect of the "large basin" comprehensive management system in the Tarim River Basin, China. Science of the Total Environment, 650: 1696-1706.

Lipsey M K, Doherty K E, Naugle D E, et al. 2015. One step ahead of the plow: using cropland conversion risk to guide Sprague's Pipit conservation in the northern Great Plains. Biological Conservation, 191: 739-749.

Liu B, Nearing M, Risse L. 1994. Slope gradient effects on soil loss for steep slopes. Transactions of the ASAE, 37 (6): 1835-1840.

Liu D B. 2007. Uncertainty Theory. Berlin, Heidelberg: Springer.

Liu F, Zhang H, Qin Y, et al. 2016. Semi-natural areas of Tarim Basin in Northwest China: linkage to desertification. Science of the Total Environment, 573: 178-188.

Liu J, Kuang W, Zhang Z, et al. 2014. Spatiotemporal characteristics, patterns, and causes of land-use changes in China since the late 1980s. Journal of Geographical Sciences, 24 (2): 195-210.

Liu J, Liu M, Zhuang D, et al. 2003. Study on spatial pattern of land-use change in China during 1995-2000. Science China-Earth Sciences, 46 (4): 373-384.

Liu J, Wiberg D, Zehnder A J B, et al. 2007a. Modeling the role of irrigation in winter wheat yield, crop water productivity, and production in China. Irrigation Science, 26 (1): 21-33.

Liu J, Williams J R, Zehnder A J B, et al. 2007b. GEPIC-modelling wheat yield and crop water productivity with high resolution on a global scale. Agricultural Systems, 94 (2): 478-493.

Liu J, You L, Amini M, et al. 2010. A high-resolution assessment on global nitrogen flows in cropland. Proceedings of the National Academy of Sciences of the United States of America, 107 (17): 8035-8040.

Liu J, Zhang Q, Hu Y. 2012. Regional differences of China's urban expansion from late 20th to early 21st century based on remote sensing information. Chinese Geographical Science, 22 (1): 1-14.

Liu M, Ussiri D A, Lal R. 2016. Soil organic carbon and nitrogen fractions under different land uses and tillage practices. Communications in Soil Science and Plant Analysis, 47 (12): 1528-1541.

Liu X, Ma J, Ma Z-W, et al. 2017. Soil nutrient contents and stoichiometry as affected by land-use in an agro-pastoral region of northwest China. Catena, 150: 146-153.

Liu X, Zhang Y, Han W, et al. 2013. Enhanced nitrogen deposition over China. Nature, 494 (7438): 459.

Liu X P, Li X, Shi X, et al. 2012. A multi-type ant colony optimization (MACO) method for optimal land use allocation in large areas. International Journal of Geographical Information Science, 26 (7-8): 1325-1343.

Liu Y, Fang F, Li Y. 2014a. Key issues of land use in China and implications for policy making. Land Use Policy, 40: 6-12.

Liu Y, Huang X, Yang H, et al. 2014b. Environmental effects of land-use/cover change caused by urbanization and policies in Southwest China Karst area: a case study of Guiyang. Habitat International, 44: 339-348.

Liu Y, Wang H, Ji Y, et al. 2012. Land use zoning at the county level based on a multi-objective particle swarm optimization algorithm: a case study from Yicheng, China. International Journal of

Environmental Research and Public Health, 9 (8): 2801-2826.

Liu Z, Verburg P H, Wu J, et al. 2017. Understanding land system change through scenario-based simulations: a case study from the drylands in Northern China. Environmental Management, 59 (3): 440-454.

Liu Z, Yu X, Jia G, et al. 2018. Water consumption by an agroecosystem with shelter forests of corn and Populus in the North China Plain. Agriculture Ecosystems & Environment, 265: 178-189.

Livesley S J, Ossola A, Threlfall C G, et al. 2016. Soil carbon and carbon/nitrogen ratio change under tree canopy, tall grass, and turf grass areas of urban green space. Journal of Environmental Quality, 45: 215-223.

Lobell D B, Asner G P, Ortiz-Monasterio J I, et al. 2003. Remote sensing of regional crop production in the Yaqui Valley, Mexico: estimates and uncertainties. Agriculture Ecosystem & Environment, 94: 205-220.

Lobell D B, Hicke J A, Asner G P, et al. 2002. Satellite estimates of productivity and light use efficiency in united states agriculture, 1982-98. Global Change Biology, 8 (8): 722-735.

Long H, Qu Y. 2018. Land use transitions and land management: a mutual feedback perspective. Land Use Policy, 74: 111-120.

Lovell S T. 2010. Multifunctional urban agriculture for sustainable land use planning in the United States. Sustainability, 2 (8): 2499-2522.

Lovett G M, Weathers K C, Arthur M A. 2002. Control of nitrogen loss from forested watersheds by soil carbon: nitrogen ratio and tree species composition. Ecosystems, 5 (7): 712-718.

Lozano-García B, Muñoz-Rojas M, Parras-Alcántara L. 2017. Climate and land use changes effects on soil organic carbon stocks in a Mediterranean semi- natural area. Science of the Total Environment, 579: 1249-1259.

Lozano-García B, Parras- Alcántara L, Cantudo- Pérez M. 2016. Land use change effects on stratification and storage of soil carbon and nitrogen: application to a Mediterranean nature reserve. Agriculture, Ecosystems & Environment, 231: 105-113.

Lu N, Fu B, Jin T, et al. 2014. Trade-off analyses of multiple ecosystem services by plantations along a precipitation gradient across Loess Plateau landscapes. Landscape Ecology, 29 (10): 1697-1708.

Lu Z, Wei Y, Xiao H, et al. 2015. Trade-offs between midstream agricultural production and downstream ecological sustainability in the Heihe River Basin in the past half century. Agricultural Water Management, 152: 233-242.

Luetzenburg G, Bittner M J, Calsamiglia A, et al. 2020. Climate and land use change effects on soil erosion in two small agricultural catchment systems Fugnitz-Austria, Can Revull-Spain. Science of the Total Environment, 704: 135389.

Luo G, Yin C, Chen X, et al. 2010. Combining system dynamic model and CLUE- S model to improve land use scenario analyses at regional scale: a case study of Sangong watershed in Xinjiang, China. Ecological Complexity, 7 (2): 198-207.

Luo X, Tong X, Qian Z, et al. 2019. Detecting urban ecological land-cover structure using remotely sensed imagery: a multi-area study focusing on metropolitan inner cities. International Journal of Applied Earth Observation & Geoinformation, 75: 106-117.

Luo Y, Hui D, Zhang D. 2006. Elevated CO_2 stimulates net accumulations of carbon and nitrogen in land ecosystems: a meta-analysis. Ecology, 87 (1): 53-63.

Ma S, He J, Liu F, et al. 2011. Land-use spatial optimization based on PSO algorithm. Geo-spatial Information Science, 14 (1): 54-61.

Maaroufi N I, Nordin A, Hasselquist N J, et al. 2015. Anthropogenic nitrogen deposition enhances carbon sequestration in boreal soils. Global Change Biology, 21 (8): 3169-3180.

Makowski D, Hendrix E M, van Ittersum M K, et al. 2000. A framework to study nearly optimal solutions of linear programming models developed for agricultural land use exploration. Ecological Modelling, 131 (1): 65-77.

Mamat Z, Halik U, Aishan T, et al. 2019. Ecological effect of the riparian ecosystem in the lower reaches of the Tarim River in northwest China. PLoS One, 14 (1): e0208462.

Mamat Z, Halik U, Keyimu M, et al. 2018. Variation of the floodplain forest ecosystem service value in the lower reaches of Tarim River, China. Land Degradation and Development, 29: 47-57.

Manzoni S, Porporato A. 2009. Soil carbon and nitrogen mineralization: theory and models across scales. Soil Biology and Biochemistry, 41 (7): 1355-1379.

Marshall M, Tu K, Brown J. 2018. Optimizing a remote sensing production efficiency model for macro-scale GPP and yield estimation in agroecosystems. Remote Sensing of Environment, 217: 258-271.

Marti J, Bort J, Slafer G A, et al. 2007. Can wheat yield be assessed by early measurements of normalized difference vegetation index? Annals of Applied Biology, 150 (2): 253-257.

Masoomi Z, Mesgari M S, Hamrah M. 2013. Allocation of urban land uses by multi-objective particle swarm optimization algorithm. International Journal of Geographical Information Science, 27 (3): 542-566.

Matthews R B, Gilbert N G, Roach A, et al. 2007. Agent-based land-use models: a review of applications. Landscape Ecology, 22 (10): 1447-1459.

Mazzoncini M, Antichi D, Di Bene C, et al. 2016. Soil carbon and nitrogen changes after 28 years of no-tillage management under Mediterranean conditions. European Journal of Agronomy, 77: 156-165.

Mazzoncini M, Sapkota T B, Barberi P, et al. 2011. Long-term effect of tillage, nitrogen fertilization and cover crops on soil organic carbon and total nitrogen content. Soil and Tillage Research, 114 (2): 165-174.

McCool D, Foster G, Mutchler C, et al. 1989. Revised slope length factor for the universal soil loss equation. Transactions of the ASAE, 32 (5): 1571-1576.

McDaniel M, Tiemann L, Grandy A. 2014. Does agricultural crop diversity enhance soil microbial biomass and organic matter dynamics? A meta-analysis. Ecological Applications, 24 (3):

560-570.

Meisner M H, Zaviezo T, Rosenheim J A. 2017. Landscape crop composition effects on cotton yield, Lygus hesperus densities and pesticide use. Pest Management Science, 73 (1): 232-239.

Mekki I, Jacob F, Marlet S, et al. 2013. Management of groundwater resources in relation to oasis sustainability: the case of the Nefzawa region in Tunisia. Journal of Environmental Management, 121: 142-151.

Memmah M-M, Lescourret F, Yao X, et al. 2015. Metaheuristics for agricultural land use optimization. A review. Agronomy for Sustainable Development, 35 (3): 975-998.

Meng L, Chen Y, Li W, et al. 2009. Fuzzy comprehensive evaluation model for water resources carrying capacity in Tarim River Basin, Xinjiang, China. Chinese Geographical Science, 19 (1): 89-95.

Meng Z, Dang X, Gao Y, et al. 2018. Interactive effects of wind speed, vegetation coverage and soil moisture in controlling wind erosion in a temperate desert steppe, Inner Mongolia of China. Journal of Arid Land, 10: 534-547.

Metzger M, Rounsevell M, Acosta-Michlik L, et al. 2006. The vulnerability of ecosystem services to land use change. Agriculture, Ecosystems & Environment, 114 (1): 69-85.

Millennium Ecosystem Assessment (MEA). 2005. Ecosystems and Human Well- being: Desertification Synthesis. Washington, DC: World Resources Institute.

Mishra U, Ussiri D A, Lal R. 2010. Tillage effects on soil organic carbon storage and dynamics in Corn Belt of Ohio USA. Soil and Tillage Research, 107 (2): 88-96.

Moilanen A, Anderson B J, Eigenbrod F, et al. 2011. Balancing alternative land uses in conservation prioritization. Ecological Applications, 21 (5): 1419-1426.

Mousa A A, El_ Desoky I M. 2013. Stability of Pareto optimal allocation of land reclamation by multistage decision-based multipheromone ant colony optimization. Swarm and Evolutionary Computation, 13: 13-21.

Mueller N D, Gerber J S, Johnston M, et al. 2012. Closing yield gaps through nutrient and water management. Nature, 490 (7419): 254-257.

Murty D, Kirschbaum M U, Mcmurtrie R E, et al. 2002. Does conversion of forest to agricultural land change soil carbon and nitrogen? A review of the literature. Global Change Biology, 8 (2): 105-123.

Muyibul Z, Xia J, Muhtar P, et al. 2018. Spatiotemporal changes of land use/cover from 1995 to 2015 in an oasis in the middle reaches of the Keriya River, Southern Tarim Basin, Northwest China. Catena, 171: 416-425.

Myers S S, Smith M R, Guth S, et al. 2017. Climate change and global food systems: potential impacts on food security and undernutrition. Annual Review of Public Health, 38: 259-277.

Myint S W, Galletti C S, Kaplan S, et al. 2013. Object vs. pixel: a systematic evaluation in urban environments. Geocarto International, 28 (7): 657-678.

Nadal-Romero E, Cammeraat E, Pérez-Cardiel E, et al. 2016. How do soil organic carbon stocks change after cropland abandonment in Mediterranean humid mountain areas? Science of the Total Environment, 566: 741-752.

Nelson D W, Sommers L E. 1996. Total carbon, organic carbon, and organic matter. Sparks D L. Methods of Soil Analysis Part 3. Chemical Methods Madison WI: Soil Science Society of America Book Series No. 5 Soil Science Society of America and American Society of Agronomy.

Nelson E, Mendoza G, Regetz J, et al. 2009. Modeling multiple ecosystem services, biodiversity conservation, commodity production, and tradeoffs at landscape scales. Frontiers in Ecology and the Environment, 7 (1): 4-11.

Nelson E, Sander H, Hawthorne P, et al. 2010. Projecting global land-use change and its effect on ecosystem service provision and biodiversity with simple models. PLoS One, 5 (12): e14327.

Nettleton W D, Peterson F F. 1983. Developments in Soil Science. Amsterdam: Elsevier.

Nisar Ahamed T, Gopal Rao K, Murthy J. 2000. GIS-based fuzzy membership model for crop-land suitability analysis. Agricultural Systems, 63 (2): 75-95.

O'Brien S L, Jastrow J D, Grimley D A, et al. 2010. Moisture and vegetation controls on decadal-scale accrual of soil organic carbon and total nitrogen in restored grasslands. Global Change Biology, 16 (9): 2573-2588.

Obu J, Lantuit H, Myers-Smith I, et al. 2017. Effect of terrain characteristics on soil organic carbon and total nitrogen stocks in soils of Herschel Island, Western Canadian Arctic. Permafrost and Periglacial Processes, 28 (1): 92-107.

Olson K R, Al-Kaisi M M. 2015. The importance of soil sampling depth for accurate account of soil organic carbon sequestration, storage, retention and loss. Catena, 125: 33-37.

Opricovic S, Tzeng G H. 2003. Fuzzy multicriteria model for post earthquake land-use planning. Natural Hazards Review, 4 (2): 59-64.

Ouyang L, Mao D, Wang Z, et al. 2017. Analysis crops planting structure and yield based on GF-1 and Landsat8 OLI images. Transactions of the Chinese Society of Agricultural Engineering, 33 (11): 147.

Ouyang Z, Zheng H, Xiao Y, et al. 2016. Improvements in ecosystem services from investments in natural capital. Science, 352 (6292): 1455-1459.

Ozkan K, Gulsoy S. 2010. Ecological land classification and mapping based on vegetation-environment hierarchical analysis-a case study of Buldan forest district (Turkey). Polish Journal of Ecology, 58: 55-67.

Peng D, Huang J, Li C, et al. 2014. Modelling paddy rice yield using MODIS data. Agricultural and Forest Meteorology, 184: 107-116.

Peng J, Zhao M, Guo X, et al. 2017. Spatial-temporal dynamics and associated driving forces of urban ecological land: a case study in Shenzhen City, China. Habitat International, 60: 81-90.

Peng T, Wang S J. 2012. Effects of land use, land cover and rainfall regimes on the surface runoff and soil loss on karst slopes in southwest China. Catena, 90: 53-62.

Pereira J M, Duckstein L. 1993. A multiple criteria decision-making approach to GIS-based land suitability evaluation. International Journal of Geographical Information Science, 7 (5): 407-424.

Pérez-Soba M, Petit S, Jones L, et al. 2008. Land Use Functions—A Multifunctionality Approach to Assess the Impact of Land Use Changes on Land Use Sustainability. Sustainability Impact Assessment of Land Use Changes. Berlin, Heidelberg: Springer.

Peterseil J, Wrbka T, Plutzar C, et al. 2004. Evaluating the ecological sustainability of Austrian agricultural landscapes—the SINUS approach. Land Use Policy, 21 (3): 307-320.

Pi H, Sharratt B. 2017. Evaluation of the RWEQ and SWEEP in simulating soil and PM10 loss from a portable wind tunnel. Soil and Tillage Research, 170: 94-103.

Pietri J A, Brookes P C. 2008. Nitrogen mineralisation along a pH gradient of a silty loam UK soil. Soil Biology and Biochemistry, 40 (3): 797-802.

Platt R V, Rapoza L. 2008. An evaluation of an object-oriented paradigm for land use/land cover classification. Professional Geographer, 60 (1): 87-100.

Pontius R G, Schneider L C. 2001. Land-cover change model validation by an ROC method for the Ipswich watershed, Massachusetts, USA. Agriculture, Ecosystems & Environment, 85 (1): 239-248.

Post W M, Kwon K C. 2000. Soil carbon sequestration and land-use change: processes and potential. Global Change Biology, 6 (3): 317-327.

Postel S. 2014. The Last Oasis: Facing Water Scarcity. London: Routledge.

Pretty J. 2008. Agricultural sustainability: concepts, principles and evidence. Philosophical Transactions of the Royal Society B: Biological Sciences, 363 (1491): 447-465.

Qader S H, Dash J, Atkinson P M. 2018. Forecasting wheat and barley crop production in arid and semi-arid regions using remotely sensed primary productivity and crop phenology: a case study in Iraq. Science of the Total Environment, 613-614: 250-262.

Qin Y, Liu J, Shi W, et al. 2013. Spatial-temporal changes of cropland and climate potential productivity in northern China during 1990-2010. Food Security, 5 (4): 499-512.

Qiu L, Pan Y, Zhu J, et al. 2019. Integrated analysis of urbanization-triggered land use change trajectory and implications for ecological land management: a case study in Fuyang, China. Science of the Total Environment, 660: 209-217.

Qiu L, Wei X, Zhang X, et al. 2012. Soil organic carbon losses due to land use change in a semiarid grassland. Plant and Soil, 355 (1-2): 299-309.

Raudsepp-Hearne C, Peterson G D, Bennett E. 2010. Ecosystem service bundles for analyzing tradeoffs in diverse landscapes. Proceedings of the National Academy of Sciences, 107 (11): 5242-5247.

Reay D S, Dentener F, Smith P, et al. 2008. Global nitrogen deposition and carbon sinks. Nature Geoscience, 1: 430.

Reeves M C, Zhao M, Running S W. 2007. Usefulness and limits of MODIS GPP for estimating wheat yield. International Journal of Remote Sensing, 26 (7): 1403-1421.

Renard K G, Foster G, Weesies G, et al. 1997. Predicting Soil Erosion by Water: A Guide to Conservation Planning with the Revised Universal Soil Loss Equation (RUSLE). DC: United States Department of Agriculture Washington.

Renó V F, Novo E M, Suemitsu C, et al. 2011. Assessment of deforestation in the Lower Amazon floodplain using historical Landsat MSS/TM imagery. Remote Sensing of Environment, 115 (12): 3446-3456.

Reynolds J F, Smith D M S, Lambin E F, et al. 2007. Global desertification: building a science for dryland development. Science, 316 (5826): 847-851.

Rezaei M, Sameni A, Shamsi S R F, et al. 2016. Remote sensing of land use/cover changes and its effect on wind erosion potential in southern Iran. Peerj, 4: e1948.

Rimal B, Sharma R, Kunwar R, et al. 2019. Effects of land use and land cover change on ecosystem services in the Koshi River Basin, Eastern Nepal. Ecosystem Services, 38: 100963.

Robertson G P, Swinton S M. 2005. Reconciling agricultural productivity and environmental integrity: a grand challenge for agriculture. Frontiers in Ecology and the Environment, 3 (1): 38-46.

Rodriguez-Gallego L, Achkar M, Conde D. 2012. Land suitability assessment in the catchment area of four southwestern Atlantic Coastal Lagoons: multicriteria and optimization modeling. Environmental Management, 50 (1): 140-152.

Rodríguez J P, Beard T D, Bennett E M, et al. 2006. Trade-offs across space, time, and ecosystem services. Ecology and Society, 11 (1): 28.

Roels B, Donders S, Werger M J A, et al. 2001. Relation of wind-induced sand displacement to plant biomass and plant sand-binding capacity. Acta Botanica Sinica, 43: 979-982.

Rossiter D G. 1996. A theoretical framework for land evaluation. Geoderma, 72 (3): 165-190.

Runting R K, Bryan B A, Dee L E, et al. 2017. Incorporating climate change into ecosystem service assessments and decisions: a review. Global Change Biology, 23 (1): 28-41.

Rusanov A M. 2014. Recovery of natural vegetation and ecological functions of pasture ecosystems in arid steppes of the cisural region. Russian Journal of Ecology, 45: 243-248.

Sadeghi S, Jalili K, Nikkami D. 2009. Land use optimization in watershed scale. Land Use Policy, 26 (2): 186-193.

Sadras V O, Hayman P T, Rodriguez D, et al. 2016. Interactions between water and nitrogen in Australian cropping systems: physiological, agronomic, economic, breeding and modelling perspectives. Crop & Pasture Science, 67 (10): 1019-1053.

Sakuma S, Schnurbusch T. 2020. Of floral fortune: tinkering with the grain yield potential of cereal crops. New Phytologist, 225 (5): 1873-1882.

Saleh A, Fryrear D W. 1999. Soil roughness for the revised wind erosion equation (RWEQ). Journal of Soil & Water Conservation, 54: 473-476.

Samranpong C, Ekasingh B, Ekasingh M. 2009. Economic land evaluation for agricultural resource management in Northern Thailand. Environmental Modelling & Software, 24 (12): 1381-1390.

Santé I, García A M, Miranda D, et al. 2010. Cellular automata models for the simulation of real-world urban processes: a review and analysis. Landscape and Urban Planning, 96 (2): 108-122.

Santé-Riveira I, Boullón-Magán M, Crecente-Maseda R, et al. 2008. Algorithm based on simulated annealing for land-use allocation. Computers & Geosciences, 34 (3): 259-268.

Sarker R A, Quaddus M A. 2002. Modelling a nationwide crop planning problem using a multiple criteria decision making tool. Computers & Industrial Engineering, 42 (2-4): 541-553.

Sartori F, Lal R, Ebinger M H, et al. 2006. Potential soil carbon sequestration and CO_2 offset by dedicated energy crops in the USA. Critical Reviews in Plant Sciences, 25 (5): 441-472.

Seddon A W R, Macias-Fauria M, Long P R, et al. 2016. Sensitivity of global terrestrial ecosystems to climate variability. Nature, 531: 229-232.

Seppelt R, Voinov A. 2002. Optimization methodology for land use patterns using spatially explicit landscape models. Ecological Modelling, 151 (2-3): 125-142.

Serrano-Tovar T, Giampietro M. 2014. Multi-scale integrated analysis of rural Laos: Studying metabolic patterns of land uses across different levels and scales. Land Use Policy, 36: 155-170.

Seto K C, Fragkias M, Güneralp B, et al. 2011. A meta-analysis of global urban land expansion. Plos One, 6 (8): e23777.

Shahrokhnia M H, Sepaskhah A R. 2013. Single and dual crop coefficients and crop evapotranspiration for wheat and maize in a semi-arid region. Theoretical and Applied Climatology, 114 (3-4): 495-510.

Shan L, Zhang X, Wang Y, et al. 2008. Influence of moisture on the growth and biomass allocation in Haloxylon ammodendron and Tamarix ramosissima seedlings in the shelterbelt along the Tarim Desert Highway, Xinjiang, China. Chinese Science Bulletin, 53: 93-101.

Shang E P, Xu E Q, Zhang H Q, et al. 2018. Analysis of spatiotemporal dynamics of the Chinese vegetation net primary productivity from the 1960s to the 2000s. Remote Sensing, 10 (6): 860.

Shangguan W, Dai Y, Liu B, et al. 2013. A China data set of soil properties for land surface modeling. Journal of Advances in Modeling Earth Systems, 5 (2): 212-224.

Shen W, Lin X, Gao N, et al. 2008. Land use intensification affects soil microbial populations, functional diversity and related suppressiveness of cucumber Fusarium wilt in China's Yangtze River Delta. Plant and Soil, 306 (1): 117-127.

Smith M, Allen R, Monteith J L, et al. 1992. Expert consultation on revision of FAO methodologies for crop water requirements. Land and Water Development Division, Food and Agriculture Organisation, Rome.

Smith P. 2004. Carbon sequestration in croplands: the potential in Europe and the global context. European Journal of Agronomy, 20 (3): 229-236.

Song W, Deng X Z. 2017. Land-use/land-cover change and ecosystem service provision in China. Science of the Total Environment, 576: 705-719.

Song X P, Hansen M C, Stehman S V, et al. 2018. Global land change from 1982 to 2016. Nature, 560 (7720): 639.

Soosaar K, Mander Ü, Maddison M, et al. 2011. Dynamics of gaseous nitrogen and carbon fluxes in riparian alder forests. Ecological Engineering, 37 (1): 40-53.

Southworth J, Marsik M, Qiu Y, et al. 2011. Roads as drivers of change: trajectories across the Tri-National Frontier in MAP, the Southwestern Amazon. Remote Sensing, 3 (5): 1047-1066.

Stehfest E, Heistermann M, Priess J A, et al. 2007. Simulation of global crop production with the ecosystem model DayCent. Ecological Modelling, 209 (2-4): 203-219.

Steinmann T, Welp G, Holbeck B, et al. 2016. Long-term development of organic carbon contents in arable soil of North Rhine-Westphalia, Germany, 1979-2015. European Journal of Soil Science, 67 (5): 616-623.

Stewart T J, Janssen R, van Herwijnen M. 2004. A genetic algorithm approach to multiobjective land use planning. Computers & Operations Research, 31 (14): 2293-2313.

Stiglitz R, Mikhailova E, Sharp J, et al. 2018. Predicting soil organic carbon and total nitrogen at the farm scale using quantitative color sensor measurements. Agronomy, 8 (10): 212.

Stockmann U, Adams M A, Crawford J W, et al. 2013. The knowns, known unknowns and unknowns of sequestration of soil organic carbon. Agriculture, Ecosystems & Environment, 164: 80-99.

Stoorvogel J, Antle J M, Crissman C, et al. 2004. The tradeoff analysis model: integrated bio-physical and economic modeling of agricultural production systems. Agricultural Systems, 80 (1): 43-66.

Stürck J, Verburg P H. 2017. Multifunctionality at what scale? A landscape multifunctionality assessment for the European Union under conditions of land use change. Landscape Ecology, 32 (3): 481-500.

Su Y Z, Wang F, Zhang Z H, et al. 2007. Soil properties and characteristics of soil aggregate in marginal farmlands of oasis in the middle of Hexi corridor region, Northwest China. Agricultural Sciences in China, 6 (6): 706-714.

Sun P, Xu Y, Yu Z, et al. 2016. Scenario simulation and landscape pattern dynamic changes of land use in the Poverty Belt around Beijing and Tianjin: a case study of Zhangjiakou City, Hebei Province. Journal of Geographical Sciences, 26 (3): 272-296.

Sze M N M, Sovacool B K. 2013. Of fast lanes, flora, and foreign workers: managing land use conflicts in Singapore. Land Use Policy, 30 (1): 167-176.

Tan Q, Zhang S, Li R. 2017. Optimal use of agricultural water and land resources through reconfiguring crop planting structure under socioeconomic and ecological objectives. Water, 9 (7): 488.

Tang D W, Liu H, Song E P, et al. 2020. Urban expansion simulation from the perspective of land acquisition-based on bargaining model and ant colony optimization. Computers Environment and Urban Systems, 82: 101504.

Tang H, Debaveye J, Ruan D, et al. 1991. Land suitability classification based on fuzzy set theory. Pedologie, 41 (3): 277-290.

Tilman D, Balzer C, Hill J, et al. 2011. Global food demand and the sustainable intensification of agriculture. Proceedings of the national academy of sciences, 108 (50): 20260-20264.

Tilman D, Cassman K G, Matson P A, et al. 2002. Agricultural sustainability and intensive production practices. Nature, 418 (6898): 671-677.

Toure A A, Tidjani A D, Rajot J L, et al. 2019. Dynamics of wind erosion and impact of vegetation cover and land use in the Sahel: a case study on sandy dunes in southeastern Niger. Catena, 177: 272-285.

Tovar C, Seijmonsbergen A C, Duivenvoorden J F. 2013. Monitoring land use and land cover change in mountain regions: an example in the Jalca grasslands of the Peruvian Andes. Landscape and Urban Planning, 112: 40-49.

Trabucco A, Zomer R J, Bossio D A, et al. 2008. Climate change mitigation through afforestation/reforestation: a global analysis of hydrologic impacts with four case studies. Agriculture, Ecosystems & Environment, 126 (1): 81-97.

Tscharntke T, Clough Y, Wanger T C, et al. 2012. Global food security, biodiversity conservation and the future of agricultural intensification. Biological Conservation, 151 (1): 53-59.

Tudor C A, Iojă I C, Pătru-Stupariu I, et al. 2014. How successful is the resolution of land-use conflicts? A comparison of cases from Switzerland and Romania. Applied Geography, 47: 125-136.

van Asselen S, Verburg P H. 2012. A Land System representation for global assessments and land-use modeling. Global Change Biology, 18 (10): 3125-3148.

van Asselen S, Verburg P H. 2013. Land cover change or land-use intensification: simulating land system change with a global-scale land change model. Global Change Biology, 19 (12): 3648-3667.

van Ittersum M K, Cassman K G, Grassini P, et al. 2013. Yield gap analysis with local to global relevance—A review. Field Crops Research, 143: 4-17.

van Pelt R S, Zobeck T M, Potter K N, et al. 2004. Validation of the wind erosion stochastic simulator (WESS) and the revised wind erosion equation (RWEQ) for single events. Environmental Modelling & Software, 19: 191-198.

van Ranst E, Tang H, Groenemam R, et al. 1996. Application of fuzzy logic to land suitability for rubber production in peninsular Thailand. Geoderma, 70 (1): 1-19.

van Remortel R D, Hamilton M E, Hickey R J. 2001. Estimating the LS factor for RUSLE through iterative slope length processing of digital elevation data within Arclnfo grid. Cartography, 30 (1): 27-35.

van Schrojenstein Lantman J, Verburg P H, Bregt A, et al. 2011. Core principles and concepts in land-use modelling: a literature review. Koomen E, Judith B V. Land-Use Modelling in Planning Practice; Dordrecht, The Netherlands: Springer.

van Vliet J, Bregt A K, Hagen-Zanker A. 2011. Revisiting Kappa to account for change in the accuracy assessment of land-use change models. Ecological Modelling, 222 (8): 1367-1375.

Veldkamp A, Lambin E F. 2001. Predicting land-use change. Agriculture, Ecosystems & Environment, 85 (1): 1-6.

Veldkamp A, Verburg P H, Kok K, et al. 2001. The need for scale sensitive approaches in spatially explicit land use change modeling. Environmental Modeling & Assessment, 6 (2): 111-121.

Verburg P H, Soepboer W, Veldkamp A, et al. 2002. Modeling the spatial dynamics of regional land use: the CLUE-S model. Environmental Management, 30 (3): 391-405.

Verburg P H, Schot P P, Dijst M J, et al. 2004a. Land use change modelling: current practice and research priorities. GeoJournal, 61 (4): 309-324.

Verburg P H, van Eck J R R, de Nijs T C M, et al. 2004b. Determinants of land-use change patterns in the Netherlands. Environment and Planning B: Planning and Design, 31 (1): 125-150.

Verburg P H, van de Steeg J, Veldkamp A, et al. 2009. From land cover change to land function dynamics: a major challenge to improve land characterization. Journal of Environmental Management, 90 (3): 1327-1335.

Vermeiren K, van Rompaey A, Loopmans M, et al. 2012. Urban growth of Kampala, Uganda: pattern analysis and scenario development. Landscape and Urban Planning, 106 (2): 199-206.

Viglizzo E F, Frank F C. 2006. Land-use options for Del Plata Basin in South America: tradeoffs analysis based on ecosystem service provision. Ecological Economics, 57 (1): 140-151.

Vitousek P M, Mooney H A, Lubchenco J, et al. 1997. Human domination of Earth's ecosystems. Science, 277 (5325): 494-499.

Vittek M, Brink A, Donnay F, et al. 2014. Land cover change monitoring using Landsat MSS/TM satellite image data over West Africa between 1975 and 1990. Remote Sensing, 6 (1): 658-676.

Wang B, Gao P, Niu X, et al. 2017. Policy-driven China's Grain to Green Program: implications for ecosystem services. Ecosystem Services, 27: 38-47.

Wang C M, Ouyang H, Maclaren V W, et al. 2007. Evaluation of the economic and environmental impact of converting cropland to forest: a case study in Dunhua County, China. Journal of Environmental Management, 85 (3): 746-756.

Wang J, Chen Y Q, Shao X M, et al. 2012. Land-use changes and policy dimension driving forces in China: present, trend and future. Land Use Policy, 29 (4): 737-749.

Wang J, Peng J, Zhao M, et al. 2017. Significant trade-off for the impact of Grain-for-Green Programme on ecosystem services in North-western Yunnan, China. Science of the Total Environment, 574: 57-64.

Wang K F, Peng C H, Zhu Q A, et al. 2019. Changes in soil organic carbon and microbial carbon storage projected during the 21st century using TRIPLEX-MICROBE. Ecological Indicators, 98: 80-87.

Wang S, Su W, Fan X, et al. 2010. Influence factors of soil moisture in Karst Rocky desertification region——a case study of Puding County, Guizhou Province. Research of Soil and Water Conservation, 17 (3): 171-175, 180.

Wang S H, Huang S L, Budd W W. 2012. Integrated ecosystem model for simulating land use allocation. Ecological Modelling, 227: 46-55.

Wang S J, Li R L, Sun C X, et al. 2004. How types of carbonate rock assemblages constrain the distribution of karst rocky desertified land in Guizhou Province, PR China: phenomena and mechanisms. Land Degradation & Development, 15 (2): 123-131.

Wang T, Xue X, Zhou L, et al. 2015. Combating aeolian desertification in Northern China. Land Degradation & Development, 26 (2): 118-132.

Wang T, Yan C, Song X, et al. 2012. Monitoring recent trends in the area of aeolian desertified land using Landsat images in China's Xinjiang region. ISPRS Journal of Photogrammetry and Remote Sensing, 68: 184-190.

Wang X, Chen F H, Dong Z B. 2006. The relative role of climatic and human factors in desertification in semiarid China. Global Environmental Change, 16 (1): 48-57.

Wang X, Eerdun H, Zhou Z, et al. 2007. Significance of variations in the wind energy environment over the past 50 years with respect to dune activity and desertification in and and semiarid northern China. Geomorphology, 86: 252-266.

Wang X, Li X, Fischer G, et al. 2015. Impact of the changing area sown to winter wheat on crop water footprint in the North China Plain. Ecological Indicators, 57: 100-109.

Wang X, Tian H. 1996. Approaching on the corrected methods of topographic factors for calculating the climatic potential productivity of crops. Chinese Journal of Agrometeorology, 17 (1): 24-28.

Wang X, Yu S, Huang G. 2004. Land allocation based on integrated GIS-optimization modeling at a watershed level. Landscape and Urban Planning, 66 (2): 61-74.

Wang Y, Li X, Sun M, et al. 2018. Managing urban ecological land as properties: conceptual model, public perceptions, and willingness to pay. Resources Conservation & Recycling, 133: 21-29.

Wang Y, Zhao J, Fu J, et al. 2019. Effects of the grain for green program on the water ecosystem services in an arid area of China-Using the Shiyang River Basin as an example. Ecological Indicators, 104: 659-668.

Wei H, Liu H, Xu Z, et al. 2018. Linking ecosystem services supply, social demand and human well-being in a typical mountain-oasis-desert area, Xinjiang, China. Ecosystem Services, 31: 44-57.

Wertebach T M, Hölzel N, Kämpf I, et al. 2017. Soil carbon sequestration due to post-Soviet cropland abandonment: estimates from a large-scale soil organic carbon field inventory. Global Change Biology, 23 (9): 3729-3741.

Wichern F, Luedeling E, Müller T, et al. 2004. Field measurements of the CO_2 evolution rate under different crops during an irrigation cycle in a mountain oasis of Oman. Applied Soil Ecology, 25 (1): 85-91.

Wiesmeier M, Hübner R, Barthold F, et al. 2013. Amount, distribution and driving factors of soil organic carbon and nitrogen in cropland and grassland soils of southeast Germany (Bavaria). Agriculture, Ecosystems & Environment, 176: 39-52.

Wiggering H, Dalchow C, Glemnitz M, et al. 2006. Indicators for multifunctional land use—linking socio-economic requirements with landscape potentials. Ecological Indicators, 6 (1): 238-249.

Williams J R, Arnold J G. 1997. A system of erosion—sediment yield models. Soil Technology, 11 (1): 43-55.

Williams J R, Singh V. 1995. The EPIC model. Computer Models of Watershed Hydrology, 6 (5): 909-1000.

Woittiez L S, van Wijk M T, Slingerland M, et al. 2017. Yield gaps in oil palm: a quantitative review of contributing factors. European Journal of Agronomy, 83: 57-77.

Wu L, Bai J, Xiao q, et al. 2017. Research progress and prospect on combining crop growth models with parameters derived from quantitative remote sensing. Transactions of the Chinese Society of Agricultural Engineering, 33 (9): 155-166.

Wu X, Wang S, Fu B, et al. 2018. Land use optimization based on ecosystem service assessment: a case study in the Yanhe watershed. Land Use Policy, 72: 303-312.

Wu Y, Shan L, Guo Z, et al. 2017. Cultivated land protection policies in China facing 2030: dynamic balance system versus basic farmland zoning. Habitat International, 69: 126-138.

Wu Y, Zhang X, Shen L. 2011. The impact of urbanization policy on land use change: a scenario analysis. Cities, 28 (2): 147-159.

Xie H, He Y, Xie X. 2017. Exploring the factors influencing ecological land change for China's Beijing-Tianjin-Hebei Region using big data. Journal of Cleaner Production, 142: 677-687.

Xu E Q, Zhang H Q. 2018. A spatial simulation model for karst rocky desertification combining top-down and bottom-up approaches. Land Degradation & Development, 29 (10): 3390-3404.

Xu E Q, Zhang H Q, Yang Y, et al. 2014. Integrating a spatially explicit tradeoff analysis for sustainable land use optimal allocation. Sustainability, 6 (12): 8909-8930.

Xu E Q, Zhang H Q, Yao L N. 2018. An elevation-based stratification model for simulating land use change. Remote Sensing, 10 (11): 25.

Xu H, Qu Q, Li P, et al. 2019. Stocks and stoichiometry of soil organic carbon, total nitrogen, and total phosphorus after vegetation restoration in the loess hilly region, China. Forests, 10 (1): 27.

Xu H, Ye M, Li J. 2008. The water transfer effects on agricultural development in the lower Tarim River, Xinjiang of China. Agricultural Water Management, 95: 59-68.

Xu J, Xiao Y, Xie G, et al. 2019. Computing payments for wind erosion prevention service incorporating ecosystem services flow and regional disparity in Yanchi County. Science of the Total Environment, 674: 563-579.

Xu X, Thornton P E, Post W M. 2013. A global analysis of soil microbial biomass carbon, nitrogen and phosphorus in terrestrial ecosystems. Global Ecology and Biogeography, 22 (6): 737-749.

Xue L, Wang J, Zhang L, et al. 2019. Spatiotemporal analysis of ecological vulnerability and management in the Tarim River Basin, China. Science of the Total Environment, 649: 876-888.

Yan H, Liu J, Cao M. 2007. Spatial pattern and topographic control of China's agricultural productivity variability. Acta Geographica Sinica, 62 (2): 171-180.

Yan X, Cai Z, Wang S, et al. 2011. Direct measurement of soil organic carbon content change in the croplands of China. Global Change Biology, 17 (3): 1487-1496.

Yan X Y, Gong W. 2010. The role of chemical and organic fertilizers on yield, yield variability and carbon sequestration— results of a 19-year experiment. Plant and Soil, 331 (1-2): 471-480.

Yang G, Li F D, Chen D, et al. 2019. Assessment of changes in oasis scale and water management in the arid Manas River Basin, North Western China. Science of the Total Environment, 691: 506-515.

Yang Y, Fang J, Smith P, et al. 2009. Changes in topsoil carbon stock in the Tibetan grasslands between the 1980s and 2004. Global Change Biology, 15 (11): 2723-2729.

Yang Y C, Zhang M, Zheng L, et al. 2011. Controlled release urea improved nitrogen use efficiency, yield, and quality of wheat. Agronomy Journal, 103 (2): 479-485.

Yimer F, Ledin S, Abdelkadir A. 2007. Changes in soil organic carbon and total nitrogen contents in three adjacent land use types in the Bale Mountains, south-eastern highlands of Ethiopia. Forest Ecology and Management, 242 (2-3): 337-342.

You L, Wood S, Wood-Sichra U. 2009. Generating plausible crop distribution maps for Sub-Saharan Africa using a spatially disaggregated data fusion and optimization approach. Agricultural Systems, 99 (2-3): 126-140.

You L, Wood S, Wood-Sichra U, et al. 2014. Generating global crop distribution maps: from census to grid. Agricultural Systems, 127: 53-60.

Yu J, Chen Y, Wu J. 2011. Modeling and implementation of classification rule discovery by ant colony optimisation for spatial land-use suitability assessment. Computers, Environment and Urban Systems, 35 (4): 308-319.

Yuan J, Ouyang Z, Zheng H, et al. 2012. Effects of different grassland restoration approaches on soil properties in the southeastern Horqin sandy land, Northern China. Applied Soil Ecology, 61: 34-39.

Zhang B, Mo S, Tan Y, et al. 2004. Urbanization and de-urbanization in mountain regions of China. Mountain Research and Development, 24 (3): 206-209.

Zhang G, Azorin-Molina C, Shi P, et al. 2019. Impact of near-surface wind speed variability on wind erosion in the eastern agro-pastoral transitional zone of Northern China, 1982-2016. Agricultural And Forest Meteorology, 271: 102-115.

Zhang H, Fan J, Cao W, et al. 2018. Changes in multiple ecosystem services between 2000 and 2013 and their driving factors in the Grazing Withdrawal Program, China. Ecological Engineering the Journal of Ecotechnology, 116: 67-79.

Zhang H, Wu J W, Zheng Q H, et al. 2003. A preliminary study of oasis evolution in the Tarim Basin, Xinjiang, China. Journal of Arid Environments, 55 (3): 545-553.

Zhang H, Wu P, Yin A, et al. 2016. Organic carbon and total nitrogen dynamics of reclaimed soils following intensive agricultural use in eastern China. Agriculture, Ecosystems & Environment, 235: 193-203.

Zhang X S. 2001. Ecological restoration and sustainable agricultural paradigm of mountain-oasis-ecotone-desert system in the north of the Tianshan Mountains. Acta Botanica Sinica, 43 (12):

1294-1299.

Zhang X Y, Liu M Z, Zhao X, et al. 2018. Topography and grazing effects on storage of soil organic carbon and nitrogen in the northern China grasslands. Ecological Indicators, 93: 45-53.

Zhang Y, Chen Y, Pan B. 2005. Distribution and floristics of desert plant communities in the lower reaches of Tarim River, Southern Xinjiang, People's Republic of China. Journal of Arid Environments, 63 (4): 772-784.

Zhang Y, Peng C, Li W, et al. 2016. Multiple afforestation programs accelerate the greenness in the 'Three North' region of China from 1982 to 2013. Ecological Indicators, 61: 404-412.

Zhang Y, Wilmking M. 2010. Divergent growth responses and increasing temperature limitation of Qinghai spruce growth along an elevation gradient at the northeast Tibet Plateau. Forest Ecology and Management, 260 (6): 1076-1082.

Zhang Y, Zhang H, Ni D, et al. 2012. Agricultural land use optimal allocation system in developing area: application to Yili watershed, Xinjiang Region. Chinese Geographical Science, 22 (2): 232-244.

Zhao W, Hu G, Zhang Z, et al. 2008. Shielding effect of oasis-protection systems composed of various forms of wind break on sand fixation in an arid region: a case study in the Hexi Corridor, northwest China. Ecological Engineering, 33: 119-125.

Zhao W Z, Xiao H L, Liu Z M, et al. 2005. Soil degradation and restoration as affected by land use change in the semiarid Bashang area, Northern China. Catena, 59 (2): 173-186.

Zhao Z, Xue W, Yili Z, et al. 2017. Assessment of changes in the value of ecosystem services in the Koshi River Basin, central high Himalayas based on land cover changes and the CA-Markov model. Journal of Resources and Ecology, 8 (1): 67-76.

Zheng Z, Fu B, Hu H, et al. 2014. A method to identify the variable ecosystem services relationship across time: a case study on Yanhe Basin, China. Landscape Ecology, 29 (10): 1689-1696.

Zhou D, Tian Y, Jiang G. 2018. Spatio-temporal investigation of the interactive relationship between urbanization and ecosystem services: case study of the Jingjinji urban agglomeration, China. Ecological Indicators, 95: 152-164.

Zhou D, Xu J, Lin Z. 2017. Conflict or coordination? Assessing land use multi-functionalization using production-living-ecology analysis. Science of the Total Environment, 577: 136-147.

Zhou F, Xu Y, Chen Y, et al. 2013. Hydrological response to urbanization at different spatio-temporal scales simulated by coupling of CLUE-S and the SWAT model in the Yangtze River Delta region. Journal of Hydrology, 485: 113-125.

Zhou G, Yin X. 2017. Assessing nitrogen nutritional status, biomass and yield of cotton with NDVI, spad and petiole sap nitrate concentration. Experimental Agriculture, 54 (4): 531-548.

Zhou W, Liu G, Pan J, et al. 2005. Distribution of available soil water capacity in China. Journal of Geographical Sciences, 1: 5-14.

Zhou Z, Mu N. 2015. Study on the influence of agricultural mechanization on grain yield increase in China. China Price, 11: 27-29.

Zhou Z, Wang C. 2015. Reviews and syntheses: soil resources and climate jointly drive variations in microbial biomass carbon and nitrogen in China's forest ecosystems. Biogeosciences, 12 (22): 6751-6760.

Zhu Y, Chen Y, Ren L, et al. 2016. Ecosystem restoration and conservation in the arid inland river basins of Northwest China: problems and strategies. Ecological Engineering, 94: 629-637.

Zomer R J, Trabucco A, Wang M, et al. 2014. Environmental stratification to model climate change impacts on biodiversity and rubber production in Xishuangbanna, Yunnan, China. Biological Conservation, 170: 264-273.